gefühlsLOGIK

Evolution der Gefühle

Teil I: die Methode
(gefühlsLOGIK in Theorie und Praxis)

Teil II: Trainingshandbuch + Trainings-CD
(angewandte gefühlsLOGIK)

Der Autor *Gerhard F. Schadler* hat sein praktisches Wissen über die eigenen Möglichkeiten bereits in frühen Jahren während einer langjährigen Ausbildung bei einem alten japanischen Kampfkunstmeister erworben. Seither ist er ein Suchender – ein »Emotionaut«, der das Universum der menschlichen Gefühle, ihre Wirkung auf unser Leben und ihre Beeinflussbarkeit erforscht.

Der Spezialist für Emotionssteuerung berät und betreut seit zwei Jahrzehnten Spitzenkräfte aus Diplomatie, Politik, Leistungssport, Management, Medien sowie Belegschaften großer Unternehmen und viele andere mehr. Sein Werkzeug: die von ihm entwickelte gefühlsLOGIK®.

gefühlsLOGIK

Evolution der Gefühle

Teil I: die Methode
(gefühlsLOGIK in Theorie und Praxis)

Gerhard F. Schadler

Die Inhalte dieses Werkes stellen keine Therapie dar und ersetzen weder ärztliche noch psychologische Behandlung! Alle Bücher von gefuehlsLOGIK.at werden sorgfältig erarbeitet. Dennoch übernehmen Autor, Herausgeber und Verlag in keinem Fall die Verantwortung für mögliche Folgen, die sich aus der Anwendung der empfohlenen Ratschläge ergeben könnten. Auch kann für die Richtigkeit von Angaben, Hinweisen und Ratschlägen sowie für eventuelle Druckfehler keine Haftung übernommen werden.

Sprachliche Hinweise:
Dieses Werk ist in gleicher Wertschätzung für beide Geschlechter geschrieben. Um den Lesefluss zu erleichtern und Doppelformulierungen und Wortneuschöpfungen zu vermeiden, steht in machen Fällen die männliche Wortform für beide Geschlechter.

Lektorat: Helga Klösch-Melliwa, www.aus-dem-effeff.at
Illustrationen, Grafik, Satz, Cover: Markus Schuster, www.schusterjunge.at
Gesamtherstellung: gefuehlsLOGIK.at
Medizinischer Berater: Dr. med. Eduard Kogler

ISBN 978-3-9502347-1-8

Dieses Buch ist dem Gefühlsmenschen gewidmet,
der in JEDEM von uns steckt!

Danke

Ich danke meinen Eltern, die es mir mit ihrem Fleiß und ihrer Geduld ermöglicht haben, meinen Weg zu gehen.

Ich danke meinem alten asiatischen Sensei (Lehrmeister), der heute noch immer mein Leben prägt, obwohl er bereits vor Jahren diese Erde verlassen hat. Ich werde ihm immer dafür dankbar sein, dass er mich dabei unterstützt hat, Verständnis für das Leben zu entwickeln und mit offenen Augen durch die Welt zu gehen.

Ich möchte auch den unzähligen Teilnehmerinnen und Teilnehmern meiner Seminare danken, die mit ihrem wertvollen Feedback wesentlich dazu beigetragen haben, dass dieses Buch entstehen konnte.

Ich danke Peter Begutter, Christoph Betulius, Isabella Brugger, Ruth Fluri, Birgit Frühauf, Daniela Funke, Isabella Gerdenits, Susanne Gosch, Markus Känel, Elisabeth Kager, Mario Muralter, Gernot Oberlechner, Hermann Pacher, Christian Pree, Helga Rettl, Leopold Schachinger, Karl Schnabl, Christian Schuckert, Wolfgang Sedlak, Karin Svoboda, Thomas Wirth und Gerlinde Zierl, die mir alle gestattet haben, in diesem Methodenpaket Beispiele aus ihrem Leben zu verwenden, um uns so an ihren wertvollen persönlichen Erfahrungen teilhaben zu lassen.

Ich danke meinen beiden Freunden, die den Namen Martin teilen: Martin Mautner, dem Trainerkollegen, der mir immer wieder dabei hilft, den Blick fürs Wesentliche nicht zu verlieren, und Martin Birnstingl, dem Musikschaffenden, der immer wieder meine Kreativität beflügelt und der die gefühlsLOGISCHE musikalische Untermalung auf der beiliegenden Trainings-CD zur Verfügung gestellt hat.

Und ich danke all den anderen, die an der Schaffung dieses Werkes beteiligt waren.

Vorwort

Als ich Gerhard F. Schadlers Arbeit kennengelernt habe, hat dieser sofort mein Interesse als Hirnforscherin geweckt. Verknüpft er doch mit seiner gefühlsLOGIK einzigartig wissenschaftliche Erkenntnisse mit alltagstauglichen Konzepten.

Im vorliegenden Werk zeigt er auf unkonventionelle Art und Weise, wie Hirnforschung praktisch genutzt werden kann – mit erstaunlichen, sofort spürbaren Ergebnissen. Ich konnte mich im Selbstversuch davon überzeugen.

Mein Fazit: Das ist angewandte Hirnforschung in Perfektion!

Dr. Monika Germ
Hirnforscherin
Institut für Japan Know How,
Life Science und Management

Gratulation!

Liebe Leserin, lieber Leser,

ich gratuliere Ihnen! Sie haben sich entschlossen, sich Ihren Gefühlen zu widmen, einem der wichtigsten Aspekte Ihres Lebens. Gefühle beeinflussen, meist unauffällig und kaum bemerkt, Ihren Alltag. Tagaus, tagein. Und das weit mehr, als Sie zu denken wagen. Doch Ihr Verstand – der logische Teil in Ihnen – sieht kaum einen Sinn darin, sich mit den scheinbar »unlogischen« Gefühlen auseinanderzusetzen. Die Welt des Verstandes besteht aus Zahlen, Daten und Fakten. Er ist unentwegt damit beschäftigt, das vermeintlich Logische in den Griff zu bekommen. Doch er verzichtet dabei auf seine stärksten Verbündeten: die Gefühle!

Dieses Buch hat das Leben geschrieben. Für Ihren Verstand! Damit er Gefühle versteht. Damit er lernt, wie leicht Gefühle mit Hilfe von Logik zu beeinflussen sind. Damit er bereit ist, die vorhandenen Möglichkeiten zu nutzen.

Meine Methode – die gefühlsLOGIK – basiert auf weit mehr als einem Jahrzehnt praktischer Erfahrung und auf einem präzisen Wissen über die Vorlieben des menschlichen Gehirns. Trotzdem werde ich – um nicht vom Wesentlichen abzulenken – weitestgehend auf Fachbegriffe und unnötige akademische Details verzichten. Nicht wissenschaftliche Genauigkeit, sondern Alltagstauglichkeit ist mein Ziel – Ihrer Lebensqualität zuliebe. Und da Ihr Gehirn viel mehr unterhalten als informiert werden möchte, werde ich Ihnen all das in gefühlslogischer Form präsentieren.

Um optimalen Nutzen aus diesem Buch zu ziehen, gehen Sie bitte folgendermaßen vor:

1. Lesen

Beim Lesen dieses Buches erkennt Ihr Verstand, welch großen Sinn es macht, sich dem Thema Gefühle zu widmen. Er erhält Schritt für Schritt praktische Anleitungen zum optimalen Umgang mit dieser »unsichtbaren Macht«. Lesen Sie dazu Kapitel für Kapitel und überspringen Sie keines, da nur dann für Ihren Verstand die tatsächlichen Zusammenhänge erkennbar sind. Das schafft in Ihnen den nötigen Antrieb für die praktische Umsetzung.

2. Trainieren

Die praktische Umsetzung des Inhalts trainieren Sie bitte mit Hilfe des beiliegenden Trainingshandbuches und der mitgelieferten Trainings-CD.

3. Festigen

Lesen Sie nach einiger Zeit dieses Buch nochmals. Aufgrund Ihrer inzwischen gesammelten Erfahrungen werden Sie vieles mit anderen Augen sehen und zugleich ganz nebenbei das Erlernte festigen.

Ich wünsche Ihnen viel Spaß beim Nutzen Ihrer Möglichkeiten.

Ihr
Gerhard F. Schadler

Inhalt

1. Geschafft

Ich war richtig stolz auf mich! Seit geraumer Zeit stand ich nun bereits vor der Feinkosttheke – und ich war noch immer völlig gelassen. Ich konnte vier Personen zählen, die noch vor mir bedient werden wollten. Nicht nur, dass die Betreiber der Supermarktkette offensichtlich Personal eingespart hatten. Die einzige Verkäuferin, die den Andrang bewältigen musste, schien von den an sie herangetragenen Wünschen ziemlich überfordert zu sein. Alles dauerte ewig.

Und ich war richtig stolz auf mich! Noch vor Kurzem hätte ich mich ziemlich geärgert. Gründe dafür hätte es genügend gegeben: die Supermarktbetreiber, deren Gier dazu führt, dass billiges, unqualifiziertes Personal auf uns Kunden losgelassen wird, der missgelaunte Gesichtsausdruck der Verkäuferin, ihre unbeholfene Art oder die Bestellungen des pedantischen Kunden, der sich gerade 112 Gramm Putenextrawurst, 140 Gramm Salami und 65 Gramm Pressschinken aufschneiden ließ und so meine Erlösung noch weiter verzögerte.

Doch egal, welche Gründe mich normalerweise zum Ärgern verleitet hätten – heute war alles anders. Ich blieb innerlich völlig ruhig. Diese Gelassenheit fühlte sich ziemlich gut an.

Ich war stolz auf mich. Nicht wegen dieser völlig unbedeutenden Situation, sondern weil mir diese belanglose Szene vor Augen führte, dass es möglich ist. Möglich, die eigenen Gefühle zu beeinflussen! Lange genug hatte ich mich von ihnen immer wieder quälen lassen.

Doch heute weiß ich: Ich, Kilian Reich, habe es selbst in der Hand! Ich bin der Boss in meinem Leben. Und dieses Leben hatte vor drei Monaten begonnen.

2. Musik

»... and I'm feeling good.« Satt klang die Stimme Michael Bublés in meinen Ohren. Ich genoss den Gesang des kanadischen Sängers. Von den riesigen Lautsprechern zum Zuhören gezwungen, spürte ich, wie sich gerade eine Gänsehaut ihren Weg von meinen Unterarmen Richtung Nacken bahnte. Der große Raum im Erdgeschoss der eleganten Gründerzeitvilla war von Musik erfüllt. Er würde für die nächsten Monate einmal wöchentlich mein abendlicher Rückzugsort sein. Vier hohe Fenster, die das zarte Gelb der Seidentapete unterbrachen, gaben den Blick auf gepflegtes Grün frei. Mit den vielen alten Eichen und dem kurz geschnittenen Rasen, der großzügig die Villa umrahmte, glich dieses wunderbare Stück Natur mehr einem Park als einem Garten.

Die hohen Wände und die kunstvolle, über die Jahre hinweg gedunkelte Holzdecke machten unseren Seminarraum zu einem perfekten Resonanzkörper für Bublés Stimme. Ich fragte mich, woher Gerhard wissen konnte, dass »Feeling good« zu meinen Lieblingssongs zählte.

Gerhard, ein sympathisch wirkender Mann Mitte vierzig, schlank, mit blonder Mähne und markanten Gesichtszügen, stand in der Mitte des Raumes. Er fixierte uns mit wachem Blick. Wortlos stand er da. Er schien die Musik zu genießen. Sein Körper bewegte sich kaum merklich zu Bublés Stimme. Keinen Moment ließ er uns aus den Augen. Jeder von uns hatte in einem der fünf Fauteuils, die halbkreisförmig im Raum angeordnet waren, Platz gefunden. Die bequemen, mit grünem, goldbesticktem Stoff bespannten Sitzgelegenheiten machten es nicht nur mir leicht, die Musik zu genießen. Auch die anderen schienen daran Gefallen zu finden. Doch auch sie wussten offenbar nicht, was unser Seminarleiter, der noch immer mitten im Raum stand und uns beim Zuhören beobachtete, damit bezwecken wollte.

Es war bereits der zweite Abend, den ich hier verbrachte. Letzte Woche war ich das erste Mal im Halbkreis gesessen. Doch begonnen hatte alles bereits viel früher. Mit einem Gespräch mit Toni. Ich kannte Toni bereits seit meiner frühesten Jugend. Obwohl er sich als Mitarbeiter einer Hilfsorganisation die meiste Zeit in Afrika aufhielt, war der Kontakt zu ihm nie abgebrochen. Ich kann mich noch gut erinnern, wie erfreut ich war, als er sich vor einigen Wochen bei mir meldete.

Meine Stimmung war am Nullpunkt gewesen. Frisch geschieden, zwei kleine Kinder, ein monatelanger, kräfteraubender Sorgerechtsstreit. Der achtjährige Manuel, der nun bei mir wohnte, seinen kleinen Bruder vermisste und die Welt nicht mehr verstand. Die neue Wohnung, die erst spärlich eingerichtet war. Eine Fülle finanzieller Belastungen. Ich war ständig gereizt und unkonzentriert. Meine beruflichen Leistungen ließen immer mehr zu wünschen übrig. Ich fühlte mich energielos und hatte keine Ahnung, wie ich das alles schaffen sollte. Ich brauchte wirklich jemanden zum Reden. Da kam Tonis Anruf gerade recht.

Wir trafen uns in einem Innenstadtcafé. Toni hörte mir aufmerksam zu. Nachdem ich meine aktuelle Situation in allen Einzelheiten vor ihm ausgebreitet hatte, ging es mir schon etwas besser. »Was würdest du an meiner Stelle tun?« Ein erwartungsvoller Blick begleitete meine Frage.

»Kilian, bei meinen Einsätzen in Afrika erlebe ich tagtäglich Hitze, Schmutz, Armut, Hunger, Gewalt, Aggression und unvorstellbare Not – und ich bin mittendrin. Doch ich hätte kaum Chancen, all das durchzuhalten, wenn ich mich dabei so fühlen würde, wie du dich jetzt fühlst. Ich würde weder klar denken können, noch wäre ich in der Lage, anderen zu helfen. Ich würde mich hilflos und schwach fühlen und wäre meinem kräfteraubenden Alltag kaum gewachsen. Doch ich habe gelernt, meine destruktiven Gefühle in den Griff zu bekommen. So bin ich auch in schwierigen Situationen in der Lage, meine Arbeit zu tun.«

Jetzt hatte mich Toni neugierig gemacht. »Du hast gelernt, deine unangenehmen Gefühle in den Griff zu bekommen?«

»Ja, das war Teil meiner Ausbildung. Vor dem ersten Auslandseinsatz müssen alle Mitarbeiter eine gründliche Vorbereitung durchlaufen. Ein Teil dieser Ausbildung ist dem Umgang mit Emotionen gewidmet ...« Begeistert erzählte mir Toni von dieser Ausbildung und seinen Erfahrungen, die er über Jahre hinweg damit gemacht hatte. Mit vielen nützlichen Tipps und der Information, dass einer seiner Ausbilder auch öffentlich zugängliche Seminare zu diesem Thema anbietet, überließ er mich wieder meinem Schicksal.

Einige Wochen später. Frühlingsbeginn. Es war Mittwoch, der erste Seminarabend. Ich näherte mich erwartungsvoll der alten Villa in der Goethestraße Nr. 1. Hier, am Rande der Stadt, sollte das Seminar stattfinden, von dem ich bis jetzt nur wusste, dass es mir dabei helfen sollte, meine mich immer wieder quälenden Gefühle in den Griff zu bekommen. Mein Läuten wurde mit einem leisen Summen beantwortet. Ich öffnete das kunstvoll gefertigte Gartentor, was von einem leisen Quietschen untermalt wurde. Über einen schmalen Kiesweg, begleitet von abendlichem Vogelgezwitscher, hoffte ich, den Weg in eine bessere Zukunft anzutreten. Mehrere Stufen luden mich ein, in das Innere des friedlichen Hauses einzutreten. Kaum war die massive Holztür hinter mir ins Schloss gefallen, wurde ich bereits von einem Mann in hellen Jeans, weißem Hemd, mit blonder Mähne und breitem Grinsen in Empfang genommen.

Dies war meine erste Begegnung mit Gerhard. Ich wusste nicht viel von ihm. Der Seminarausschreibung konnte ich entnehmen, dass er sich schon lange mit Emotionssteuerung beschäftigt, dass er Diplomaten, Politikern, Sportlern und anderen dieses Thema nahebringt und er meist nur mit Kleingruppen arbeitet.

Fröhlich streckte er mir seine Hand zum Gruß entgegen. »Ich bin Gerhard. Du musst Kilian sein. Wir warten schon auf dich.« Vertrauensvoll folgte ich ihm. Er öffnete eine hohe Flügeltür im Erdgeschoss, die den Weg zu einem der vielen Räume freigab. Alter Parkettboden wurde fast zur Gänze von einem dicken, dunkelroten Teppich verdeckt. Auf diesem waren fünf Fauteuils im Halbkreis angeordnet. Ich war offenbar der Letzte, denn nur noch ein Platz war frei.

Freundlich wurde ich von den anderen begrüßt. Ich war ziemlich erstaunt, unter den Anwesenden auch ein bekanntes Gesicht zu entdecken. Jakob. Ein Freund aus alten Kindheitstagen. Jakob, Toni und ich, wir waren früher ständig zusammen gewesen. Ich hatte den leisen Verdacht, dass für Jakobs Anwesenheit auch Toni verantwortlich war. Jakob zwinkerte mir mit einem verschmitzten Lächeln zu, als ich meinen Platz in der Runde einnahm.

Wir waren ein bunt gemischter Haufen. Jakob, der alte Jugendfreund und Verwaltungsbeamte, der tatsächlich, so wie ich, von Toni auf das Seminar aufmerksam gemacht worden war. Elena, die sympathische Bankangestellte. Pablo, der sportliche Unternehmer, der ein Modehaus sein Eigen nannte. Pia, die lebenslustige Grundschullehrerin. Und schließlich ich, Kilian, der unglückliche Abteilungsleiter, der sein berufliches Dasein in der Computerabteilung eines Elektrofachmarktes fristete.

»... feeling good« – Michael Bublé holte mich zurück in die Gegenwart. Gerhard stand noch immer in der Mitte des Raumes. Er schien sich köstlich zu amüsieren. Abrupt stoppte die Musik.

3. Gefühlsgesteuert

Obwohl die Lautsprecher keinen Ton mehr von sich gaben, war der Raum noch immer von Bublés Musik erfüllt. Ich fühlte mich gut. So wie immer, wenn ich diesen Song hörte. Das Nachwirken wurde von Gerhards Fragen unterbrochen. »Warum hört ihr Musik? Was motiviert euch, zu Hause die Stereoanlage einzuschalten? Im Auto das Radio anzumachen? Oder euch eine CD zu kaufen? Oder vielleicht auch ein Konzert oder eine Oper zu besuchen? Warum tun wir Menschen das? Warum hören wir Musik?«

»Ich fahre tagaus, tagein dieselbe Strecke zur Arbeit und habe den Eindruck, die Zeit vergeht schneller, wenn das Autoradio an ist.« Das Nicken im Halbkreis zeigte, dass die meisten von uns Jakobs Erfahrungen teilen konnten. »Wenn Staub, schlierige Fenster und eine unaufgeräumte Küche mich mal wieder daran erinnern, dass es an der Zeit ist, meine Wohnung auf Vordermann zu bringen, hilft mir Musik dabei, dass mir die Arbeit leichter von der Hand geht.«

Dass Pia zum Putzen eine Motivationshilfe benötigen sollte, konnte ich mir so gar nicht vorstellen. Die adrette Lehrerin wirkte doch so perfekt. Ihr goldblondes Haar war exakt nach hinten gekämmt. Das hübsche Gesicht dezent geschminkt. Das sorgfältig ausgesuchte beige Kostüm brachte ihre schlanke Figur besonders gut zur Geltung. Ihre Worte waren wohlgewählt. Alles passte zusammen. Diese Frau und eine unaufgeräumte Wohnung?

Pablo unterbrach meine Gedanken. Der Italiener mit den gewellten, schwarzen Haaren und den dunklen, tiefgründigen Augen lieferte Gerhard einen weiteren Grund dafür, Musik zu hören. »Wenn ich spätabends nach Hause komme und unzählige Gedanken meinen Schlaf verhindern, hilft mir Musik dabei, mich zu entspannen.«

Elenas zustimmendes Nicken zeigte, dass auch sie, die unauffällige Bankangestellte, ähnliche Erfahrungen gemacht haben dürfte.

Auch ich konnte Pablos Worten nur zustimmen. Hatte ich doch in den letzten Wochen immer wieder Zuflucht zu Bublé und Co genommen, um meine trüben Gedanken ein wenig aufzuhellen. »Manchmal höre ich beschwingte Musik, um mich zu aktivieren«, fügte nun auch ich noch hinzu.

Die Antworten schienen Gerhard zu gefallen. Zufrieden fasste er zusammen: »Wir alle haben offenbar unterschiedliche Gründe, Musik zu hören. Trotzdem verfolgen wir damit alle denselben Zweck. Wir wollen uns gut fühlen! Hörst du sanfte Musik, um dich zu entspannen, führt die so erzielte Entspannung dazu, dass du dich besser fühlst. Hörst du Musik, um dich von Unangenehmem abzulenken, führt die Ablenkung dazu, dass du dich besser fühlst. Fühlst du dich schlapp und hörst beschwingte Musik, kann dies dazu beitragen, dass du dich besser fühlst. Andere Menschen nutzen Musik, um sich an vergangene schöne Ereignisse zu erinnern – Pärchen nennen das dann ‚unser Lied'. Denn die so vom Bewusstsein Besitz ergreifenden schönen Erinnerungen fühlen sich ziemlich gut an. Aus welchem Grund auch immer wir Musik hören, ob wir uns entspannen, ablenken, aufbauen oder erinnern wollen. Im Endeffekt bezwecken wir damit immer dasselbe: Wir wollen uns gut fühlen. Denn jeder Mensch will sich gut fühlen. Dieses Bedürfnis nach Wohlgefühl hat euch auch hierher gebracht. Oder hofft ihr nicht, dass euch dieses Seminar dabei helfen wird, euch gut zu fühlen?«

Gerhard machte eine kurze Pause, ganz so, als wollte er uns Gelegenheit geben, ihm zu widersprechen. Da kein Einwand folgte, setzte er fort: »Wer von euch ist der Meinung, ein rational agierender Verstandesmensch zu sein?« Fünf in die Luft gestreckte Arme signalisierten unsere Einigkeit. Gerhard war sichtlich belustigt. »Hab ich mir's doch gedacht. So wie ihr sind die meisten Menschen im Westen der Meinung, Verstandesmenschen zu sein. Sie meinen, ständig rationale Entscheidungen zu treffen, ohne dabei von Gefühlen beeinflusst zu werden. Doch das hat mit den Tatsachen so viel zu tun wie Paris Hilton mit Albert Einstein.«

Ich hatte den Eindruck, dass Pablo, der heute direkt neben mir saß, bei diesen Worten ein wenig unruhig wurde. »Lasst uns einfach überprüfen, wie stark der Gefühlsmensch in euch tatsächlich ist. Dazu werden wir zuerst einmal einen Blick in eure Wohnung werfen.«

In mir machte sich Unbehagen breit. Ich hoffte nur, dass Gerhard nicht wissen wollte, wie es momentan bei mir zu Hause aussah. Das wäre mir doch, wegen meiner noch ziemlich unvollständig eingerichteten Wohnung, ganz schön peinlich gewesen.

»Auch wenn jede Wohnung ein wenig anders eingerichtet ist und so die persönliche Note des Besitzers widerspiegelt, haben alle etwas gemeinsam. Egal ob es sich um ein Einfamilienhaus, ein Appartement oder eine Einzimmerwohnung handelt. Überall finden wir eine Fülle von Dingen, die niemand braucht! Bei wem von euch hängen Bilder an den Wänden?« Wieder verkündeten fünf Arme unsere Einigkeit. »Wer besitzt Dekorations- oder Zierobjekte?« Einigkeit! »Souvenirs und andere Erinnerungsstücke?« Einigkeit! »Sammelobjekte?« Pablo, Elena und Jakob! »Kunstgegenstände?« Nur Pablo!

»Welchen Zweck erfüllen all diese Dinge? Was kannst du mit all dem unnützen Zeugs tun?« Gerhard schien von uns nicht wirklich eine Antwort zu erwarten. Ohne eine Pause zu machen, fuhr er fort: »Du kannst sie betrachten. Sonst nichts! Staubfänger, die einfach nur da sind. Doch das Betrachten von Souvenirs, die dich an schöne Zeiten erinnern, von Pokalen und Medaillen als Beweis deiner Fähigkeiten und all dem anderen Kram, der dir so gefällt, tut dir einfach gut.« Da hatte Gerhard recht. Jedes Mal, wenn ein flüchtiger Blick die gerahmten Gesichter meiner Kinder streifte, war ich dankbar dafür, dass es sie gibt. Und das tat gut.

»Nützlicher als all der Krimskrams, der unsere Wohnung so schön wohnlich macht, ist da schon unsere Kleidung. Doch auch hier zeugt ein Blick in deinen Kleiderschrank bald vom Gefühlsmenschen: Übervoll! Richtig?« Fünf Arme in der Luft.

»Lasst mich raten. Einiges davon ist fast neu, kaum getragen und im Dunkel des Schrankes einem traurigen Schicksal überlassen?« Wieder Einigkeit. »Lasst uns das Vorleben eines dieser verschmähten Kleidungsstücke einmal näher betrachten. Hat jemand von euch ein Beispiel parat?«

Pia hatte. »Es war vor einigen Monaten«, begann sie mit gewählten Worten zu erzählen. »Obwohl ich die cremefarbene Bluse nicht wirklich brauchte, ließ ich mich hinreißen. Gab sie mir im Geschäft doch ein Versprechen: ‚*Wenn du mich kaufst, geht es dir gut!*' Auch der Preis war heruntergesetzt. Wie sollte ich da widerstehen? Doch bereits am nächsten Tag versagte dieses treulose Stück Stoff völlig! Wo blieb das erhoffte Wohlgefühl? Der Stoff fühlte sich irgendwie nicht gut an. Auch der Schnitt schien nicht optimal. Vielleicht, ist mir in den Sinn gekommen, braucht es einfach nur ein wenig Zeit, bis wir uns aneinander gewöhnen. Doch auch bis Tagesende ist es dem hinterhältigen Teil, das außerdem vom Umtausch ausgenommen war, nicht gelungen, mir gute Gefühle zu vermitteln. Nach drei Wochen die zweite Chance. Doch auch an diesem Tag fühlte ich mich damit nicht wirklich wohl. Von nun an wurde das ungeliebte Stück bei der täglichen Kleiderwahl gnadenlos mit Verachtung gestraft. So hat sich die Bluse in kurzer Zeit zu einem hoffnungsvollen Kandidaten für die nächste Altkleidersammlung entwickelt.«

»Logisch betrachtet eine Verschwendung – für den Gefühlsmenschen in dir jedoch völlig logisch!«, stellte Gerhard fest. »Fragen?« Keine. So setzte Gerhard fort: »Betreten wir nun eine x-beliebige Wohnung, kann es durchaus sein, dass uns bald pelzige Mitbewohner den Weg versperren: Haustiere. Wer von euch besitzt eines?« Pablo gab einem Deutschen Schäferhund ein Zuhause. Elena zwei Mischlingsrüden. Jakob und Pia einer Katze. Auch Gerhard war ein Katzenfreund. So setzte er fort:

»Katzen. Von vielen geliebt, gestreichelt und gehätschelt. Doch gibt es, nach logischen Kriterien bemessen, nicht den geringsten Grund, sich solch ein flauschiges Etwas als Haustier zu halten. Alle Fakten sprechen dagegen: Eine Katze

haart, stinkt und kostet Geld! Wenn du der Meinung bist, dass deine Katze keine Geruchsbelästigung darstellt, dann liegt das nur daran, dass du ihre Hinterlassenschaften regelmäßig beseitigst. Realistisch betrachtet ein sinnloser Aufwand. Für uns Katzenliebhaber jedoch völlig logisch! Ist es doch so angenehm, diese netten, schnurrenden Lebewesen um sich zu haben. Bist du Single, fühlst du dich mit einer Katze weniger allein. Lebst Du in einer Partnerschaft, hast du die wohltuende Gewissheit, dass dir beim Nachhausekommen zumindest **ein** freundliches Gesicht entgegenkommt. Haustiere machen dem Tierliebhaber gute Gefühle.

Doch unsere Gefühle beeinflussen nicht nur unseren Wohnraum. Sie beeinflussen auch, in einem weit größeren Ausmaß als erwartet, die Geschäftswelt – ja die gesamte Wirtschaft.« Pablo richtete sich ein wenig auf. Dieser Aspekt schien ganz besonders sein Interesse zu wecken.

»Wer von euch ist stolzer Besitzer einer Versicherungspolice?« Fünf Arme in der Luft. Natürlich waren wir alle sozialversichert und die Autobesitzer unter uns hatten eine Haftpflichtversicherung. Da gab es kein Entkommen. Doch auch ohne Zwang hatte jeder von uns gegen alles Mögliche vorgesorgt. »Hagelschlag, Wildwechsel, Blitzschlag und andere Naturgewalten«, zählte Gerhard auf. »Beinbruch, Einbruch, Diebstahl, Hundekrätze, Katzenpest. Eine Unzahl realer und vermeintlicher Gefahren machen Angst. Angst fühlt sich unangenehm an. Angst willst du nicht haben. Wen wundert's, dass beim Durchforsten der für die Regelung deiner Umstände so wichtigen Papiere bald der eine oder andere Versicherungsvertrag zum Vorschein kommt? Er nimmt dir die Angst. Und obwohl die befürchteten Ereignisse meist nie eintreten, bist du trotzdem bereit, regelmäßig Geld bei deinem Versicherer abzuliefern. Dafür bekommst du immerhin ein Blatt Papier, welches dir hoch und heilig versichert, dass du im Ernstfall auf dieses Unternehmen zählen kannst. Angst wird so in Sicherheit verwandelt. Du hast die Gewissheit, dass du dich auch im Schadensfall noch einigermaßen gut fühlen wirst. Die Versicherungsgesellschaft lebt von deiner Angst, wobei die Prämie, die dir das sorgenfreie Leben ermöglicht, von deinem Konto abgebucht wird – eröffnet bei der Bank deiner Wahl. Richtig?«

Zustimmendes Nicken. »Warum gerade bei dieser Bank?« Pablo: »Weil ich meinem Berater vertraue.« Pia: »Weil ich das Gefühl habe, mein Geld ist dort sicher aufgehoben.«

»Ja genau! Die Zauberworte sind **Vertrauen** und **Sicherheit**! Würdest du deinem Berater nicht vertrauen und hättest du nicht den Eindruck, dein Geld sei bei diesem Institut auch sicher, würde deine Bank nie auch nur einen Cent deines Vermögens zu Gesicht bekommen. Selbst wenn die Mitarbeiter noch so gut ausgebildet, die Filialen noch so toll gestaltet und die angebotenen Produkte noch so vielversprechend sind, ohne Vertrauen und Sicherheit kann keine Bank der Welt existieren.«

Elena, die Bankangestellte: »Ich kenne viele meiner Kunden nun bereits seit Jahren. Kenne ihre Lebensumstände. Weiß, was sie brauchen. Und meine Kunden wissen, dass ich ihnen nie etwas Sinnloses aufschwatzen würde. Mein Chef sähe es zwar lieber, wenn ich mehr Anlageprodukte verkaufen würde. Doch ich wehre mich dagegen, wenn ich weiß, dass Zusatzbelastungen meinem Kunden zu sehr zu schaffen machen würden. Das baut Vertrauen auf. So war ich in den letzten Jahren gezwungen, mehrmals die Filiale zu wechseln, und obwohl die jeweils neue Filiale für die meisten Kunden viel ungünstiger gelegen war, sind mir fast alle gefolgt.«

»Ja«, bekräftigte Gerhard, »für gute Gefühle sind wir bereit, auch einige Unannehmlichkeiten in Kauf zu nehmen.«

»Das stimmt«, mischte sich Pablo ins Gespräch. »Mein Hobby ist der Marathonlauf. Eine ziemliche Schinderei. Jedes Mal, wenn ich mich auf einen neuen Lauf vorbereite, sage ich mir, dass dies das letzte Mal sein würde. Doch wenn ich es wieder mal geschafft habe, sind alle Gedanken ans Aufhören verflogen. Das tolle Gefühl der Gemeinsamkeit, wenn du als einer von tausenden Läufern am Start stehst. Das tolle Gefühl, wenn dich applaudierende Zuschauer auf den letzten Kilometern anfeuern und so Richtung Ziel treiben. Das unglaubliche Gefühl, die eigenen Grenzen überwunden zu haben. Wer das noch nie erlebt hat, kann sich sicherlich schwer vorstellen, dass man für dieses fantastische Gefühl bereit ist, monatelang zu trainieren.«

Gerhard nahm Pablos Kommentar erfreut auf: »Deine Erfahrung ist für alle Sportarten gültig, Pablo. Millionen Menschen trainieren tagtäglich, um fit zu bleiben, abzunehmen, Siege zu erringen oder um sich selbst zu beweisen, wozu sie in der Lage sind. Ihre Antriebskraft: das gute Gefühl, das mit dem Erreichen ihres Zieles verbunden ist. Gefühle treiben uns an. Sie beeinflussen uns. Sie beeinflussen unsere Freizeitaktivitäten genauso, wie sie auch die Wahl unserer Bank beeinflussen. Vertrauen und Sicherheit sind da entscheidend. Doch nicht nur diese beiden Gefühle beeinflussen unsere Geldgeschäfte. Auch die Gier kann Mitspracherecht haben. Ist dies der Fall, können klassische Sparbücher dieses Gefühl kaum ausreichend befriedigen. Dann wird so mancher Kunde zum Anleger. Nun werden Börsenkurse beobachtet, hektisch Kaufbefehle erteilt, ungeliebte Papiere fallen gelassen, auf den Markt reagiert. Doch was bewegt den Anleger?« Auch jetzt erwartete Gerhard keine Antwort von uns.

»Hier kommen die Gefühle ins Spiel: Bekommen Anleger Angst, verkaufen sie – der Kurs sinkt. Erzeugt jedoch die Hoffnung auf mehr ein gutes Gefühl, wird gekauft, was man sich leisten und kriegen kann – die Nachfrage steigt und damit auch der Kurs. Das Gesetz von Angebot und Nachfrage bestimmt den Markt. Und dieses Gesetz wird von Gefühlen beeinflusst!« Elena, die Spezialistin, nickte zustimmend.

»Wohin wir auch schauen. Die Wirtschaft lebt von den Gefühlen der Menschen. Wir kaufen dies und das, in der Hoffnung, dass uns der Besitz der neuen Beutestücke glücklich macht. Werbepsychologen finden immer ausgefallenere Tricks, um uns zu Kunden zu machen. Die Kunst der Verführung wird immer mehr perfektioniert.

Doch die Botschaft ist immer dieselbe: ‚*Kauf mich und es geht dir gut!*' Wer die Gefühle der Menschen am besten zu eigenen Gunsten beeinflusst, regiert den Markt. Strahlende Gesichter grinsen aus Zeitungen und Fernsehen und suggerieren uns, wie gut es tut, die Produkte zu haben, die wir meist gar nicht brauchen – und wir kaufen gerne.

Denn wir alle wollen es: UNS GUT FÜHLEN! Fassen wir zusammen«, Gerhards Stimme wurde ein wenig lauter: »Wir sind Gefühlsmenschen!« Er wiederholte: »Wir sind Gefühlsmenschen so wie alle anderen auch. Sie begegnen uns überall! Auf den Straßen sieht man immer mehr Geländewagen, die wahrscheinlich nie abseits der Straße zum Einsatz kommen. Doch sie vermitteln ihren Besitzern ein Gefühl von Sicherheit und dieses herrliche ‚Ich-könnte-wenn-ich-wollte-Gefühl'. Erhöhter Spritverbrauch und ein Mehr an Betriebskosten werden da gerne in Kauf genommen.«

Jakob nickte zustimmend. »Gefühlsmenschen stürzen sich freiwillig an einem Gummiseil befestigt in die Tiefe, nur um diesen unbeschreiblichen ‚Kick' zu spüren. Andere sind wiederum bereit, für prestigeträchtige Markenprodukte mehr Geld auszugeben, weil sie sich dadurch ‚besonderer' fühlen können. In Chefetagen wird verbissen um den größeren Dienstwagen gekämpft, nur um das Gefühl zu haben, ‚wichtig' zu sein.

Gefühlsmenschen räumen ihre Wohnungen mit überflüssigem Krimskrams voll und halten sich Haustiere – nur um sich gut zu fühlen. Sie kaufen sich mehr Kleidung, als sie wirklich brauchen – um sich gut zu fühlen. Sie schließen Versicherungsverträge ab – um sich gut zu fühlen. Selbst die Wahl ihrer Bank bleibt von Gefühlen nicht unbeeinflusst. Auch all ihre Freizeitaktivitäten – egal, ob sie in die Sauna oder ins Solarium gehen, sich mit Freunden treffen, ein Kino oder Konzert besuchen oder sich zu zweit in ein schönes Restaurant zurückziehen – dienen nur einem einzigen Zweck: MENSCHEN WOLLEN SICH GUT FÜHLEN!

Diese Aufzählung ließe sich endlos fortsetzen. Doch am Ende würde wieder nur eines zum Vorschein kommen: Wir alle sind Gefühlsmenschen! Trotzdem gibt es in eurer Umgebung wahrscheinlich viele Menschen, die ganz und gar nicht den Eindruck vermitteln, Gefühlsmenschen zu sein. Im Volksmund nennt man diese Menschen MÄNNER!« Es dauerte einige Sekunden, bis Pia und Elena hell auflachten.

Ohne sich davon ablenken zu lassen, sprach Gerhard weiter: »Doch der Schein trügt. Auch unter der harten Schale des ‚richtigen' Mannes verbirgt sich ein ausgewachsener Gefühlsmensch. Dieser ist jedoch in der Lage, seine Gefühle perfekt vor anderen geheim zu halten. Schauen wir uns solch ein männliches Prachtexemplar einmal näher an.«

Mit einem Klick seiner Fernbedienung hauchte Gerhard dem Beamer, an dem ein Notebook angeschlossen war, Leben ein. Bis jetzt hatte der Projektor auf dem Tisch neben Gerhard unauffällig sein Dasein gefristet. Doch jetzt projizierte er das Bild eines Mannes um die vierzig auf die riesige, bis jetzt unbenutzte Leinwand.

»Das ist Robert. Er ist ein typisches Kind der 1970er-Jahre. Er genoss, wie die Generationen vor ihm, eine klassisch-traditionelle Erziehung. Dabei lernte der vielversprechende Spross, kaum dem Kinderwagen entwachsen, die wichtigste Regel des ‚richtigen' Mannes: Ein Indianer kennt keinen Schmerz! Doch was wurde damit dem kleinen Robert immer wieder signalisiert?« Elena vermutete: »Gefühle zeigen ist ein Zeichen von Schwäche und deshalb sehr, sehr unmännlich.«

»Ja! Und Robert lernte schnell. War er beim Spielen mal wieder zu draufgängerisch und hatte sich unvorsichtigerweise die Knie gestoßen, entkamen seinen Kinderaugen anfangs noch Tränen als Zeugen seiner Gefühle. Doch seine Umgebung wurde nicht müde, ihn immer wieder an die wichtigste Männerregel zu erinnern: ‚Ein Indianer kennt keinen Schmerz!'. Bald war auch er in der Lage, seinen Schmerz tapfer zu ertragen. Egal ob Schürfwunden, blaue Flecken oder Bauchschmerzen. Keine Träne entkam ab jetzt seinen kindlichen Männeraugen.«

Gerhard erzählte das ganz so, als ob er meinen Eltern bei meiner Erziehung über die Schulter geschaut hätte. Mühelos hätte er den Namen Robert gegen Kilian tauschen können.

»So wurde Robert bereits in frühen Jahren Mitglied im erlauchten Kreis der ‚richtigen' Männer. Heute, nach jahrelangem Training, ist er in der Lage – einem Magier gleich – nicht nur Schmerz, sondern auch Freude, Angst, Ärger, Liebe und fast jedes andere Gefühl zu empfinden, ohne dass dies von seiner Umgebung bemerkt werden würde. Was jedoch dem gutgläubigen Knaben verheimlicht wurde: Egal, ob er andere an seinen Gefühlen teilhaben lässt oder nicht – nichts kann verhindern, DASS AUCH ER GEFÜHLSMENSCH IST. Weil es unsere Natur ist! Wenn du dir im Alltag immer wieder die Frage stellst: ‚*Warum habe ich jetzt so gehandelt?*', wirst du bald erkennen, wie stark Gefühle tatsächlich dein Leben bestimmen.«

Gerhard schien abzuwarten, ob wir mit ihm übereinstimmten. Nach einer kurzen Pause: »Gibt es noch Fragen?« Elena meldete sich wieder zu Wort: »Eines ist mir noch unklar. Du hast heute Abend ausführlich über Gefühle gesprochen und dabei kein einziges Mal das Wort ‚Emotionen' in den Mund genommen. Was ist der Unterschied zwischen Gefühlen und Emotionen?« »Das ist eine gute Frage, Elena. Doch es gibt keine eindeutige Antwort, weil es hier unterschiedliche Meinungen gibt. Nach meiner Definition handelt es sich um ein ‚Gefühl', wenn es sich in uns abspielt, aber unsere Umgebung davon nichts bemerkt.« »Wenn ich mich beispielsweise über jemanden ärgere und der bemerkt es nicht?« »Ja genau. Wird dein Gefühl jedoch auch für andere sichtbar, nenne ich es Emotion.« »Also, wenn ich meinem Ärger lauthals Luft machen würde?« »Ja. Deshalb sagt man dann auch: ‚*Du wirst emotional.*' Ich möchte jedoch in diesem Seminar zwischen Gefühlen und Emotionen nicht unterscheiden, weil es für die praktische Nutzung unserer Möglichkeiten keine Bedeutung hat.« Elena schien mit der Antwort zufrieden.

»Gibt es sonst noch Fragen? Nein? Dann bedanke ich mich für eure Aufmerksamkeit. Wir sehen uns nächsten Mittwoch, wieder um 18.00 Uhr. Bis dahin legt bitte zwei Listen an: Auf der ersten Liste tragt ihr all diejenigen Gegenstände ein, die in eurer Wohnung zwar keinen praktischen Zweck erfüllen, euch jedoch gute Gefühle machen. Und immer, wenn ihr bemerkt, dass ihr von Gefühlen erfasst werdet, vermerkt dies bitte auf einer zweiten Liste. Beim nächsten Mal sprechen wir darüber.«

4. Verstandesmenschen?

Mittwoch. Feierabendverkehr. »Dieser rücksichtslose Mensch!« Ärgerlich verließen die Worte meine Lippen. Ich konnte nicht anders. Es tat mir gut, meinem Ärger lautstark Ausdruck zu verleihen. Selbst wenn es niemand hören konnte. Ich hasste diese Autofahrer, die es immer eilig hatten und sich rücksichtslos jeden Meter Straße erkämpfen mussten. Nur um dann, einige Meter weiter, wieder neben mir zu stehen zu kommen. Das war doch völlig sinnlos! Mein Herz schlug bis zum Hals. Ein flaues Gefühl machte sich in meiner Magengegend breit. Ich war richtig aufgebracht. Na, wenigstens hatte ich einen weiteren Punkt auf meiner Liste. In Gedanken trug ich »rücksichtsloser Autofahrer« ein.

Ich war auf dem Weg zum Seminar. Es war nicht das erste Mal, dass mich seit dem letzten Abend mit Gerhard meine Gefühle beeinflusst hatten. Nie hätte ich das gedacht. Völlig unauffällig und so ganz nebenbei waren sie fast immer präsent gewesen. Doch erst seit letzter Woche achtete ich auf sie. Es wurde mir immer mehr bewusst, wie sehr ich Gefühlsmensch war. Ich war froh, mich für das Seminar entschieden zu haben.

Obwohl wir letzte Woche noch nichts Praktisches gelernt hatten, hatte ich die Villa mit ein wenig mehr Hoffnung verlassen. Ich war bereits etwas müde gewesen und froh, nach Hause zu kommen. Doch kaum bei meinem Auto angekommen, wurde schon der erste Eintrag auf meiner Liste fällig. Nur wenige Zentimeter Abstand lagen zwischen den Fahrzeugen vor und hinter meinem. Ich war völlig zugeparkt. Mit jeder Drehung des Lenkrades konnte ich spüren, wie sich die unangenehmen Gefühle immer mehr meiner bemächtigten.

Nach ewig langem Hin und Her gelang es mir endlich, mich zu befreien. Doch die gute Stimmung war weg.

Zu Hause kam mir Julia, meine Babysitterin, mit einem Lächeln entgegen. Ich wohnte ja noch nicht lange hier. Doch die Menschen in dem mehrstöckigen Wohnblock schienen durchwegs freundliche Zeitgenossen zu sein. Mit den Nachbarn gegenüber hatte ich mich schon ein wenig angefreundet. Julia, ihre fünfzehnjährige Tochter, hatte sich bereit erklärt, für meinen Achtjährigen während der Seminarabende den Babysitter zu spielen. »Manuel ist wirklich ein braves Kind.« Ich konnte förmlich spüren, wie Julias freundliche Worte mir dabei halfen, meine schlechten Gefühle, die ich seit dem Ausparken mit mir herumtrug, zu vertreiben – der nächste Eintrag in meiner Liste. Doch dies sollte noch lange nicht der letzte gewesen sein:

→ Ein freundliches »Guten Morgen« im Lift. Eintrag in der Liste.
→ Viel zu spät – Ampel rot. Eintrag.
→ Radio an – Flugzeugabsturz in Frankreich. Eintrag.
→ Ein grölender, roter Sportwagen – der Fahrer ignoriert meinen Vorrang. Eintrag.
→ Ich zu spät – strafender Blick vom Filialleiter. Eintrag.
→ Kundenreklamation – Kunde unfreundlich. Eintrag.
→ Nettes Gespräch im Pausenraum. Eintrag.
→ Mitarbeiter meldet sich krank – ich muss Dienstplan umschreiben. Eintrag.
→ Tolles Kundengespräch – Kunde kauft. Eintrag.
→ Lieferant kündigt Lieferverzögerung an. Eintrag.
→ Filialleiter will mich sprechen. Eintrag.
→ Denke an meine Finanzen. Eintrag.
→ Denke an das Wochenende. Eintrag.
→ Im Supermarkt – zu viele Menschen vor der Feinkosttheke, lange Schlangen bei den Kassen. Eintrag.
→ Kaufe Zeitung – freundliche Verkäuferin. Eintrag.

Mittlerweile hatte ich mir angewöhnt, ein Diktiergerät bei mir zu tragen und erst am Abend alles in meine bereits übervolle Liste einzutragen. Sie wurde von Tag zu Tag länger. Der vorläufig letzte Punkt: »rücksichtsloser Autofahrer«.

Ich war inzwischen in der Goethestraße angekommen und achtete beim Einparken penibel darauf, dass der Abstand zum vorderen Auto genügend groß war. Man konnte ja nie wissen. Meine momentane Stimmung wollte so gar nicht zu dem lauen Frühlingsabend passen. Ich war vom letzten Punkt auf meiner Liste noch immer verärgert. Vom Quietschen des Gartentores begleitet betrat ich nun bereits zum dritten Mal den Kiesweg. Jakob, der alte Jugendfreund, und Pia standen vor der Villa und unterhielten sich. Jakob begrüßte mich herzlich. Auch Pia nickte mir lächelnd zu. Sie schien ein wirklich netter Mensch zu sein. Leider hatte ich bis jetzt noch keine Gelegenheit, sie näher kennenzulernen. Doch ich musste zugeben: Der fröhliche Blondschopf gefiel mir außerordentlich gut. Sofort konnte ich meiner Liste einen weiteren Punkt hinzufügen.

Alle im Halbkreis hielten ihre Listen in der Hand. Auch ihre schienen übervoll. Zufrieden ruhte Gerhards Blick auf den vollgeschriebenen Bögen. Der Reihe nach erzählten wir von unseren Erfahrungen. Auch wenn wir von unterschiedlichsten Erlebnissen zu berichten hatten: Bei allen war der Gefühlsmensch fast ständig präsent.

Pablo, der Geschäftsmann aus Italien, der letzte Woche bei diesem Thema noch unruhig geworden war, schien sich in der Zwischenzeit damit abgefunden zu haben, dass auch in ihm ein ausgewachsener Gefühlsmensch steckt. »Ich war anfangs sehr skeptisch. Hatte ich mich doch bis jetzt immer als Verstandesmenschen gesehen, den Gefühle nur in Ausnahmefällen beeinflussen. Doch es beginnt bereits nach dem Aufstehen. Alles, was ich tue, erfüllt anscheinend nur einen Zweck: Ich will mich gut fühlen. Zähneputzen – frischer Atem – Wohlgefühl. Duschen – neu belebt – Wohlgefühl. Gehe mit Hund raus, spiele mit ihm – Wohlgefühl. Frisches Hemd, Anzug, Krawatte – ich gefalle mir – Wohlgefühl. Ich setze mich ins Auto – der Motor heult auf – mehr PS als nötig – Wohlgefühl. Ich treffe den Chef einer Werbeagentur – Vorschläge, die helfen, den Umsatz anzukurbeln. Wohlgefühl. Problem mit einem Mitarbeiter – ich kann zur Lösung beitragen. Wohlgefühl. Ich bestelle neue Ware – denke, sie wird sich gut verkaufen. Wohlgefühl. Gehe abends joggen – die Muskeln spannen. Wohlgefühl. Leider werden diese Momente auch immer wieder von Unwohlsein, ausgelöst durch Sorgen und unangenehme Ereignisse, unterbrochen. Mir wurde letzte Woche erstmals bewusst: Ich, Pablo Ranieri, bin Gefühlsmensch.«

Nachdem auch Pia und Elena uns ein wenig an den einzelnen Punkten ihrer Liste hatten teilhaben lassen, kam Jakob an die Reihe. Er hatte von einem besonderen Ereignis zu berichten: »Ich war richtig begeistert. Es war das erste Mal, dass ich einem hochrangigen Politiker Aug in Aug gegenüberstand. Eigentlich habe ich mit Politik nicht viel am Hut. ‚Die da oben tun sowieso, was sie wollen', ist meine Einstellung. So war es auch purer Zufall, dass ich in diese Wahlveranstaltung geriet. Eigentlich wollte ich den Samstagvormittag nutzen, um in Ruhe meine Einkäufe zu erledigen. Doch als ich so in Gedanken durch die sonnendurchflutete Fußgängerzone schlenderte, stand er plötzlich da. Direkt vor mir. Gewinnendes Lächeln, perfekt sitzender Anzug, sympathisches Gesicht, durchtrainierte Figur und viel größer, als ich dachte. Gut gelaunt streckte er mir seine Hand entgegen. *‚Wie geht es Ihnen? Ich hoffe gut.'* Nach einem kurzen, aber herzlichen Wortwechsel war ich in der Fußgängerzone wieder mir selbst überlassen. Nur ein Kugelschreiber und ein buntes Infoblatt in meinen Händen, beides mit einem bunten Parteilogo versehen, erinnerten noch an das Gespräch. *‚Ich denke, diesmal werde ich doch wählen gehen!'*, schoss es mir durch den Kopf. Ich hatte das Gefühl, dass ich auch schon wusste, wem ich meine Stimme geben würde.«

Gerhard gefiel Jakobs Beispiel. »Wahlversprechen und Wahlgeschenke. Öffentliche Auftritte und Werbeplakate. Einschaltungen in Radio und Fernsehen. Alles nichts anderes als der Versuch, beim Wähler zu punkten. Oder besser gesagt, gute Gefühle zu erzeugen. Derjenige Kandidat, dem es gelingt, beim Wahlvolk die besten Gefühle zu erzeugen, wird mit großer Wahrscheinlichkeit als strahlender Sieger hervorgehen. Aussehen und Sympathie zählen dabei oft mehr als alle Fakten. Jakob, was weißt du vom Wahlprogramm deines Politikers?« »Bis jetzt gar nichts«, antwortete Jakob nachdenklich. »Trotzdem könntest du dir vorstellen, ihn zu wählen! Ein Beispiel dafür, dass die ach so harten Fakten oft nur eine Statistenrolle einnehmen. Wie wäre es sonst zu erklären, dass selbst Politiker, die aufgrund ihrer Arbeit die Bezeichnung Volksvertreter schon lange nicht mehr verdienen, noch immer im Amt sind?«

Ich war als Nächster an der Reihe. Detailgenau ließ ich alle an meinem Ärger mit dem rücksichtslosen Autofahrer teilhaben.

Danach widmeten wir uns der zweiten Liste. Alle hatten sorgsam all diejenigen Gegenstände aufgelistet, die in ihrer Wohnung zwar keine praktische Aufgabe zu erfüllen hatten, aber gute Gefühle machten. Auch diese Liste füllte nicht nur bei mir mehr als eine Seite. Überall zeugte eine Unzahl unnützer Dinge vom Gefühlsmenschen in uns. So weckten bei Jakob Holzelefanten, Masken und bunte Figuren Erinnerungen an seine Urlaube in Afrika. Eine übervolle Vitrine, gefüllt mit Parfumminiaturen, wies stolz auf Elenas Sammelwut hin. In Pablos Wohnung offenbarten Pokale und Medaillen, dass es sich beim Bewohner dieser Unterkunft wohl um eine Sportkanone handelte. Die modernen Skulpturen, die am Boden und in Regalen ihr nutzloses Dasein fristeten, wiesen ihn auch als Kunstliebhaber aus.

Damit konnte ich in meiner unfertigen Wohnung zwar nicht dienen. Doch auch hier war einiges zu finden. Ein schöner Aschenbecher aus Murano-Glas, obwohl ich Nichtraucher bin. Mehrere Blumenvasen, die noch nie benutzt worden waren. Bilder an der Wand, die glücklichere Tage zeigten und mich daran erinnerten, dass ich einmal eine richtige Familie hatte. Und vieles mehr.

»Freude, Wut, Zufriedenheit, Ärger und Begeisterung. Angst, Mitgefühl, Neid, Hoffnung.« Ohne Unterbrechung fuhr Gerhard weiter fort: »Eifersucht, Empörung, Liebe, Enttäuschung. Zuneigung, Stress, Vertrauen, Stolz. Verzweiflung, Langeweile, Zorn, Gelassenheit und vieles mehr. Wir Menschen sind in der Lage, eine Unzahl von Gefühlen zu spüren. Angenehme und unangenehme. Doch egal, welches Gefühl wir gerade spüren, es beeinflusst uns. Trotzdem sind die meisten von uns der Meinung, rational agierende Verstandesmenschen zu sein. Natürlich hat dein Verstand seine Existenzberechtigung. Er ermöglicht es dir, zu analysieren, hilft beim Verstehen und erlaubt es dir, logisch zu denken und zu handeln. Doch solange du den Mechanismus der Gefühlsentstehung nicht durchschaust, wirst du schwer in der Lage sein, mit Hilfe des Verstandes auf dein Leben großen Einfluss zu nehmen.«

Fast gleichzeitig bewegten Pablo und Elena ihren Arm nach oben. Offensichtlich wollten sie widersprechen. Doch mit einer beschwichtigenden Handbewegung fuhr Gerhard in beruhigendem Tonfall fort. »Lasst mich anhand eines Beispiels beweisen, wie ohnmächtig dein Verstand deinen Gefühlen gegenübersteht: Kilian hat uns heute erzählt, dass er sich auf der Fahrt hierher ziemlich geärgert hat. Hat sich sonst noch jemand von euch schon einmal geärgert?« Spontan erfüllte ein Lachen den Raum.

Mit einem Lächeln im Gesicht setzte Gerhard fort. »Schauen wir uns doch einmal Kilians Ärger näher an. Kilian war mit dem Fahrstil eines anderen Verkehrsteilnehmers nicht einverstanden. Kannst du bitte nochmals begründen, warum du damit nicht einverstanden warst, Kilian.« »Ja. Ganz einfach. Weil es nichts bringt, sich rücksichtslos jeden Meter zu erkämpfen, um dann, einige Meter weiter, wieder neben demselben Fahrzeug zu stehen zu kommen. Das ist doch völlig sinnlos!« Meine Worte waren ein wenig lauter ausgefallen, als ich wollte. Ich spürte, wie bei der Erinnerung an den Autofahrer der Ärger wieder in mir hochkam. »Ja, Kilian, das ist es. Sinnlos! Genauso wie dein Ärger völlig sinnlos war. Oder hat dein Ärger irgendetwas an der Situation geändert?« »Nein«, musste ich zugeben, »der andere hat sich weiterhin rücksichtslos verhalten.« »Und du hast dich zusätzlich noch schlecht gefühlt. Dein ÄRGER machte so alles nur noch ÄRGER, worauf klugerweise sogar sein Name hindeutet. Und deine Stimme zeigt mir, dass du dich jetzt schon wieder darüber ärgerst – und das, obwohl alles schon längst vorbei ist. Verstandesmäßig betrachtet ist also dein Ärger völlig sinnlos. Er ändert nichts an der Situation, fühlt sich mies an und beeinflusst dich noch lange danach. Völlig unlogisch!«

»Aber wenn jemand sich rücksichtslos verhält, dann kann man das doch nicht einfach hinnehmen. Man muss sich doch ärgern.« Ich war richtig aufgebracht. Mein Herz schlug schneller. Mein Inneres fühlte sich wärmer an als zuvor. Auch dieses komische Gefühl im Magen war wieder da.

»Kilian, ich stimme mit dir überein. Natürlich sollte man Rücksichtslosigkeit, Unhöflichkeiten und anderes inakzeptables Verhalten nicht so einfach hinnehmen.« Ich bemerkte, wie ich bei diesen Worten ein wenig ruhiger wurde. »Doch Ärger ist nicht das ideale Konzept, um unangenehmen Zeitgenossen zu begegnen. Die Erfahrung zeigt doch, dass es unwahrscheinlich ist, dass der andere wegen deines Ärgers sein Verhalten ändert. Wieso also lässt es dein Verstand zu, dass du dich so unlogisch verhältst?« »Weil er nicht anders kann?«, fragte ich zögerlich. »Ja genau. Wenn der Ärger auftaucht, hat dein Verstand keine Ahnung, wie er damit umgehen soll. So lässt er es einfach geschehen und wartet ab. Ist dann nach einiger Zeit der Anfall vorüber, tut er das Einzige, was er jetzt tun kann. Er liefert dir ein Argument, welches deinen Ärger zu einer guten Sache erklärt. Schnell ist ein ‚*Man kann sich ja nicht alles gefallen lassen!*' aus dem Hut gezaubert und alle sind zufrieden. Dein Verstand ist jederzeit in der Lage, für alles Mögliche rationale Argumente zu liefern. Denn darauf wurde er seit deiner frühesten Kindheit trainiert.

Kaum warst du geboren, begannen deine Fingerchen auf Entdeckungsreise zu gehen, um alles zu ‚begreifen'. Sobald die ersten Sätze deinen Kindermund verließen, hast du begonnen, deine Eltern auszufragen: ‚*Warum ist der Himmel blau? Woher kommen die Kinder? Wieso ist Tante Klara so dick?*' Unzählige Fragen brachten deine Eltern in Verlegenheit und waren doch nichts anderes als der Versuch, die Welt noch besser zu verstehen. Dein Verstand war immer auf der Suche nach dem Logischen, dem Verständlichen. Dann in der Schule wurde tagtäglich analysiert, zerlegt und kontrolliert. Dividiert, addiert und subtrahiert. Geschrieben, gepaukt und angeeignet. Du wurdest geprüft, begutachtet und ausgewertet. So hat sich im Laufe der Jahre der perfekt funktionierende Verstand entwickelt, der dir heute jederzeit passende Argumente liefern kann. Und so denken wir, dass wir unsere Entscheidungen auf Basis klarer Fakten treffen. Trotzdem sind es meist die Gefühle, die entscheiden.

Wer von euch besitzt ein Auto?« Fünf Arme in der Luft.

»Warum hast du dich für genau das Auto entschieden, das du fährst?« Pia: »Weil mein Kleinwagen die Umwelt kaum belastet.« Jakob: »Weil mein neuer Geländewagen sicherer als mein alter Pkw ist.« Elena: »Weil ich in meinem Kombi genügend Platz für meine zwei Hunde habe.« Pablo: »Weil ich mit mehr PS sicherer überholen kann.« »Weil ich mir keinen anderen leisten kann«, ergänzte ich.

»Ihr alle habt unterschiedlichste Gründe für eure Wahl. Sie alle klingen durchwegs logisch. Und doch wurden sie von euren Gefühlen beeinflusst!« »Aber wenn ich mit meinem Auto, das weniger Sprit verbraucht, der Umwelt etwas Gutes tue, dann sind das doch klare Fakten.« »Natürlich sind das die Fakten, Pia. Jene Fakten, mit denen du deine Gefühle begründest. Oder hättest du ein gutes Gefühl, wenn dein Auto mehr Benzin verbrauchen würde?« »Nein, sicher nicht.« Pia überlegte. Nach einigen Sekunden: »Ja genau! Ich hätte mit einem größeren Auto kein gutes Gefühl. So haben mich meine Gefühle tatsächlich zum Kauf des Kleinwagens angestiftet.« Sie war über ihre Erkenntnis sichtlich erfreut. Ihre schönen, blauen Augen strahlten. Ich fragte mich, ob sie ... Gerhards Worte rissen mich aus meinen Gedanken. »Oder nehmen wir deinen Geländewagen, Jakob. Warum ist er für dich sicherer?« »Weil er robuster gebaut ist als andere Autos und ich durch die höhere Sitzposition eine bessere Sicht habe.« »Das gibt dir ein gutes Gefühl?« »Ja.« »Jakob, ich hoffe, dass ich dich jetzt nicht enttäusche. Doch die Unfallstatistik zeigt uns, dass genau diese hohe Sitzposition Geländefahrzeuge viel unsicherer macht als alle anderen Autos. Können sie doch durch den höheren Schwerpunkt viel leichter zum Kippen gebracht werden als andere Fahrzeuge.« Jakob wirkte ein wenig frustriert. »Und du, Elena. Warum ist dein Kombi das perfekte Fahrzeug für dich?« »Das ist einfach erklärt. Ich wohne mitten in der Stadt. Deshalb fahre ich fast täglich mit meinen Hunden an den Stadtrand, wo sie genügend Auslauf haben.« »Fährst du auch weitere Strecken mit diesem Auto?« »Selten.« »Würden deine beiden Hunde nicht auch in einem billigeren, kleineren Wagen Platz finden?« »Sicherlich. Aber ich hätte dabei kein gutes Gefühl.« »Und wieder haben die Gefühle entschieden«, fasste Gerhard Elenas Worte zusammen. »Und du, Pablo. Wie viele PS hat dein Auto?« »330.« »Das ist ja ziemlich viel. Was denkst du? Hätten es auch 150 PS getan?« »Ja sicherlich. Aber dieses Fahrzeug gibt es nicht mit weniger PS.« »Warum musste es ausgerechnet dieses Auto sein?« »Bereits als Kind habe ich mir die Nase an den Scheiben der Fahrzeuge dieser Marke platt gedrückt. Als ich es mir dann endlich leisten konnte, habe ich mir diesen Kindheitstraum erfüllt. Ich geb's ja zu. Jedes Mal, wenn ich mich auf dem Fahrersitz wiederfinde, den grollenden Motor höre und es mich beim Beschleunigen in den lederbespannten Sitz drückt, fühle ich mich wirklich gut.« »Deinem Verstand bleibt ja immer noch das Argument mit dem Überholen«, fügte Gerhard lächelnd hinzu.

»Doch du stehst hier nicht alleine, Pablo. Uns allen ergeht es ähnlich. Weil wir Menschen sind – und Menschen haben nun einmal Gefühle. Wollen wir etwas, werden wir mit Hilfe unseres Verstandes schnell Argumente finden, die unsere Entscheidungen unterstützen. Wollen wir hingegen etwas nicht, werden sich auch hier bald passende Begründungen finden. Zum Beispiel *‚Ich habe keine Zeit!'* – ein Argument, das oft genug begründet, warum wir gegenüber jemandem ein Treffen, eine Einladung oder eine Bitte ausschlagen müssen. Wird jedoch von jemand anderem solch ein Ansinnen an uns herangetragen, kann es sein, dass sich plötzlich auf wundersame Weise genügend Zeit in unserem übervollen Terminkalender findet.[1] Denn unser Gefühl entscheidet! Unser Verstand liefert dann hurtig all jene passenden Argumente, die unsere Gefühle logisch begründen.« Mit einem Klick seiner Fernbedienung hauchte Gerhard dem Beamer wieder Leben ein. An der Wand war nun in großen Buchstaben zu lesen:

1. Das Gefühl entscheidet
2. Der Verstand begründet

»Unauffällig dirigieren uns unsere Gefühle durch den Alltag. Sie sind die Antriebskraft in uns. Sie haben das Sagen. Wie sonst wäre es zu

1 Wer etwas will, sucht nach Möglichkeiten. Wer etwas nicht will, nach Ausreden.

erklären, dass ‚Verstandesmenschen' trotz all der Logik zu Zigaretten, Alkohol und anderen ungesunden Suchtmitteln greifen? Dass sie mehr Nahrung verzehren, als ihnen gut tut? Dass sie im dritten Jahrtausend trotz aller schrecklichen Erfahrungen noch immer versuchen, Konflikte mit Aggression und Gewalt zu lösen? Dass sie die eigene Umwelt zerstören und trotz besserem Wissen immer mehr mit dem Auto fahren und sich immer weniger bewegen? Sich Haustiere halten, obwohl die logischen Fakten eigentlich dagegen sprechen? Sich Dinge, die sie nicht brauchen, die aber ihr Konto belasten, kaufen? Sie tun es, weil die Gefühle das Sagen haben. Weil Rauchen, Alkoholkonsum und Suchtmittel sich für Abhängige gut anfühlen. Weil viele Aktivitäten und Dinge, die Umwelt und Konto belasten, gute Gefühle machen und weil Hass und Zorn es unmöglich machen, Konflikte friedlich zu lösen. So lässt sich selbst in der Weltpolitik die Übermacht der Gefühle tagtäglich beobachten. Wenn sich Menschen gegenseitig immer wieder Leid zufügen, verletzt und gedemütigt werden, wenn Zerstörung und Gewalt immer wieder schlechte Gefühle erzeugen, dann wird jegliche Logik außer Kraft gesetzt. Obwohl die jahrhundertelange Erfahrung unzählige Male bewiesen hat, dass Aggressionen und Kriege nie den gewünschten Erfolg bringen, bleibt die Strategie gleich. Wenn Gefühle die Kontrolle übernehmen, hat der Verstand schlechte Karten. Umso wichtiger ist es für uns, all jene Gefühle, die bis heute der Menschheit so viel Schaden zugefügt haben, in den Griff zu bekommen. Das ist möglich. Mit Verstand! Aber dazu mehr in den nächsten Stunden.«

5. Kleinigkeiten

Mittwoch. Gedanken an die letzte Woche begleiteten meinen Weg in die Goethestraße. Es war schon erschreckend, wie sehr Gefühle auf mein Leben Einfluss nahmen. Ich dachte an Manuel. Mein Achtjähriger war am Nachmittag meist bei meinen Eltern. Ich war ihnen für ihre Unterstützung wirklich dankbar. Glücklicherweise lag ihre Wohnung auf dem Weg zur Arbeit. Wenn ich Manuel nach einem anstrengenden Arbeitstag von meinen Eltern abholte, konnte er es meist nicht erwarten, mir von all den Dingen, die für einen Jungen seines Alters so wichtig waren, zu erzählen. Doch irgendwie wirkte er immer ein wenig traurig. Vor allem wenn das Gespräch auf Noah, seinen vierjährigen Bruder, kam. Die beiden hatten schon immer eine ganz besondere Beziehung zueinander. Trotz des Altersunterschiedes waren sie in glücklicheren Tagen kaum zu trennen. Nun war alles anders. Ich wusste, es war besser so. Die ewigen Streitereien, gegenseitige Vorwürfe, unfreundliche Worte und mittendrin zwei tolle Kinder, die unter all dem litten.

Susanne und ich, wir hatten uns nach zwölf Jahren Ehe einfach auseinandergelebt. Längst hatten die Gegensätze die Gemeinsamkeiten verdrängt. Doch wir wollten es lange Zeit nicht wahrhaben. Es war keine einvernehmliche Trennung. Ein langer, kräfteraubender Kampf um das Sorgerecht lag hinter uns. So war auch jetzt, viele Monate nach der Scheidung, das Verhältnis zwischen Susanne und mir noch immer angespannt. Das letzte Wochenende war Manuel, wie ausgemacht, bei ihr. Bereits Tage zuvor war zu bemerken, wie sehr er sich auf ein Wiedersehen mit seinem kleinen Bruder freute. Wenn mich dann vor Susannes Wohnungstür nach kurzem Klingeln eine eisige Stimmung in Empfang nahm, ließ mich dieses Gefühl, versagt zu haben, das ganze Wochenende nicht los. Immer und immer wieder ergriff die unschöne Vergangenheit Besitz von mir. Es schien, als sei ich in einem grausigen Film gefangen, der sich endlos wiederholte. Holte ich dann sonntagabends Manuel wieder zu mir, war es kaum auszuhalten, zu sehen, wie er unter der neuerlichen Trennung von seinem Bruder litt. Wenn mich sein heimliches Schluchzen unter der Bettdecke erreichte, war das Ohnmachtsgefühl unerträglich.

Ist es da verwunderlich, dass ich am Montag vergaß, den geänderten Dienstplan an meine Mitarbeiter weiterzugeben? – Was nicht nur für gehöriges Chaos gesorgt, sondern mir auch ein ziemlich unangenehmes Gespräch mit dem Filialleiter eingebracht hatte. Es musste sich wirklich etwas ändern.

Wenigstens waren heute vor der Villa genügend große Parklücken frei. Nachdem ich ausgestiegen war, blickte ich direkt in das lachende Gesicht von Jakob. Auch er war gerade angekommen. Es tat richtig gut, sein freundliches Gesicht zu sehen. Ich freute mich auf den heutigen Abend.

»Streckt bitte beide Arme so weit wie möglich nach oben.« Gerhard stand in der Mitte des Raumes und machte es vor. Mit hochgestreckten Armen stand er da. Wir taten es ihm gleich. Folgsam saßen nun auch wir alle mit hochgestreckten Armen da.

Nach einer kurzen Pause folgte das zweite Kommando. »Und jetzt streckt eure Arme noch zwei Zentimeter höher.« Wir alle bewegten unsere noch immer gestreckten Arme ein wenig höher. »Vielen Dank. Gebt die Arme wieder nach unten.«

Nachdenklich sah uns Gerhard an. »Wieso konntet ihr eure Arme beim zweiten Mal noch weiter nach oben bewegen?« Was meinte Gerhard? Er hatte uns ja dazu aufgefordert. Ich war verwirrt. Pia und Elena lachten ein wenig verlegen. Was hatte ich nicht mitbekommen? Mir blieb keine Zeit, darüber nachzudenken. Denn für die Spätzünder unter uns lieferte Gerhard eine Erklärung. »Wieso war es möglich, dass ihr eure Arme noch weiter nach oben bewegen konntet, obwohl sie ja bereits ganz oben hätten sein sollen?« Ja genau. Gerhards erste Aufforderung war: *»Streckt beide Arme* ***so weit wie möglich*** *nach oben!«* Also hätte ich seiner zweiten Aufforderung eigentlich gar nicht Folge leisten können. Meine Arme hätten ja bereits ganz gestreckt sein müssen.

»Wenn du in einer Sache keinen Sinn siehst«, so Gerhard, »wirst du nicht bereit sein, dich wirklich anzustrengen. Ihr habt zwar alle meinem ersten Kommando gehorsam Folge geleistet. Aber ihr seid nicht wirklich motiviert gewesen, euch anzustrengen, denn ihr habt in dieser Übung keinen Sinn erkennen können. Deshalb habt ihr auch nicht euer Bestes gegeben, was es möglich machte, dass ihr eure Arme beim zweiten Mal noch weiter strecken konntet.«

Das leuchtete mir ein. Gerhard fuhr fort. »Hätte ich jedoch gesagt: *,Alle, deren Arme so weit wie möglich nach oben gestreckt sind, bekommen 50 Euro',* hätte das mit großer Wahrscheinlichkeit bewirkt, dass ihr euch wirklich verausgabt hättet. Denn bei solch guter Bezahlung hätte die Übung plötzlich für euch einen Sinn gehabt.« Sicher. Diese 50 Euro hätte ich mir nicht entgehen lassen. »Mit dieser Übung habe ich euch ein spürbares Beispiel dafür geliefert, wie es eurem Verstand mit euren Gefühlen ergeht. So wie ihr keinen Sinn darin erkennen konntet, euch beim Strecken der Arme wirklich anzustrengen, genauso wenig konnte bis heute euer Verstand einen Sinn darin erkennen, sich dem Thema Gefühle zu widmen. Weil er sie nicht versteht. So beschränkt er sich einfach darauf, mit dem einen oder anderen scheinbar logischen Argument die vorhandenen Gefühle zu begründen.«

Jakob meldete sich zu Wort: »Genau das habe ich vor einigen Tagen erlebt. Ich war in einem Reisebüro. Seit geraumer Zeit saß ich bereits einer Reiseberaterin gegenüber. Die freundliche Dame hatte wirklich gute Arbeit geleistet. Denn diesmal würde mich Gabi, meine Frau, nicht mit vorwurfsvollen Blicken strafen, nur weil ich wieder mal den Hochzeitstag vergessen habe. Ich würde alle vergessenen Hochzeitstage der letzten Jahre ungeschehen machen. Eine Woche Seychellen, in einem Hotel im kreolischen Stil, direkt am Strand, von einem tropischen Garten umgeben und ... – abrupt wurden meine Träume unterbrochen – *‚... da würde ich Ihnen noch unsere Reiseversicherung empfehlen. Sie beinhaltet nicht nur eine Storno-, sondern auch eine Urlaubsabbruchversicherung und ...‘* Nachdem mir die freundliche Mitarbeiterin des Reisebüros genau erklärt hatte, was alles vor und während der Reise passieren könnte, und mir in eindrucksvollen Bildern schilderte, mit welch hohen Kosten all dies verbunden sein könnte, war ich ihr für den Hinweis richtig dankbar. Meine Angst zeichnete mit zügigen Handbewegungen meine Unterschrift auf den mir vorgelegten Vertrag. Nachdem ich das Reisebüro verlassen hatte, musste ich lachen. Mir wurde bewusst, wie sehr meine Gefühle schon wieder mitgesprochen hatten – und mein Verstand hatte mit dem Argument ‚Hohe Kosten vermeiden‘ einen guten Grund für den Abschluss der – kostenerhöhenden – Zusatzversicherung geliefert.«

»Danke, Jakob. Das ist tatsächlich ein schönes Beispiel dafür, wie immer wieder Gefühle unsere Entscheidungen beeinflussen – und der Verstand die passende Begründung dazu liefert. Doch dein Verstand ist zu weit mehr in der Lage, als bloß nur Argumente zu liefern. Mit seiner Hilfe kannst du bewusst dein Leben beeinflussen, bewusst eingreifen, wenn es nötig ist. Du kannst mit Hilfe deines Verstandes sogar bewusst unangenehme Gefühle verändern. Jedoch nur dann, wenn dein Verstand deine Gefühle versteht. Wenn er weiß, welcher Logik deine Gefühle folgen. Denn erst dann wird er bereit sein, sich dem Thema Gefühle zu widmen. Solange dein Verstand jedoch weiter der Meinung ist, dass es sich nicht auszahlt, sich mit diesen unnützen, unlogischen Gefühlen zu beschäftigen, wird er dich nicht dabei unterstützen, das Nötige zu tun. Das würde es dir aber unmöglich machen, die hilfreichen Tipps aus diesem Seminar zu nutzen. Dein Verstand würde permanent Ausreden finden und dir schlagkräftige Argumente liefern, warum es sinnlos ist, deine wertvolle Zeit mit diesem unlogischen Thema zu verschwenden. Deshalb muss dein Verstand erkennen, dass Gefühle einer klar nachvollziehbaren Logik folgen. Sobald Gefühle für deinen Verstand ihren unlogischen Charakter verlieren und er erkennt, welch starken Einfluss sie auf dein Leben haben, ist es für ihn sinnvoll, sich damit auseinanderzusetzen. Aus diesem Grund werde ich euren Verstand zuerst einmal mit all den Informationen füttern, die er braucht, um zu verstehen. Doch auch die praktische Seite wird nicht zu kurz kommen. Ihr werdet bald lernen, wie ihr unangenehme Gefühle in den Griff bekommt – und ihr werdet dabei auf euren Verstand zählen können. Weil er den Sinn erkennt.«

Gerhard wandte sich nun seiner Fernbedienung zu. Ein Klick. »Was hat das mit dir zu tun?« Fünf Augenpaare wurden von Gerhards Frage auf die Leinwand gelenkt. Der Beamer projizierte einen Zeitungsausschnitt auf die weiße Fläche. In großen Lettern war zu lesen:

Klobrillen können Beziehungen zerstören!

Es war die Überschrift zu einer Untersuchung, die nachwies, dass es meist Kleinigkeiten sind, die Beziehungen scheitern lassen. Die Klobrille, die nicht zurückgeklappt wird. Die Unpünktlichkeit, die den anderen immer wieder warten lässt. Komplimente, die nie ausgesprochen werden, und vieles mehr. Kleinigkeiten, die nicht schwer ins Gewicht fallen und doch ständig beeinflussen. Unweigerlich kamen Gedanken an meine gescheiterte Ehe hoch.

»Was hat das mit dir zu tun?«, wiederholte Gerhard seine Frage, sobald er erkennen konnte, dass wir alle den Artikel gelesen hatten. »Dass wir auf Kleinigkeiten zu wenig achten?« »Dass wir Kleinigkeiten zu wenig ernst nehmen?« »Dass Kleinigkeiten im Alltag erst bemerkt werden, wenn es zu spät ist?« Pia und Pablo hatten fast gleichzeitig mit mir geantwortet.

»Ja! Genau! Denn allzu oft haben unbeachtete Kleinigkeiten großen Einfluss auf unser Leben. Der Volksmund weiß: ,*Kleine Ursache* –

große Wirkung'. Ein Blick zur Seite verursachte schon so manchen Auffahrunfall. Ein unbedachtes Wort so manchen Konflikt. Doch Kleinigkeiten fallen uns meist erst dann auf, wenn sie sich bereits zur großen Wirkung entwickelt haben. Leider ist es dann ungleich schwieriger, sie in den Griff zu bekommen. Es ist einfacher, pünktlich zur Arbeit zu erscheinen, als einen neuen Job zu finden. Es ist einfacher, die Klobrille runterzuklappen, als eine Beziehung zu kitten. So wie es auch einfacher ist, die Ursache für deine unangenehmen Gefühle in den Griff zu bekommen als all die schrecklichen Empfindungen, die immer wieder deinen Alltag in den dunkelsten Farben versinken lassen. Denn es ist immer einfacher, die kleine Ursache in den Griff zu bekommen als die große Wirkung.

Deshalb wird dieses Seminar deinen Blick schärfen. Bald wird dir vor allem diejenige Kleinigkeit auffallen, die bis jetzt unbemerkt und völlig unauffällig die vielen unangenehmen Gefühle in dein Leben gebracht hat. Schon bald wirst du selbst in der Lage sein, mit kleinen Ursachen erwünschte Wirkungen zu erzielen.«

Gerhards Worte machten mir Hoffnung. Ein Klick und die Leinwand war nun von einem einzigen Wort ausgefüllt:

gefühlsLOGIK

Im selben Moment wurden die großen Lautsprecher, welche die vorderen Ecken des Raumes einnahmen, von rhythmischer Musik zum Leben erweckt. Gleichzeitig mit der Musik tauchte unter dem Wort »gefühlsLOGIK« ein Video auf. Eine fremde Frau war in der Mitte eines Raumes zu sehen. Sie tanzte wie wild.

»Das ist Tina. Auch sie war – so wie ihr – Teilnehmerin eines Seminars. Sie ist gerade dabei, euch zu zeigen, was ich jetzt gerne von euch hätte.«

Gerhards Worte ließen nichts Gutes ahnen. »Ich wünsche mir, dass ihr tanzt. Nicht gemeinsam, sondern einzeln. In der Mitte dieses Raumes.

Einer nach dem anderen. Zu Musik aus der aktuellen Hitparade – und das so ausgelassen wie möglich. Zuerst die Freiwilligen und danach die anderen, der Reihe nach. Wenn alle getanzt haben, werde ich euch erklären, was ich damit bezwecken wollte. Freiwillige bitte vor.«

Während die Frau in dem Video ekstatisch weitertanzte, spürte ich, wie eine heiße Welle von hinten meinen Körper erfasste und sich Richtung Kopf ausbreitete. Mir war richtig schlecht. In meinem Magen rebellierte es. Das konnte er doch nicht ernst meinen. Oder doch? Anscheinend hatte er – wie das Video zeigte – auch andere Seminarteilnehmer so gequält. Ich blickte in die Runde. Keiner schien sich von Gerhards Aufforderung angesprochen zu fühlen. Gerhard wartete noch immer auf Freiwillige. In mir schrie es förmlich: *»Nein! Ich will nicht tanzen!«* Ich war weder ein guter noch ein begeisterter Tänzer. *»Nein. Alleine, mitten im Raum, von allen anderen beäugt. Das will ich nicht! Ich will mich nicht lächerlich machen. Ich will nicht die Lachnummer für andere sein.«* Wie wild jagten die Gedanken durch meinen Kopf.

Noch immer hatte sich kein Freiwilliger gefunden. Gerhard wartete geduldig. Tina, die Tänzerin, war inzwischen zur Ruhe gekommen. Im Raum war es nun mucksmäuschenstill. Unendlich langsam vergingen die Sekunden, bis Gerhard wieder das Wort ergriff. »Wenn es keine Freiwilligen gibt …« – mein Herz schlug bis zum Hals – »… dann werde ich jetzt einfach den ersten Tänzer bestimmen.« Absolute Stille. Gerhard musterte jeden Einzelnen von uns. Nun ruhte sein Blick auf mir. Ich könnte eine Ohnmacht vortäuschen. Tapfer versuchte ich seinem Blick standzuhalten. Doch unweigerlich suchten meine Augen einen Weg zum Boden. *»Nein, nicht mich. Bitte nicht mich!«* Feuchte Handflächen. Hektischer Atem. Jeder meiner Muskeln war angespannt. Ganz so, als ob sich mein Körper auf eine Flucht aus der unangenehmen Situation vorbereiten würde. Unwillkürlich wanderten meine Augen durch den Raum, um den besten Fluchtweg zu erkunden. *»Ich könnte mich ja unter einem Vorwand auf die Toilette begeben, falls ich das mit der Ohnmacht nicht hinbekomme! Wieso tut er uns das an? Ich will keinesfalls …«*

»Ich habe mich entschieden.« Die Worte ließen meinen Atem stocken. *»Nicht mich. Bitte keinesfalls mich!«* Nach einer ewig langen Pause wiederholte Gerhard: »Ich habe mich entschieden. Wenn es keine Freiwilligen gibt, dann lassen wir das Tanzen doch einfach sein.«

Was? Wieso? Kein Tanzen? Kein Lächerlichmachen? Die Hitzewelle in meinem Körper, das Herzrasen, der gut geplante Fluchtweg, all die unangenehmen Gedanken – sollte das alles umsonst gewesen sein? Ein Raunen ging durch den Raum. Anscheinend fiel nicht nur mir ein Stein vom Herzen.

Unbeeindruckt von unserer Reaktion fuhr Gerhard fort. »Wie habt ihr euch jetzt gefühlt? Was ging in euch in den Momenten vor, wo ihr euch der Gefahr ausgesetzt gesehen habt, vielleicht als Opfer auserkoren zu werden? Pablo, wie war's bei dir?« »Schrecklich! Tanzen ist wirklich nicht mein Ding. Nachdem ich mir ausgemalt hatte, wie lächerlich mein Auftritt wirken würde, hätte ich mich sicherlich geweigert, falls deine Wahl auf mich gefallen wäre. Ich war angespannt, habe dich innerlich verflucht. Alles in mir wehrte sich. Ich war aufgewühlt. Ich habe den Eindruck, mein Herz schlägt auch jetzt noch schneller als normal. Es war schlimm. Ich fühlte mich echt schlecht.«

»Ich mich auch!« Mit noch immer feuchten Händen gab ich mich als Leidensgenosse Pablos zu erkennen. Zaghaft ließ ich die anderen am Aufruhr in meinem Körper und an den Ohnmachts- und Fluchtgedanken teilhaben.

»Und du, Pia, wie war es bei dir?« »Ich hatte zwar nicht das Bedürfnis, mich freiwillig zu melden. Doch wenn deine Wahl auf mich gefallen wäre, hätte ich getanzt. Denn ich tanze gerne. Ich habe mir überlegt, welche Musik du wohl spielen würdest, und mir Gedanken darüber gemacht, wie ich mich bewegen könnte.« »Wie würdest du das Gefühl bezeichnen, das du hattest?« »Ich war innerlich ziemlich ruhig und gelassen.« »Elena, und wie war's bei dir?« »Ich tanze, so wie Pia, normalerweise auch gerne. Trotzdem habe ich mich in meiner Haut nicht wohlgefühlt. Ich stelle mich nicht gerne zur Schau. Auch ich habe bemerkt, dass mein Herz schneller zu schlagen begann. Auch das Heiß-Aufsteigen, von dem bereits Kilian berichtet hat, habe ich gespürt. Ich fühlte mich zwar nicht so schlecht wie Kilian und Pablo. Aber ich muss zugeben, dass ich die Hoffnung hatte, dass deine Wahl nicht mich trifft.« Als Letzter kam Jakob zu Wort. »Ich habe mich richtig gut gefühlt. Nicht weil ich gerne vor anderen tanze. Das ganz und gar nicht. Sonst hätte ich mich ja freiwillig gemeldet. Aber ich habe mich im letzten Jahr sehr viel mit mir selbst beschäftigt. So weiß ich aus Erfahrung: Immer, wenn ich gezwungen werde, über meine Grenzen zu gehen, stärkt dies mein Selbstbewusstsein. Ich denke, insgeheim hatte ich sogar die Hoffnung, dass du mich wählst.«

»Wunderbar! Diese Übung ist nicht spurlos an euch vorübergegangen. Sie hat euch, wie wir gleich sehen werden, einiges gelehrt. Was hätte denn, wenn wir tatsächlich getanzt hätten, passieren können?« »Ich denke, wir alle hätten unseren Spaß gehabt«, antwortete Pia. Das konnte ich mir zwar nicht vorstellen, aber ... Bevor ich zu Ende denken konnte, wandte sich Gerhard an mich.

»Kilian. War tatsächlich eine echte Gefahr vorhanden, die all die unangenehmen Empfindungen in deinem Körper gerechtfertigt hätte?« »Nein, wirklich gefährlich wäre es nicht gewesen«, erwiderte ich. »Es wäre mir nur sehr, sehr unangenehm gewesen.« »Das heißt, deine Chancen, das Tanzen unbeschadet zu überleben, waren ziemlich groß. Wo ist also das Problem entstanden?«, bohrte Gerhard nach. »In meinem Kopf?«, kam es zögerlich aus meinem Mund. »Ja, Kilian. Genau dort ist der Ursprung deines schlechten Gefühls zu finden, in deinem Kopf!« »Soll das heißen, dass ich selbst für das, was ich gespürt habe, verantwortlich sein soll?« Mein Tonfall ließ Gerhard erkennen, dass ich damit ganz und gar nicht einverstanden war. Denn in Wirklichkeit war ja alles seine Schuld. Wäre er nicht gewesen, hätte ich mir all das erspart. Außerdem ...

»Ja, genau das, Kilian. Du bist für das, was du gespürt hast, verantwortlich! Du hast, so wie auch Pablo, Pia, Elena und Jakob, die Logik der Gefühle erlebt. Da dies jedoch für deinen Verstand momentan nicht zu verstehen ist, wehrt sich alles in dir gegen den Gedanken, dass deine Gefühle etwas mit dir zu tun haben könnten.

Deshalb werde ich euch jetzt – exklusiv für euren Verstand – zeigen, welcher Logik eure Gefühle folgen:

Ihr alle habt gerade erlebt, wie Gefühle entstehen. Ich werde euch jetzt erklären, warum ihr euch so gefühlt habt, wie ihr euch gefühlt habt. Wir haben mit einem praktischen Beispiel begonnen. Nun folgt die Theorie. Das Wunderbare dabei ist: Dein Verstand wird es schwer haben, zu behaupten, dass das, was ich jetzt sage, nicht der Wahrheit entspricht. Denn er hat es ja gerade erlebt!« Ich war ziemlich gespannt, was nun folgen würde. »Deine Gefühle entstehen immer nach der gleichen Logik. Deshalb nenne ich diese Gesetzmäßigkeit auch gefühlsLOGIK. Jedes Gefühl, das du bis jetzt in deinem Leben gespürt hast, ist nach diesem Prinzip entstanden. In deinem Kopf.« Ein Klick und die Umrisse eines Kopfes tauchten groß auf der Leinwand auf.

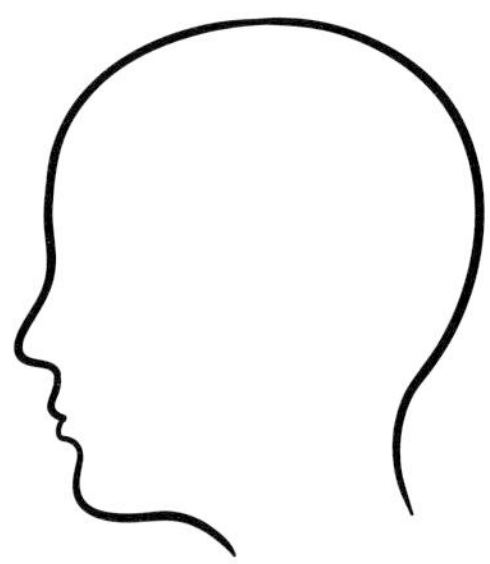

»Ich werde euch nun in Wort und Bild das Prinzip der gefühlsLOGIK erklären.« Jetzt wurde ich richtig neugierig. Meine Gedanken überschlugen sich: Bin ich kurz davor, die Erklärung für all meine quälenden Gefühle zu erhalten? Wird mich das auch dabei unterstützen, diese endlich in den Griff zu bekommen? Das wäre ja fantastisch! Aber es fiel mir schwer zu glauben, dass die Lösung tatsächlich in greifbarer Nähe sein sollte.

Verstärkt lenkte ich meine Konzentration auf Gerhards Worte. »Wenn ein Gefühl entsteht, ist das mit einer Unzahl komplexer Vorgänge in deinem Gehirn verbunden. All diese verwirrenden Details sind ziemlich interessant, wenn du dich entschlossen hast, Hirnforscher zu werden. Steht für dich jedoch die praktische Nutzung deiner Möglichkeiten im Vordergrund, dann ist es von entscheidender

Bedeutung, das Prinzip zu kennen, welches ein Gefühl in dir entstehen lässt. Und dieses Prinzip ist denkbar einfach« – ich ließ die Leinwand nicht aus den Augen – »denn Gefühle entstehen in drei immer gleichen Schritten, die immer zum selben Ergebnis führen: zu einem Gefühl!« Ein Klick und zu den Umrissen des Kopfes gesellten sich die Ziffern Eins, Zwei und Drei:

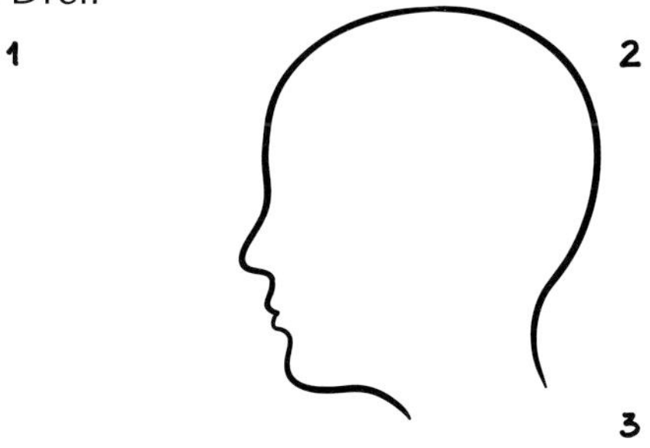

»**Schritt 1: Du erlebst eine Situation.** Du warst noch vor wenigen Minuten damit konfrontiert, dass ich dich zum Tanzen bewegen wollte. Das war Schritt 1.« Während Gerhard diese Worte aussprach, bewegte sich an der Wand ein Pfeil Richtung Kopf.

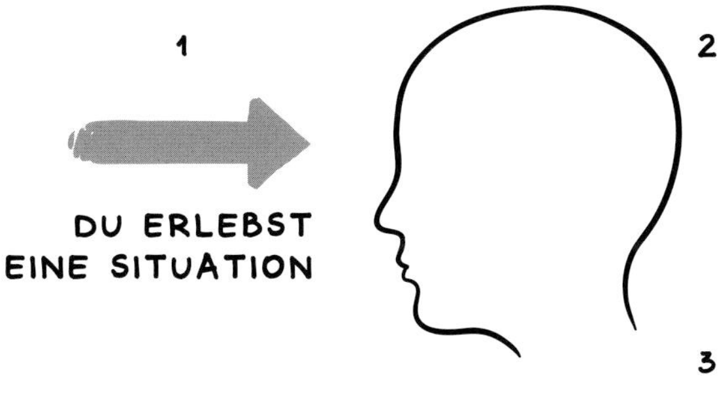

»**Schritt 2: Du beurteilst die Situation.** Du entscheidest, in welchem Licht du die Situation siehst.« Während Gerhard diese Worte aussprach, erschien eine Beurteilungsskala in den Umrissen des Kopfes.

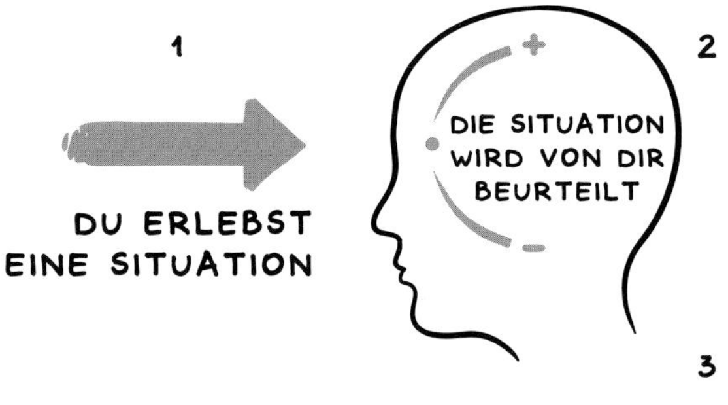

»Ihr habt euch noch vor wenigen Minuten Gedanken über das Tanzen gemacht. Habt dazu eine bestimmte Sichtweise eingenommen und habt so – ohne dass euch dies bewusst gewesen wäre – diese Situation bewertet. Das war Schritt 2. Diese nun eingenommene Sichtweise hat Auswirkung auf den nächsten Schritt!« Ich behielt die Leinwand weiter im Auge, während Gerhard fortfuhr:

»**Schritt 3: Du spürst ein Gefühl!** Denn nun sorgt dein Gehirn automatisch dafür, dass ein Hormon[2], welches exakt zu deiner Beurteilung passt, in Windeseile in deinen Blutkreislauf ausgestoßen wird. Dazu jagt ein Nervenimpuls im Höllentempo zu jener Drüse in deinem Körper, die in der Lage ist, das für die aktuelle Beurteilung passende Hormon zu liefern. Den nun folgenden Hormonausstoß spürst du als Gefühl.« Sobald Gerhard diese Worte ausgesprochen hatte, begannen an der Wand Tropfen aus dem Kopf zu quellen.

»Soll das heißen, dass ich mit meinen Gedanken meine Gefühle erzeuge?« Pablo sprach aus, was auch meine dringendste Frage war. »Ja genau, Pablo. Nicht die Situation entscheidet, wie du dich fühlst, sondern die Art und Weise, wie du über diese Situation denkst! Es ist die Art und Weise, wie du geistig mit der jeweiligen Situation umgehst, die entscheidet, wie du dich fühlst! Das war auch der Grund,

2 Der Einfachheit halber wird in diesem Buch auch dann von Hormonen gesprochen, wenn es sich um Neurotransmitter u. a. handelt, da es für die Nutzung unserer Möglichkeiten nicht von Relevanz ist, wie die biochemischen Botenstoffe in unserem Körper bezeichnet werden und woher sie kommen (z. B. aus Drüsen, Nervenzellen u. a.).

warum ihr euch während meiner Aufforderung zum Tanz nicht alle gleich gefühlt habt. Ihr habt euch so gefühlt, wie ihr gedacht habt. Oder bildhaft ausgedrückt: Du betätigst durch deine Art zu denken einen Gefühlsschalter in deinem Kopf.« Mit einem Klick wurde dem Kopf an der Wand ein Drehschalter hinzugefügt.

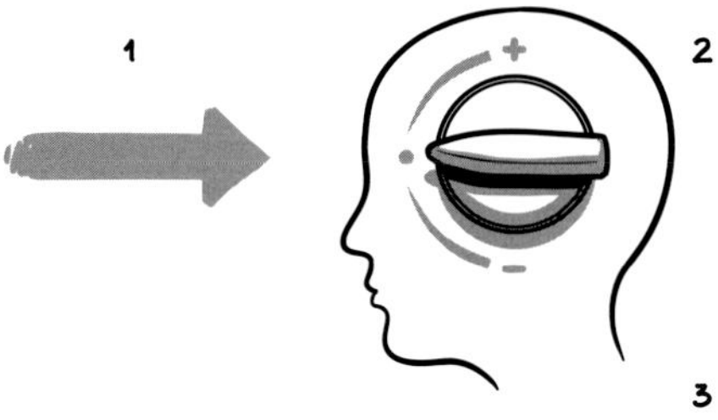

»Abhängig davon, in welche Richtung sich nun dein Gefühlsschalter bewegt, wird ein entsprechendes Gefühl für dich spürbar. Bewegt sich dein Schalter nach unten, wirst du dich schlecht fühlen. Denn nun werden Stresshormone aktiviert.« Mit dem nächsten Klick bewegte sich der Schalter nach unten.

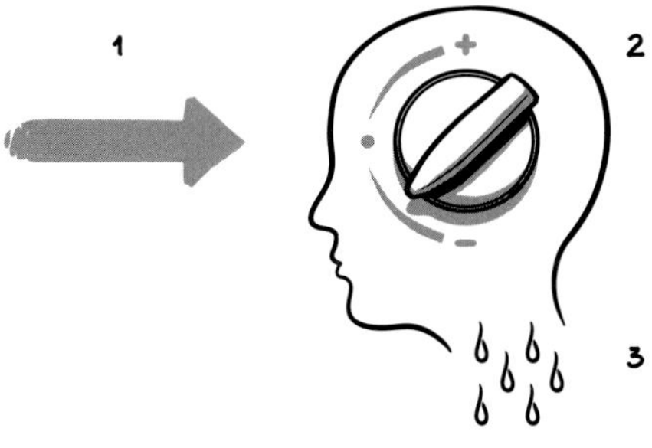

»Egal, ob es sich bei der so aktivierten Stresschemie um das bekannte Hormon Adrenalin[3] handelt oder ob das von dir angeregte Frusthormon einen anderen Namen trägt. Eines ist gewiss:

3 Wohl jeder Mensch hat schon das Gefühl des »Heiß-Aufsteigens« erlebt, z. B., wenn eine unangenehme Situation bewusst wird. Hier spüren wir den Ausstoß von Adrenalin, für dessen Produktion die Nebennieren zuständig sind, die oberhalb der Nieren sitzen. Sobald Adrenalin ins Blut ausgeschüttet wird, trägt es der Blutstrom nach oben – das Gefühl des »Heiß-Aufsteigens« entsteht.

Es fühlt sich nicht gut an.«[4] »Deshalb habe ich mich vorhin so mies gefühlt!«, platzte es aus Pablo heraus. »So ist es. Du und auch Kilian, ihr beide habt sehr destruktiv über das Tanzen gedacht. Ihr habt euch alle möglichen unangenehmen Folgen ausgemalt. Euch vorgestellt, was alles passieren könnte, und habt damit euren Gefühlsschalter ziemlich weit nach unten bewegt.« »So war es gar nicht anders möglich, als mich schlecht zu fühlen!«, ergänzte ich. »Genau, Kilian! Bewegt sich dein Gefühlsschalter hingegen nach oben … (Klick)

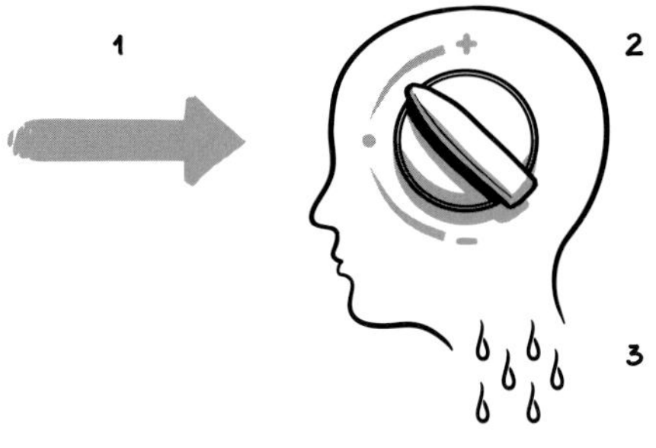

… werden Glückshormone in deinen Blutkreislauf ausgestoßen und du fühlst dich gut.« »So wie ich«, strahlte Jakob. »Ich habe daran gedacht, wie positiv sich diese Übung auf mein Selbstbewusstsein auswirken könnte und habe mich dabei ziemlich wohlgefühlt.« »Und das«, so Gerhard, »obwohl für dich die Situation genau dieselbe war wie für alle anderen!« Elena: »Wieso habe ich mich nicht so schlecht wie Pablo oder Kilian gefühlt, obwohl ich über die Situation auch nicht gerade positiv gedacht habe?« »Das ist ganz einfach, Elena«, antwortete Gerhard, »dein Schalter hat sich zwar nach unten bewegt, aber weniger weit als der von Kilian und Pablo. Welche Glücks- oder Stresshormone aktiviert werden und wie intensiv du deine Gefühle empfindest, hängt immer von der jeweiligen Schalterstellung ab. Je destruktiver deine Sichtweise, umso unangenehmer das dazugehörige Gefühl. Je konstruktiver deine Sichtweise, umso an-

4 In manchen – im dritten Jahrtausend immer seltener auftretenden – Fällen können Stresshormone eine aktivierende Wirkung haben. Darauf wird zu einem späteren Zeitpunkt eingegangen.

genehmer das von dir aktivierte Gefühl. Oder anders ausgedrückt: Je weiter sich dein Schalter in die eine oder andere Richtung bewegt, umso stärker ist das dazugehörige Empfinden. Doch es gibt noch eine weitere Möglichkeit.« Mit einem Klick bewegte sich nun der Schalter wieder in seine ursprüngliche, mittige Ausgangsposition zurück.

»Was denkt ihr, Kilian, Pablo? Was wäre passiert, wenn ihr es geschafft hättet, in der für euch so unangenehmen Tanzsituation euren Schalter in der mittigen Neutralposition zu belassen? Was wäre passiert, wenn es euch gelungen wäre, euch von dieser Situation nicht beeindrucken zu lassen? Was für eine Auswirkung hätte das auf Schritt 3 – den Hormonausstoß – gehabt?«

Ich musste nachdenken, war doch das Denken in Schalterpositionen für mich noch ziemlich ungewohnt. Also: Wenn ich den Schalter in die eine oder andere Richtung bewege, dann hat dies einen entsprechenden Hormonausstoß zur Folge. Wenn ich den Schalter nicht bewege, dann müsste das …? Ja genau! »Wenn ich es vorhin geschafft hätte, den Schalter in der Neutralposition zu belassen …«, begann ich. »… dann hätte es keinen Hormonausstoß gegeben!«, beendete Pablo meinen Satz.

»Sehr gut! Genau so ist es! Befindet sich der Schalter in der Neutralposition, gibt es keinen Hormonausstoß. Und den inneren Zustand, den du dabei erlebst, nennen wir Gelassenheit!« (Klick).

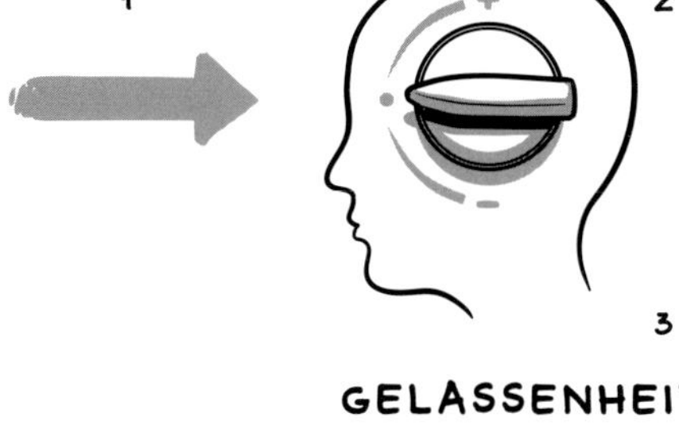

GELASSENHEIT

»Du erzeugst keinen Hormonausstoß, bleibst deshalb innerlich völlig ruhig und kannst so auch in schwierigen Situationen souverän agieren. Weil du nicht von Stresshormonen negativ beeinflusst wirst!

Und genau das werdet ihr in diesem Seminar lernen. Ihr werdet lernen, überall dort, wo euch bis jetzt eure negativen Gefühle behindert haben, diese durch Gelassenheit zu ersetzen. Weil das Leben dann einfacher wird.« Ja! Das würde mir gefallen. Gelassenheit statt mieser Gefühle. Das wäre wahrlich ein guter Tausch.

»Wir sind heute dem Ziel, hinderliche, unangenehme Gefühle in den Griff zu bekommen, einen entscheidenden Schritt nähergekommen.« Klick. Auf der Leinwand erschien nun Schritt für Schritt eine Zusammenfassung des heutigen Abends:

Wir müssen verstehen, wie Gefühle entstehen!

»Denn sonst sieht unser Verstand keinen Sinn darin, sich mit unseren Gefühlen auseinanderzusetzen. Dann fehlt uns jedoch ein wichtiger Verbündeter. Dies habt ihr zu Beginn des heutigen Abends am eigenen Leib erlebt. Ich wollte, dass ihr beide Arme so weit wie möglich nach oben streckt. Doch eure Motivation, das zu tun, war sehr begrenzt – weil ihr keinen Sinn darin erkennen konntet.« Der nächste Klick.

Es ist leichter, die kleine Ursache in den Griff zu bekommen als die große Wirkung!

»Wollen wir unsere quälenden Gefühle in den Griff bekommen, müssen wir die Ursache unserer Stimmungsschwankungen erkennen. Dabei hilft uns die gefühlsLOGIK.« Wieder ein Klick.

Das Gesetz: 1-2-3, ein Gefühl wird frei!

Sobald diese Worte an der Wand zu sehen waren, erwachten die Lautsprecher zum Leben. Eine Frauenstimme sang immer wieder »One, two, three – Jahaa, Jahaa, Jahaa«.

Begleitet wurde sie dabei von einem mächtigen Orchester. Gerhard fuhr gleichzeitig fort: »Die gefühlsLOGIK erklärt, wie Gefühle in immer drei gleichen Schritten entstehen. Sie ist wie die Schwerkraft – eine Gesetzmäßigkeit, vor der es kein Entkommen gibt. Selbst wenn du davon überzeugt bist, ein reiner Verstandesmensch zu sein, wird die gefühlsLOGIK auf dich wirken.« Mit den nächsten Klicks bauten sich langsam die einzelnen Schritte der Gefühlsentstehung vor unseren Augen auf.

Schritt 1 – der ***Auslöser:***
Du erlebst eine Situation (die Situation ist der Auslöser, der dich motiviert, eine konkrete Sichtweise einzunehmen).

Schritt 2 – die ***kleine Ursache:***
Die Situation wird von dir beurteilt (deine Sicht der Dinge ist die Ursache für das Gefühl, das du gleich spüren wirst).

Schritt 3 – die ***große Wirkung:***
Dein Gehirn setzt ein Hormon frei, welches zu deiner Beurteilung passt. Ein Gefühl wird spürbar (das Gefühl ist die große Wirkung, die du mit deiner Sichtweise erzeugst)!

1-2-3, ein Gefühl wird frei!

»Auch wenn die gefühlsLOGIK erklärt, wie Gefühle entstehen.[5] Sie erklärt NICHT, welche Hirnteile bei der Entstehung von Gefühlen zusammenarbeiten, welche Botenstoffe dabei im Spiel sind oder welche Drüsen gerade ihr Unwesen treiben, wenn du dich mies fühlst. Weil es nicht wichtig ist für dich! Weil du dieses Wissen nicht brauchst, um unerwünschte Gefühle in den Griff zu bekommen!

Du wirst jedoch lernen, wie du die heute gewonnenen Erkenntnisse

5 Ausnahme: Jene Gefühle, die man landläufig mit den Begriffen »Intuition«, »sechster Sinn«, »Ahnung« u. Ä. versieht, unterliegen nicht der gefühlsLOGIK. Dabei handelt es sich – physikalisch betrachtet – um energetische Phänomene, auf die in diesem Buch nicht näher eingegangen wird.

nisse zu deinen Gunsten nutzt. Du wirst lernen, unerwünschte Gefühle professionell zu beeinflussen und dir deine Gelassenheit auch dort zu erhalten, wo dir bis jetzt Ärger und andere hässliche Gefühle das Leben schwer gemacht haben. Dazu werde ich dir auch eine Technik zur Verfügung stellen, welche sich im Alltag und selbst in Extremsituationen bestens bewährt hat. Dabei wird dein Gefühlsschalter noch eine wichtige Rolle spielen.«

Klick. Die gesamte Wand wurde nun von Gefühlsschaltern in unterschiedlichsten Stellungen ausgefüllt.[6]

6 Der Gefühlsschalter kann mit Hilfe unserer Gedanken **stufenlos** zwischen dem positiven und dem negativen Bereich hin- und herbewegt werden. Je weiter sich der Schalter dabei in die eine oder andere Richtung bewegt, umso intensiver wird das angenehme bzw. unangenehme Gefühl empfunden.

»Hier seht ihr eine kleine Auswahl verschiedener Schalterstellungen. Das Bild des Schalters stellt ein visuelles Hilfsmittel dar, das eurem Verstand in Zukunft den Umgang mit Gefühlen stark erleichtern wird. Denn durch dieses Bild, das ja nichts anderes ist als ein Symbol für deine aktuelle Stimmungslage, bekommt das jeweilige Gefühl für den Verstand ein greifbares ‚Gesicht'.

Wenn du sagst: *‚Ich ärgere mich'*, dann sagt die gefühlsLOGIK: *‚Du hast deinen Schalter nach unten bewegt!'*

Wenn du sagst: *‚Ich bin verzweifelt'*, dann sagt die gefühlsLOGIK: *‚Du hast deinen Schalter nach unten bewegt!'*

Wenn du sagst: *‚Ich bin zufrieden'*, dann sagt die gefühlsLOGIK: *‚Du hast deinen Schalter nach oben bewegt!'*

Ich jedoch sage euch: Glaubt mir nichts, sondern beobachtet und überprüft! Überprüft, ob es tatsächlich stimmt, dass eure Sichtweise eure Gefühle erzeugt. Überprüft, ob eure Gefühle immer zu euren Gedanken passen, zu der Art und Weise, wie ihr gerade beurteilt. Beim nächsten Mal unterhalten wir uns darüber. Ich freue mich schon darauf.«

6. Schritt zwei

Mittwochabend. Seit ich die gefühlsLOGIK kannte, war mir vieles klarer. Mir war klar, dass meine Sichtweise für meine Gefühle verantwortlich ist. Mir war auch klar: Wenn ich meine Sichtweise im Griff hätte, bekäme ich auch meine Gefühle unter Kontrolle. Aber meist ging alles so schnell. Bevor ich überhaupt zum Nachdenken kam, war das miese Gefühl auch schon da. Auch wenn ich noch nicht die geringste Ahnung hatte, wie ich das in den Griff bekommen sollte, verstand ich jetzt zumindest, warum ich mich elend fühlte. Warum mich rücksichtslose Autofahrer zur Weißglut bringen konnten. Warum mich meine Gedanken an die Vergangenheit so bedrückten. Warum ein kritischer Blick meines Filialleiters mir den ganzen Tag vermiesen konnte. Warum mir selbst ein zugeparktes Auto oder eine rote Ampel oder die Schlange vor der Supermarktkasse die Stimmung verderben konnten. Oder warum ich mich bei der Tanzübung letzte Woche im Gegensatz zu Jakob und Pia so schlecht gefühlt hatte. All diese Situationen waren für mich Auslöser dafür gewesen, meinen Gefühlsschalter nach unten zu bewegen. So konnte ich nur unangenehme Gefühle erzeugen – und von denen hatte ich wahrlich genügend.

Obwohl – es gab auch immer wieder Momente, in denen sich mein Schalter nach oben bewegte: ein fröhliches »Guten Morgen« im Lift. Die Fotos von meinen Kindern an der Wand. Ein nettes Gespräch mit Kollegen. Das freundliche Wort eines Kunden. Oder letzte Woche: Ich unterhielt mich nach dem Seminar noch ein wenig mit Jakob, dem alten Jugendfreund. Wir standen vor der Villa und sprachen über alte Zeiten. Die Erinnerung an unsere unbeschwerte Jugend tat mir richtig gut. Mein Schalter schien sich dabei ziemlich weit nach oben zu bewegen. Als sich auch noch Pia zu uns gesellte, machte mein Schalter einen weiteren Sprung. Bis jetzt hatte sich ja keine Gelegenheit ergeben, mit ihr ein längeres Gespräch zu führen. So erlebte ich sie nun als eine Frau, die so wie ich geschieden war, einen kleinen Sohn hatte, ganz in meiner Nähe wohnte und ihren Beruf als Lehrerin offensichtlich liebte. Ihr herzliches Wesen wirkte sehr anziehend auf mich.

Seit meiner Scheidung war ich Frauen gegenüber sehr zurückhaltend. Doch Pia hatte etwas an sich, das mich ins Schwärmen brachte. Es war nicht nur ihr gepflegtes, hübsches Äußeres. Nein, da war noch mehr. Das fröhliche Gesicht mit den spitzbübisch blitzenden Augen. Die angenehme Stimme. Der Geruch ihres Parfums. Die Art und Weise, wie sie auf andere zuging. Ihr fröhliches Wesen. Sie war anders als die Frauen, die ich bis jetzt kennengelernt hatte. Alles an ihr bewegte meinen Gefühlsschalter weit nach oben.

Ich freute mich auf den heutigen Abend. Freute mich darauf, wieder Neues zu lernen und mit netten Menschen zusammen zu sein. Und ich freute mich auf Pia. 1-2-3, ein Gefühl wird frei! »*One, two, three …*« klang es unwillkürlich in meinen Ohren. Die sympathische Frauenstimme vom letzten Mal blieb bis in die Goethestraße meine Begleiterin.

»… und bist du in der Lage, deine Gedanken zu regulieren, bist du auch in der Lage, deine Gefühle zu regulieren.« Nachdem Gerhard das Wichtigste vom letzten Mal wiederholt hatte, wandte er sich an Jakob: »Du hast uns letzte Woche erzählt, dass du bald deine Frau Gabi zum Hochzeitstag mit einer Reise auf die Seychellen überraschen wirst. Nehmen wir mal an, du hast das Geschenk bereits überreicht und deine Frau hat dir alle vergessenen Hochzeitstage vergeben.« »Was ich hoffe«, warf Jakob mit einem Lächeln ein. »Ihr genießt mehrere Wochen hindurch das Gefühl der Vorfreude. Dann der Tag der Abreise. Die Koffer sind gepackt, das Taxi steht vor der Tür. Und endlich sitzt du mit Gabi im Flugzeug.« Gerhard schien sich gut vorbereitet zu haben. Denn mit einem Klick erschien nun auf der weißen Fläche der Leinwand ein Flugzeug.

»Die Triebwerke heulen auf. Eine ungeheure Kraft drückt deinen Oberkörper in den Sitz. Alles vibriert. Der Aluminiumverkleidung des riesigen Flugzeugkörpers entkommt ein Ächzen. Die Freude ist dir ins Gesicht geschrieben. Eine Woche Seychellen! Da hatte Gabi Augen gemacht, als du ihr voller Stolz dein Geschenk überreicht hast. Nicht nur, dass du diesmal an den Hochzeitstag gedacht hast. Du hast auch mit der Wahl deines Geschenks voll ins Schwarze getroffen. Auch Gabi ist anzusehen, wie sehr sie sich auf die kommenden Tage freut. Mit einer sanften Linkskurve richtet der Pilot das Flugzeug auf das Ziel aus. Gabi genießt die Bewegung. Zärtlich hält sie deine Hand. Endlich Sonne, Strandspaziergänge, warmes Wasser, unbeschwerte Momente fernab der Heimat. Sie fühlt sich richtig gut. Auch die nächsten Tage werden es ihr leicht machen, sich rundum wohlzufühlen.

Die Maschine ist bis auf den letzten Platz gefüllt. Rechts von Gabi sitzt ein Pensionär mit buntem Hemd und freundlichem Gesicht. Verkrampft hält er sich an den Sitzlehnen fest. Obwohl er sich bemüht, seinen unregelmäßigen Atem zu verbergen, könnt ihr sein hektisches Ein- und Ausatmen hören. Schweißperlen bahnen sich ihren Weg Richtung Hals. Sein Körper ist angespannt. Sein Blick starr nach vorn gerichtet. Es ist sein erster Flug. Krampfhaft versucht er nicht ans Fliegen zu denken. Doch so recht will ihm das nicht gelingen. Bilder von rauchenden Triebwerken, verklemmten Fahrwerken und Menschen in Panik tauchen vor seinem geistigen Auge auf – Szenen diverser Katastrophenfilme, die in den letzten Jahren seine Fernsehabende ausgefüllt hatten. Er kann sich nur zu gut vorstellen, was alles passieren könnte. Und all die vielen verdächtigen Geräusche tragen auch nicht gerade zu seiner Entspannung bei.

Welch starken Kontrast bietet da der Anblick seiner Sitznachbarn. Links von ihm Gabi, die sich gerade angeregt und gut gelaunt mit dir, Jakob, unterhält. Auf der anderen Seite eine förmlich gekleidete Dame Mitte vierzig. Ihr entspannter Gesichtsausdruck zeigt, dass sie sich nicht allzu viele Gedanken über das Fliegen macht. Ist sie doch als Repräsentantin ihres Unternehmens schon unzählige Male geflogen. Für sie ist alles reine Routine. Keine Aufregung, keine Anspannung. Alles völlig normal.

Jakob, Gabi, der Pensionär, die Geschäftsfrau. Sie alle sitzen im selben Flugzeug. Alle erleben dasselbe. Trotzdem fühlen sich nicht alle gleich. Denn ihre Gefühle sind nicht eine Folge der Situation, sondern eine Folge dessen, was sie in ihren Köpfen aus dieser Situation machen.« Mit dem nächsten Klick beförderte Gerhard die Gedanken der beteiligten Passagiere an die Wand.

»Gabi und Jakob denken an den bevorstehenden Urlaub, der Pensionär macht sich Sorgen[7] und die Gedanken der Geschäftsfrau sind völlig neutral. Das Ergebnis: Freude, Angst, Gelassenheit. Ihre Gefühle spiegeln die Qualität ihrer Gedanken wider. Etwas, das ihr alle seit eurer Geburt millionenfach erlebt habt. Denn …« (Klick).

Unser Gehirn reagiert nicht auf die Situation, sondern auf die Informationen, die es von uns über die Situation bekommt![8]

»Ich habe euch letzte Woche empfohlen, mir all das nicht zu glauben, sondern es zu überprüfen, indem ihr euch selbst beobachtet. Konntet ihr inzwischen feststellen, ob es tatsächlich eure Sichtweisen, Beurteilungen, Meinungen und Vorstellungen – oder einfacher ausgedrückt – eure Gedanken sind, die sich in euren Gefühlen widerspiegeln?«

Wir alle konnten dies, wie die Berichte der anderen zeigten. Jeder von uns hatte seit letzter Woche viele Male am eigenen Leib er-

7 »Ich mache MIR Sorgen« = Das unangenehme Gefühl wird von mir und nicht von der Situation erzeugt.

8 Sprichwörtliche Redensart: »Des einen Hölle ist des anderen Himmelreich.«

fahren, wie sehr es die eigenen Sichtweisen waren, die unsere Stimmungslage beeinflussten.

Pia ergänzte ihre persönlichen Erfahrungen noch mit einem Beispiel aus ihrer Familie. »Ich habe zu meiner Mutter ein sehr freundschaftliches Verhältnis. Wir sehen uns mindestens einmal pro Woche. Letzten Samstag erzählte ich ihr von all dem, was wir bis jetzt gelernt haben. Nachdem ich ihr erklärte, wie sehr uns Gefühle beeinflussen, schilderte sie mir eine kleine Begebenheit aus ihrer Jugendzeit.

Meine Mutter wuchs in einem strengen Elternhaus auf. Damals waren vor allem die Mädchen gut behütet. Die Angst der Eltern war groß, dass die Tochter schwanger nach Hause kommen könnte. Doch dies hielt meine Mutter nicht davon ab, sich mit achtzehn in einen etwas älteren Burschen zu verlieben. Sie schwebte auf Wolke sieben, denn ihr Gefühlsschalter war im Himmel. Doch wie dem Geliebten nahe sein, trotz der strengen Eltern? So kam ihr im Winter des Jahres 1969 die Idee, ihre Eltern zu fragen, ob sie denn eine Tanzschule besuchen dürfe. Nach langem Hin und Her konnte sie sich endlich durchsetzen. Doch nur unter der Bedingung, dass sie sofort nach der Tanzschule zu Hause sein müsste und für alle Kosten selbst aufkäme. Da sie gerade dabei war, eine Lehre abzuschließen, war ihr Budget mehr als mager. Doch weder das noch der strenge Winter konnten sie bremsen. Die Tanzschule war mehrere Kilometer entfernt. Fahrzeug besaß sie keines. Ein Taxi war zu teuer. So nahm sie einmal pro Woche einen Fußmarsch von mehr als einer Stunde durch Matsch und Schnee in Kauf. Nur um ihr Tanzbein zu schwingen und dem Mann ihrer Träume nahe zu sein. Sie genoss es. Der Nachhauseweg war umso kürzer, wurde sie doch vom Geliebten bis fast vor die Tür begleitet. So hat ihre damalige Schalterstellung dazu geführt, dass es mich heute gibt.«

»Ja, ja. Die Liebe ist wahrlich eine Himmelsmacht. Das Beispiel deiner Mutter zeigt wunderbar, wie sehr unsere Sichtweise und die damit verbundene Schalterstellung unser Leben beeinflussen.

Wer von euch war schon einmal verliebt?«

Gerhard stellte diese Frage mit einem Lächeln, wohl wissend, dass er die Antwort bereits kannte. Fünf Arme in der Luft. »Und wer war schuld an diesem Gefühl?« »Meine Schalterstellung?«, kam es zögerlich über Jakobs Lippen. »Genau, Jakob! Tatsächlich hat dieses Hochgefühl viel mehr mit uns selbst als mit unserem Gegenüber zu tun. Denn deine Beurteilung des geliebten Menschen bringt deinen Schalter in oberste Stellung« – Gerhard deutete dies mit einem Daumen, den er senkrecht nach oben drehte, an – »was für dich nicht ohne Folgen bleibt: Du fühlst dich frisch verliebt. Doch nicht, weil der andere so ist, wie er ist. Sondern vielmehr deshalb, weil du den anderen so siehst, wie du ihn siehst.«

Unweigerlich wanderte mein Blick zur Seite. Verstohlen musterte ich Pia. Sie hatte einen Arm auf der Lehne des Fauteuils abgestützt. Ihr blondes Haar leuchtete in der Abendsonne – und ich begann mich wieder gut zu fühlen.

»Jeder Mensch hat so eine Art Wunschzettel im Kopf«, fuhr Gerhard fort, ohne von meinen Träumereien etwas zu bemerken. »Auf diesem Wunschzettel ist all das vermerkt, was wir uns von unserem Traumpartner erwarten. Vielleicht sind das Angaben zu Körpergröße, Haarfarbe, wünschenswerten Charakterzügen oder zu Beruf, Religionszugehörigkeit und vieles mehr. Deine Wünsche können dir durchaus bewusst sein. Doch kann es auch sein, dass hier Wünsche vermerkt sind, die völlig unbewusst auf deine Liste geraten sind. Doch egal, aus welchem Grund ein Wunsch auf deiner Wunschliste steht. Sobald ein Mensch in deiner Umgebung auftaucht, der diesen Wünschen im Großen und Ganzen entspricht, wird er zum Objekt der Begierde.«

Wieder glitt mein Blick zur Seite. Pia hatte inzwischen ihre Sitzposition verändert. Kaum hatte Gerhard seinen Satz beendet, meldete sie sich zu Wort: »Aber dieses Gefühl hält doch meist nicht besonders lange an. Warum ist das so?«

»Ganz einfach, Pia. Weil du den anderen besser kennenlernst. So wird im Laufe der Zeit deine Schalterstellung Stück für Stück nach unten korrigiert. ‚*Er ist doch nicht der Romantiker, wie ich gedacht habe*' – Schalterkorrektur. ‚*Er mag keine Katzen*' – Schalterkorrektur. ‚*Er raucht zu viel*' – Schalterkorrektur. ‚*Er ist eine richtige Klette*' – Schalterkorrektur. Und so weiter und so fort. So wird die anfänglich ‚rosarote Brille' im Laufe der Zeit durch die Tatsachen ersetzt. Führt das nun dazu, dass sich dein Schalter in den Minusbereich bewegt, ist der Zeitpunkt der Trennung nahe. Stoppt jedoch die stetige Bewegung nach unten spätestens auf halber Strecke, hat die Beziehung gute Chancen. Du lernst den anderen immer besser kennen. Entdeckst vielleicht sogar Wesenszüge, die gar nie auf deiner Liste gestanden sind, dir jedoch unsäglich gut tun. Schätzt ihn immer mehr als Menschen. Akzeptierst seine Fehler. Magst ihn so, wie er ist – und Verliebtheit wird durch Liebe ersetzt.«

Ja, das wäre schön! Mit einem anderen Menschen so glücklich zu sein. In mir kamen Bilder von Menschen hoch, die – obwohl hochbetagt – noch immer Händchen haltend durch die Straßen gingen. Deren Zuneigung selbst noch nach Jahren …

Gerhards Worte unterbrachen meine Schwärmerei. »Ist damit deine Frage beantwortet, Pia?« Pia nickte. »Hat noch jemand eine Frage?« Elena meldete sich zu Wort. »Du hast gesagt, dass auf unserer Wunschliste auch unbewusste Wünsche aufscheinen können. Was könnte das beispielsweise sein?«

»Um deine Frage beantworten zu können, müssen wir wissen, was alles unsere Sichtweise beeinflusst.« Gerhard wandte sich nun an uns alle. »Was denkt ihr? Wird unsere Sichtweise nur von dem, was wir jetzt wahrnehmen, beeinflusst? Oder gibt es noch andere Einflussfaktoren, die unsere Sichtweise bestimmen?«

»Mir fällt dazu ein Beispiel ein«, erinnerte sich Jakob. »Es liegt zwar schon viele Jahre zurück. Doch ich kann mich noch gut daran erinnern. Es war ein Samstagabend. Gabi und ich, wir waren gerade frisch verlobt, hatten Freunde eingeladen. Eigentlich waren es Gabis Freunde – Sieglinde und Wolfram. Ich kannte beide noch nicht, aber ich war ziemlich skeptisch. Handelte es sich doch um Künstler. Das war das Einzige, was ich von ihnen wusste. Künstler, ja, da hatte ich so meine Vorstellungen. Weltfremd, ungepflegt, am Hungertuch nagend. Man kannte diese Typen ja. Meine Sicht war von all dem geprägt, was ich immer wieder über Künstler gehört hatte. So war mir vor diesem ersten Treffen auch nicht ganz wohl in meiner Haut.

Umso erstaunter war ich, als mir keine klapprigen, heruntergekommenen Künstlertypen, sondern eine schwarzhaarige, rassige Schönheit und ein gepflegter, braungebrannter Mittdreißiger mit sportlicher Figur gegenüberstanden.

Die Realität hatte meine Fantasie schnell eines Besseren belehrt. Hatten die beiden doch so gar nichts mit meiner Vorstellung zu tun. Sie waren weder weltfremd noch ungepflegt und sie hatten auch ganz und gar nicht am Hungertuch zu nagen. Ganz im Gegenteil. Vielmehr fand ihre ansprechende Arbeit mehr Käufer, als sie für ein gutes Leben benötigten. Auch habe ich selten Menschen getroffen, mit denen ich so vertraut über alles Mögliche sprechen konnte. Ich war, bereits kurz nachdem ich sie kennengelernt hatte, froh, sie zu meinem Freundeskreis zählen zu dürfen.«

»Was denkst du, Jakob? Aus welcher Zeit stammte deine ursprüngliche Meinung, die du über Künstler hattest?« Jakob schien nicht genau zu wissen, was Gerhard meinte. Nach einer kurzen Pause meldete sich deshalb Pablo zu Wort. »Aus der Vergangenheit«, antwortete nun er auf Gerhards Frage.

»Genau so ist es«, bestätigte Gerhard. »Unsere Sichtweise orientiert sich nicht nur an den aktuellen Fakten. Sie wird auch von der Vergangenheit beeinflusst – von all den Erfahrungen, die wir in der Vergangenheit gemacht haben, und auch den vielen Klischees, mit denen wir alle aufgewachsen sind.

Einstellungen wie *‚Künstler sind …‘*, *‚Männer sind …‘*, *‚Frauen sind …‘*, *‚Südländer sind …‘*, *‚Franzosen sind …‘*, *‚Rothaarige sind …‘* und viele andere festgefahrene Meinungen sind das Ergebnis.

All das sind in der Vergangenheit eingeprägte Sichtweisen, die uns jetzt beeinflussen. Manchmal korrigieren wir sie, so wie du es bei deinen Künstlerfreunden getan hast, Jakob. Tun wir das nicht, beeinflusst die Vergangenheit weiter unsere Gegenwart. Ärger ist dafür ein schönes Beispiel: Wir ärgern uns reflexartig, wenn ein anderer schon wieder etwas tut, wo wir vielleicht vor langer Zeit entschieden haben, dass sich das nicht gehört – und obwohl wir immer wieder erleben, dass der Ärger uns nicht ans erwünschte Ziel bringt, ist es dem Uneingeweihten unmöglich, anders zu reagieren. Wie ihr dieses reflexartige Verhalten eures Schalters in den Griff bekommt, wird zu einem späteren Zeitpunkt behandelt werden.

Doch nun zurück zu deiner Frage, Elena. Du wolltest wissen, was ohne bewusstes Zutun deine Traumpartner-Wunschliste beeinflussen könnte. Hast du schon einmal eine fremde Person innerhalb von Sekunden als sympathisch oder unsympathisch empfunden und du konntest nicht sagen, warum?« »Ja, das ist mir schon öfters passiert.« Das Nicken der anderen zeigte, dass nicht nur Elena diese Erfahrung gemacht hatte. »Die Wahrscheinlichkeit ist groß, dass hier die Vergangenheit ihre Finger im Spiel hatte. Vielleicht sah diese Person einem entfernten Onkel ähnlich – nennen wir ihn Onkel Albert, der mit der riesigen Hakennase! Er war ein freundlicher Mensch. Als du noch klein warst, spielte er einmal mit dir. Dabei tat er dir unabsichtlich weh, mit dem Ergebnis: Wenn du heute einen Menschen triffst, dessen Nase dich an Onkel Albert erinnert, bewegt sich bei deren Anblick dein Schalter sofort nach unten – obwohl dieser Mensch mit Onkel Albert nicht das Geringste zu tun hat. Das Ergebnis: Er ist dir unsympathisch. Die Bewertung erfolgt automatisch. Ohne dein bewusstes Zutun. Mit enormer Geschwindigkeit.

Natürlich wird deine Sichtweise nicht nur von der **Vergangenheit** beeinflusst. Auch die **Gegenwart** nimmt stetig Einfluss auf deinen Schalter. Aufgrund der aktuellen Beurteilungen, die du jetzt triffst. Und tauchen einmal Sorgen darüber auf, was alles passieren könnte, dann wird dein Schalter von der **Zukunft** betätigt.«

Elena schien mit der Antwort zufrieden und mir wurde wieder einmal schmerzhaft bewusst, wie logisch es doch war, dass ich mich in den letzten Monaten so schlecht gefühlt hatte. Kreisten doch meine Gedanken ständig um meine missglückte Vergangenheit oder ich machte mir Sorgen um die Zukunft. Kein Wunder, dass ich auch die Gegenwart meist in den dunkelsten Farben sah. Während ich mir so meine Gedanken machte, beförderte Gerhard mit einem Klick ein riesiges Gehirn an die Wand.

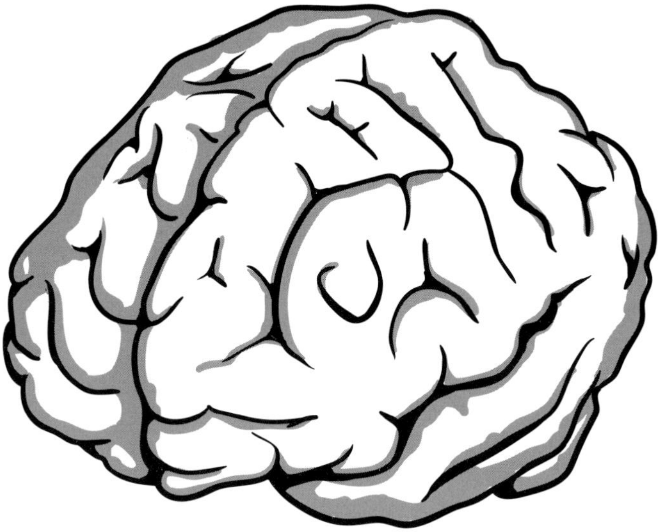

»Zwischen deinen Ohren befindet sich das Werkzeug, mit dem du dein Leben steuerst. 24 Stunden täglich, 365 Tage im Jahr! Alles, was du je getan hast, hast du mit Hilfe deines Gehirns getan. Du kannst kein einziges Wort sprechen, keine einzige Handlung setzen, ja nicht einmal den Arm heben, ohne dass dein Gehirn daran beteiligt wäre. Alles, was du bis jetzt in deinem Leben erreicht hast, hast du mit Hilfe deines Gehirns erreicht. Dein Gehirn ist einerseits die Steuerzentrale deines Körpers. Es managt ohne dein Zutun alle lebensnotwendigen Vorgänge: Herzschlag, Verdauung, Atemfrequenz und vieles mehr. Das ist nicht nur erfreulich, sondern auch überaus hilfreich.

Denn müsstest du an all das denken, wäre dein Alltag bereits davon so ausgefüllt, dass dir für anderes kaum Zeit bleiben würde. Du wärest von all dem wichtigen Körperkram so abgelenkt, dass du kaum in der Lage sein würdest, ein herankommendes Auto rechtzeitig zu bemerken oder ein Gespräch zu führen. Glücklicherweise war die Natur so freundlich, alle lebenserhaltenden Aufgaben in die kompetenten Hände deines Gehirns zu legen. Doch dein Gehirn ist für mehr geschaffen, als nur deine Körperfunktionen aufrechtzuerhalten. In ihm stecken all deine Fähigkeiten und Möglichkeiten. Du entscheidest, was du willst, und dein Gehirn wird sein Möglichstes tun, dass du es bekommst! Weil es MUSS!«

Ich entscheide, was ich will, und mein Gehirn tut sein Möglichstes, dass ich es bekomme? Wenn das wirklich so ist, dann habe ich bis jetzt ziemlich miese Entscheidungen getroffen! Ich Armer …

Gerhard gab mir keine Gelegenheit, weiter in Selbstmitleid zu baden. »Bewegt jetzt alle so schnell wie möglich euren rechten Arm nach oben. Tut es!«

Gerhard machte es vor. Wir taten es ihm gleich. Folgsam waren nun fünf rechte Arme kerzengerade in die Luft gestreckt. Unweigerlich stiegen Erinnerungen an Gerhards Aufforderung *»Streckt beide Arme so weit wie möglich nach oben«* hoch. Diesmal bemühte ich mich wirklich. Doch heute wollte Gerhard offensichtlich etwas anderes damit bezwecken.

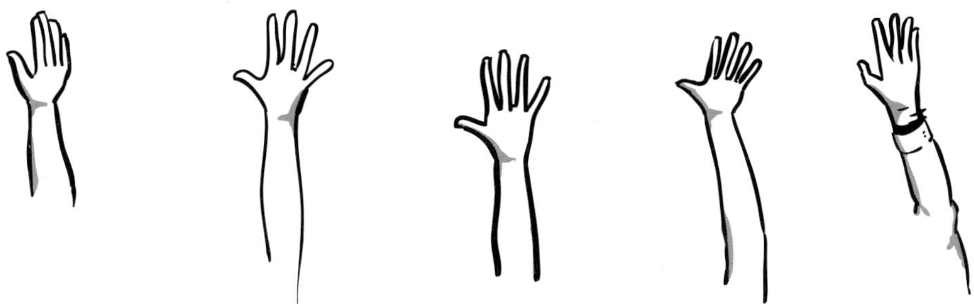

»Wer von euch weiß, welche Nervenimpulse in welche Muskeln geleitet werden müssen, damit sich der Arm streckt?« Schweigen. »Trotzdem sitzt ihr mit hochgerecktem rechten Arm da. Weil ihr es eurem Gehirn befohlen habt! Ihr habt euch dazu entschieden und euer Gehirn hat pflichtbewusst all die nötigen Nervenimpulse in die Muskeln des rechten Armes geleitet, die notwendig waren, damit er sich auch streckt.« Während Gerhard sprach, hielten wir weiter die Arme in die Luft. »Senkt eure Arme wieder.« Folgsam bewegten sich alle Arme nach unten. »Auch jetzt hat euer Gehirn wieder gehorsam eurem Befehl Folge geleistet. Es war nicht die Entscheidung eures Gehirns, den Arm zu senken. Genauso wenig, wie es die Entscheidung eures Gehirns war, den Arm zu strecken. Es war eure Entscheidung. Denn ihr entscheidet und euer Gehirn setzt eure Befehle um. Ihr seid der Boss in eurem Leben.«

Das hörte sich gut an. Ich bin der Boss! Ja, das könnte mir gefallen.

Ein Klick und das Bild des Gehirns, das noch immer die Leinwand ausfüllte, wurde durch zwei Worte abgelöst:

»Unternehmen Ich«

»Wärest du ein Unternehmen, dann wäre dein Gehirn ein hochrangiger Angestellter, den alle ehrfurchtsvoll *‚Herr Direktor'* nennen. Penibel achtet Herr Direktor darauf, dass alles im Unternehmen reibungslos läuft. Verrichten die Abteilungen Herz, Lungen und Nieren ihre Arbeit korrekt? Hat die Abteilung Immunsystem dafür gesorgt, dass kein Virus das System infiziert? Ist die Abteilung Darm mit der Beseitigung des Mülls auf dem Laufenden? Es ist genug zu tun. Doch das ist monotone Routine. Herr Direktor würde ein ziemlich langweiliges Leben führen, wäre da nicht sein Chef – der Generaldirektor. Und wer ist dieser Generaldirektor?«

Sofort sah ich mich im Geiste wieder mit gestrecktem rechten Arm dasitzen, erinnerte mich an die wohltuenden Worte, die Gerhard gerade gesagt hatte – und rief ein wenig zu laut »ICH« in den Raum.

Erstaunt richteten die anderen ihre Blicke auf mich. Waren sie doch bis jetzt von mir Leiseres gewohnt. Gerhard schien erfreut. Denn genauso laut wie ich bestätigte er mir: »Ja, Kilian! Du bist der Generaldirektor! Du bist der Boss in der Chefetage!« Noch während er sprach, erschien das Bild eines Ehrfurcht gebietenden Chefsessels an der Wand.

»Hier in der Chefetage herrscht strenge Disziplin! Das ‚Unternehmen Ich' ist keine Demokratie. Hier wird nicht diskutiert, gefeilscht oder gar abgestimmt. Nein! Es werden Befehle ausgeführt. Es wird – ohne zu hinterfragen – getan, was der Generaldirektor befiehlt. Denn jeder deiner Gedanken wird von deinem Gehirn – dem Direktor – als Auftrag empfunden. Kommt er doch vom Generaldirektor.«

Das gefiel mir. Ich als Oberboss.

»Du denkst, der Direktor hört aufmerksam zu und versucht ohne Widerspruch, die so erteilten Aufträge im Rahmen seiner Möglichkeiten zu erfüllen. Dein Gehirn hat nicht die Wahl, deine Aufträge zu hinterfragen, zu ignorieren oder in Gut und Böse zu unterteilen. Denn hier hast du, der Generaldirektor, das Sagen. So versucht dein Gehirn tagtäglich, die Befehle seines Chefs – im Rahmen seiner Möglichkeiten – in die Tat umzusetzen. Die Gefühlsentstehung ist dafür ein perfektes Beispiel:

- Du denkst einen ärgerlichen Gedanken – und fühlst dich ärgerlich. Auftrag erfüllt!
- Du denkst einen aggressiven Gedanken – und fühlst dich wütend. Auftrag erfüllt!
- Du denkst einen fröhlichen Gedanken – und fühlst dich gut. Auftrag erfüllt!

Dein Gehirn nimmt dich ernst. Ärger, Zorn, Wut? Freude, Liebe, Leidenschaft? Egal. Dein Wunsch genügt. Den Rest erledigt dein Gehirn. Arm nach oben – aber gerne! Dein Wunsch ist Befehl. Ein Gefühl – bitte sehr! Unangenehm – schon passiert! Angenehm – kommt sofort! Denn vieles ist möglich, auch …« (Klick)

Gemischte Gefühle!

»Ist euch schon einmal aufgefallen, dass es möglich ist, sich gleichzeitig gut und schlecht zu fühlen?«

»So wie beim Achterbahn fahren?« Als Pablo das Wort »Achterbahn« in den Mund nahm, neigte er sich ein wenig vor. »Willst du uns was erzählen, Pablo?« »Ja. Ich hatte da vor einigen Jahren ein tolles Erlebnis. Ich besuchte im Sommer gute Freunde in Ohio. Ganz in der Nähe befand sich ein riesiger Vergnügungspark, den ich mir keinesfalls entgehen lassen wollte. Vor allem von der riesigen Achterbahn hatte ich schon viel gehört. Meine Freunde rieten mir ab. Diese Achterbahn sei nichts für schwache Nerven. Doch gerade das reizte mich.

Gesagt, getan. Bereits zwei Tage später stand ich mit einer Unzahl anderer Menschen in der endlosen Warteschlange. Alle scherzten, waren fröhlich und vergnügt. Nach zwanzig Minuten war es endlich so weit. Die modernen Wagen boten in futuristischen Schalensitzen jeweils zwei Personen nebeneinander Platz. Ich saß im vordersten Wagen, in der ersten Reihe. Da sich meine Freunde nicht zur Mitfahrt hatten überreden lassen, saß eine fremde Frau Mitte dreißig neben mir. Ein Schoßbügel, der verhindern sollte, dass wir bei voller Fahrt aus dem Wagen katapultiert werden, bewegte sich hydraulisch Richtung Oberschenkel. Der starke Druck war gerade noch erträglich. Bald setzten sich die Wagen in Bewegung.

Das fröhliche Gemurmel um mich herum erlosch, während die Kraft eines elektrisch getriebenen Stahlseils die vielen Wagen mit all den Vergnügungssüchtigen schnell nach oben zog. Alle schienen den Atem anzuhalten. Die erste Anhöhe war erreicht. Eine tolle Aussicht. In fast 100 Metern Höhe zog das Gespann seine erste Kurve. Plötzlich – steil bergab. Mir stockte der Atem. Mit einer Geschwindigkeit von 150 km/h stürzten wir fast senkrecht in die Tiefe. Mein Magen hob sich. Krampfhaft hielt ich mich an dem Haltegriff vor mir fest. Wie die Frau neben mir. Ich sah, wie ihre Fingerknöchel spitz hervortraten. Jede Sehne war gespannt.

Gellende Schreie hinter mir. Ein lang gezogenes *,Oh my god'* wurde hörbar. In atemberaubendem Tempo ging es mit bedenklicher Schräglage in die nächste Kurve. Die Schreie wurden lauter. Die Frau neben mir hatte inzwischen auf ohrenbetäubendes Dauergebrüll umgeschaltet. Gleichzeitig mischte sich kreischendes Lachen unter die hysterischen Schreie. Die ohrenbetäubende Geräuschkulisse begleitete konstant unsere holprige Fahrt. Das Brüllen hinter mir wechselte in ein lautes, lang gezogenes *,Yeaaaaaah'.* Luft presste sich mit enormer Kraft gegen mein Gesicht. Ich konnte kaum atmen. Meine Augen tränten. Die Umgebung verschwamm. Nur die Schienen, die unseren Wagen in seiner Bahn hielten, lagen gestochen scharf vor meinen Augen. Der Schoßbügel, noch immer stark an meine Oberschenkel gepresst, vermittelte mir ein Gefühl von Sicherheit. Alles in mir war angespannt. Am höchsten Punkt eines jeden Hügels schienen alle Regeln der Schwerkraft außer Kraft gesetzt zu sein. Schwerelosigkeit. Die Gefühle wechselten in Sekundenbruchteilen. Mein Schalter sprang zwischen Angst und Ekstase. Hin. Her. Hin. Her. Ja! Genau das wollte ich erleben. Die Frau neben mir strapazierte meine Ohren noch immer. Ihr Schalter schien am unteren Anschlag festgeklebt zu sein. Sie war kreidebleich. Hatte die Augen geschlossen. Ihr Gesicht war zur Maske verzerrt. Durch ihren geöffneten Mund trat die Angst ungehemmt ins Freie. Dann wieder presste sie ihre Lippen aufeinander. Sie hatte offenbar Mühe, ihr Frühstück bei sich zu behalten. Nach zwei Minuten war alles vorbei. Zwei Minuten, die ich mein Leben lang nicht vergessen werde. Das war der ultimative Nervenkitzel. Mit wackligen Knien und einem unbeschreiblichen Hochgefühl kletterte ich aus dem Wagen. Meine Haut prickelte. Aus den Augenwinkeln konnte ich gerade noch sehen, wie die Frau, die neben mir gesessen war, umkippte und von einem Mann aufgefangen wurde.«

Ich war tief in Pablos Erzählung eingetaucht. Fast so, als ob ich selbst im Wagen gesessen wäre. Ich hatte sogar den Eindruck, dass mein Herzschlag bei Pablos Worten ein wenig anstieg. Doch das bildete ich mir sicherlich nur ein.

Gerhards Stimme holte mich wieder in den Seminarraum zurück. »Ein schönes Beispiel für zwei Generaldirektoren, die nebeneinandersaßen und ihrem Gehirn unterschiedliche Befehle erteilten. Das Ergebnis: Deine Sitznachbarin, Pablo, in Panik. Du mit kribbelndem Hochgefühl oder besser gesagt mit ‚gemischten Gefühlen'. Das Hin- und Herpendeln deines Schalters hat Stress- und Freudechemie erzeugt.« Ein Klick und Gerhards Worte wurden zum Bild:

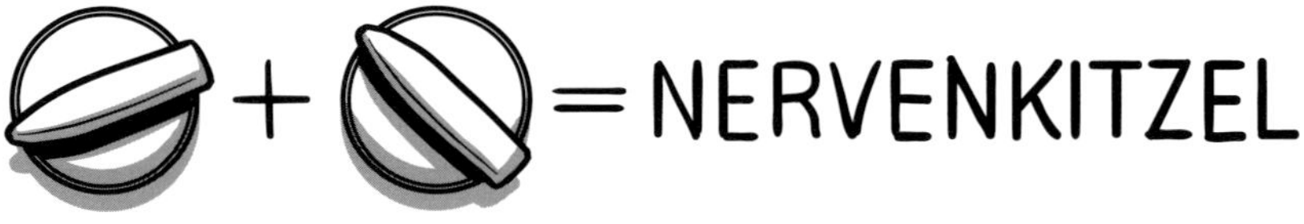

»Wir könnten dazu auch ‚guter Stress' oder ‚Eustress' sagen.«

Pablo begann laut nachzudenken, ganz so, als wollte er sein Erlebnis mit Gerhards Hilfe analysieren. »Ich hatte Spaß daran, etwas Außergewöhnliches zu erleben. Der Bügel auf meinen Oberschenkeln gab mir ein Gefühl der Sicherheit, was meinen Schalter nach oben bewegte. Aber gleichzeitig war auch alles für mich zu ungewohnt, zu schnell und zu steil, was meinen Schalter immer wieder nach unten bewegte.«

»Ja, Pablo. Genau das ist passiert. Doch weil die Freudechemie überwog, konntest du die Situation trotzdem genießen. Du warst wahrscheinlich sogar munterer und aufmerksamer als normal.« Pablo nickte. »Hätte jedoch die Stresschemie die Führung übernommen, dann hätte sich das angenehme Kribbeln ziemlich schnell in unangenehmen Druck verwandelt. Der ‚gute Stress' wäre zum ‚schlechten Stress' geworden, den wir auch ‚Disstress' nennen.

Ob nun ein Mensch eine Situation mit prickelndem Eustress oder belastendem Disstress erlebt, ist individuell sehr verschieden. Denn es hängt auch hier – wie immer, wenn es um Gefühle geht – von der jeweiligen Sichtweise ab.« Pablo bekräftigte: »Was meine Sitznachbarin ja lautstark bewiesen hat.« »Ja, Pablo. Es ist immer dasselbe Prinzip. Während der eine bei übervollem Terminkalender noch immer Herr der Lage ist und gute Leistungen erbringt, verfällt ein anderer schon bei geringem Zeitdruck in Panik, weil er sich der Situation nicht gewachsen fühlt. Hält dann der unangenehme Zustand zu lange an, kann es zu Überforderung und sogar Krankheit kommen. Denn auch der Körper leidet.« Ein Klick und die Umrisse eines menschlichen Körpers wurden auf der Leinwand sichtbar.

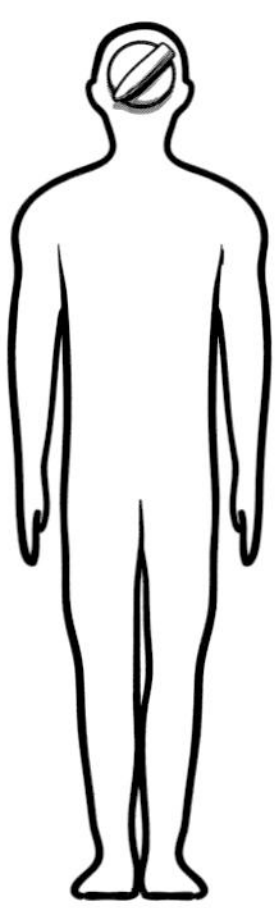

»Wird unser Körper mit zu viel Stresschemie überschwemmt, fühlt sich das nicht nur unangenehm an, es löst auch massive Körperreaktionen aus. So hat gewiss jeder von euch schon erlebt, wie unter Druck der **Herzschlag** steigt – die Pulsfrequenz nimmt zu, die Gefäße verengen sich und der **Blutdruck** schnellt in die Höhe.«

Sofort kamen in mir Erinnerungen an meinen Ärger über den Autorowdy von letzter Woche hoch. Auch Gerhards Aufforderung zum Tanz hatte mein Herz bis zum Hals schlagen lassen. Ja selbst bei Pablos Achterbahnfahrt hatte ich den Eindruck, dass mein Herzschlag stieg, obwohl es sich nur um eine Erzählung handelte. Konnte das sein? Diese Frage wollte nicht länger unbeantwortet bleiben.

»Gerhard, ich hatte den Eindruck, dass sich vorhin sogar bei Pablos Achterbahnfahrt mein Herzschlag erhöht hat. Kann das denn sein?« »Ja, Kilian, das ist möglich. Es reicht bereits **ein** plastischer Gedanke und dein Körper reagiert. Reagiert auf die Sichtweise, die du gerade im Kopf hast. Ich nehme an, dass du nicht gerne Achterbahn fährst.« »Da liegst du richtig! Ich hatte schon immer starke Höhenangst und würde nie auf die Idee kommen, mich solch einer Situation freiwillig auszusetzen.« »Deshalb hast du Pablos Erzählung als Auslöser dafür verwendet, deinen Schalter nach unten zu bewegen. Der damit verbundene Ausstoß an Stresshormonen hat deinen Herzschlag erhöht! Warum dein Gehirn so sensibel auf deine Sichtweise reagiert, obwohl es sich doch offensichtlich nur um Fantasie handelt, wirst du besser verstehen, wenn wir uns die Vorlieben des Gehirns im Detail angesehen haben.«

Ich war beeindruckt. Beeindruckt davon, wie sehr ich mich selbst beeinflussen konnte. »Ist deine Frage damit ausreichend beantwortet, Kilian?« Ich signalisierte meine Zufriedenheit und so fuhr Gerhard fort: »Nicht nur unser Herzschlag wird von einer negativen Schalterstellung beeinflusst. Oft stellt sich auch ein flaues Gefühl im **Magen** ein. Will unser Körper in diesen scheinbaren Notsituationen doch keine Energie für die Verdauungsarbeit verschwenden – sie wird reduziert oder ganz eingestellt. Ein ‚komisches Gefühl' im Magen wird spürbar.« Ich erinnerte mich wieder an Gerhards Aufforderung zum Tanz. »Ebenso reagieren unsere **Muskeln.** Sie spannen sich an, was unangenehme Verspannungen zur Folge haben kann. Auch die **Körpertemperatur** steigt. Angstschweiß, oft in Form verschwitzter Handflächen, ist wohlbekannt. Selbst die **Atmung** bleibt nicht unberührt. Sie stockt, wird flacher oder schneller.

Doch das Schlimmste von allem: Auch die Benutzung des Gehirns fällt schwerer, weil das **Denken** durch ein Zuviel an Stresshormonen beeinträchtigt wird.«[9]

Auch das kannte ich gut, vor allem aus meiner Schulzeit. »Darf ich dazu was sagen?« »Gerne, Kilian.« »Ich besuchte vor Jahren die Handelsschule und war durchaus ein guter Schüler. Doch da gab es einen Lehrer, dessen Prüfungen bei allen gefürchtet waren. Er verhielt sich zwar stets korrekt. Doch seine autoritäre Art flößte uns große Angst ein. Er war streng und unerbittlich. Wenn ein Schüler zwischen zwei Noten stand, sorgte er mit Sicherheit dafür, dass dieser die schlechtere Note bekam. Ich konnte so viel lernen, wie ich wollte. Es gelang mir nie, bei jenem Lehrer der gute Schüler zu sein, der ich normalerweise war. Kaum trat ich zur Prüfung an, war das meiste von dem, was ich gelernt hatte, aus meinem Kopf verschwunden. Doch bald danach – inzwischen war ich jedoch mit einer schlechten Note versehen – tauchte all das Gelernte auf magische Weise wieder in meinem Kopf auf.«

Ich hatte den Eindruck, dass mir Pia einen mitfühlenden Blick zuwarf. »Selbst heute noch bewegt sich mein Schalter nach unten, wenn ich an diesen Schülerschreck denke. Glücklicherweise befand er sich kurz vor dem Ruhestand, sodass bald ein anderer Lehrer die Klasse übernahm. Und siehe da. Plötzlich war ich auch in diesem Gegenstand der gute Schüler, der ich sein konnte.« Gerhard: »Weil jetzt dein Denken nicht mehr von Stresshormonen blockiert war.« Mit einem Klick fügte er nun den Umrissen des Körpers die angesprochenen Punkte hinzu:

---

9 Je weiter nach unten sich der Schalter bewegt, umso schwerer fällt es, logisch zu denken, bis hin zur totalen Denkblockade (»Blackout«).

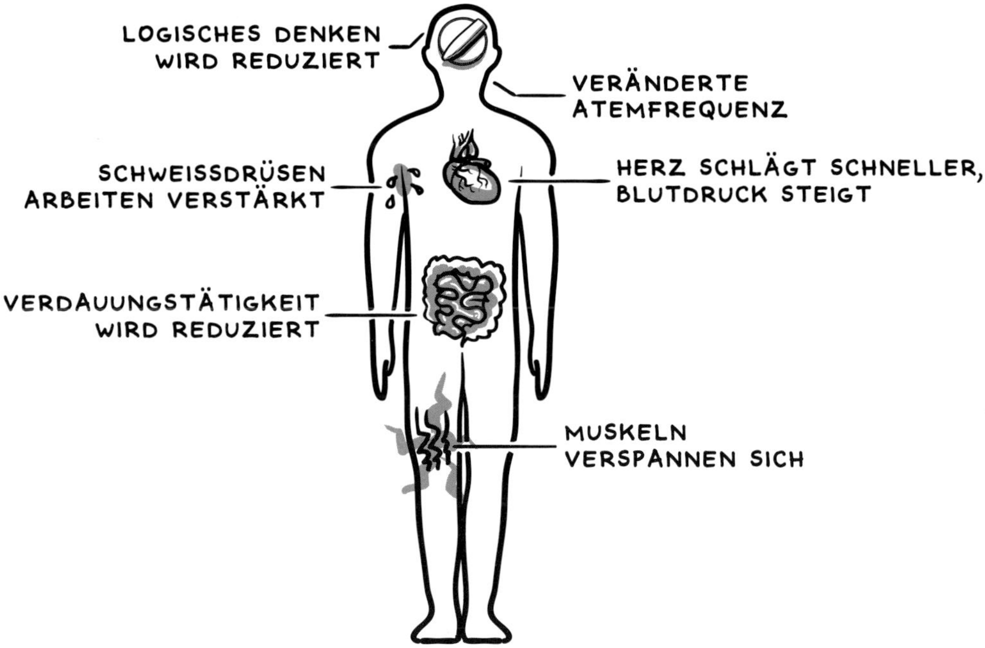

»Stresshormone fühlen sich somit nicht nur unangenehm an. Auch unser Körper leidet. Dauert dieses Leiden zu lange an, werden körperliche Symptome signalisieren, dass es dem Körper zu viel wird.« Pablo mutmaßte: »Das war dann wohl auch der Grund, warum meine Achterbahngefährtin am Ende der Fahrt zusammengebrochen ist.« »Ja, Pablo. Ihr Körper hat den Belastungen nicht mehr standgehalten. Er hat ihr Denken nicht länger ertragen können und sich deshalb in die Ohnmacht geflüchtet. Ihre Sichtweise hat Stresshormone erzeugt und die damit verbundenen Körperreaktionen haben ihren Körper überlastet. Doch das ist nicht nur beim Achterbahnfahren so. Es wird geschätzt, dass ein großer Teil aller Fehlzeiten am Arbeitsplatz eine direkte Folge von Stress ist.«

Pablo, der Unternehmer, wurde hellhörig. »Das heißt, jeder Unternehmer würde gut daran tun, auf die Stimmungslage seiner Mitarbeiter zu achten und im rechten Moment gegenzulenken?« »Ja, Pablo. Das wäre wünschenswert. Doch leider ist es nicht immer einfach, früh genug zu erkennen, ob ein Mensch überlastet ist.« An der Wand erschienen vier neue Worte:

Gelassenheit ist nicht Selbstbeherrschung!

»Sehr oft vermitteln uns andere Menschen den Eindruck, dass sie gelassen durchs Leben gehen. Doch oft genug ist das, was uns da als Gelassenheit entgegentritt, nichts anderes als Selbstbeherrschung. So kann es durchaus sein, dass die scheinbar ruhige Verkäuferin, die einen nervenden Kunden bedient, innerlich vor Wut kocht. Doch sie zeigt es nicht. So kann es sein, dass der scheinbar ruhige Angestellte gerade dabei ist, im Geiste neue Foltermethoden zu erfinden, weil er mit der Entscheidung seines Vorgesetzten so gar nicht einverstanden ist. Doch er zeigt es nicht. So kann es sein, dass wir einen Nachbarn freundlich grüßen, obwohl beim Anblick dieses Wichtigtuers sich unser Schalter in Windeseile nach unten bewegt und wir uns ausmalen, was wir ihm doch alles sagen könnten. Doch wir tun es nicht. Denn wir alle haben gelernt, uns zu beherrschen, äußerlich ruhig zu bleiben, auch wenn es in unserem Inneren ganz anders aussieht.

Vielleicht bemerkt der geschulte Beobachter die veränderte Atmung der Verkäuferin. Vielleicht auch den angespannten Oberkörper des Angestellten. Doch für den Ungeschulten ist diese erzwungene Selbstbeherrschung von der inneren Ruhe, die wir Gelassenheit nennen, kaum zu unterscheiden.«

»Ja wäre es denn besser, wenn die Verkäuferin den Kunden anschreien würde?« »Natürlich nicht, Pablo, es sei denn, dir ist der Ruf deines Unternehmens nicht wichtig. Es ist in einer zivilisierten Welt natürlich sinnvoll, sich zurückzuhalten und nicht jeder Aggression freien Lauf zu lassen. Nur: Es ist nicht gesund. Selbstbeherrschung ist nie gesund. Denn der Selbstbeherrschte ist, auch wenn er es zu verbergen versucht, mit all den negativen Körperreaktionen konfrontiert, die eine destruktive Sichtweise nach sich zieht.«

»Aber was ist die Lösung?« »Ganz einfach, Pablo. Gelassenheit! Denn dann bin ich nicht nur äußerlich, sondern auch innerlich ruhig. Ich muss kein unangenehmes Gefühl unterdrücken – weil keines da ist! Atmung, Blutdruck und Herzschlag bleiben normal. Kein Muskel ist verspannt. Auch bin ich in der Lage, in Belastungssituationen klar zu denken.«

Mit einem Klick wurde die Wand von zwei simplen Rechnungen ausgefüllt:

Innerer Stress + äußerliche Ruhe = SELBSTBEHERRSCHUNG
Innere Ruhe + äußere Ruhe = GELASSENHEIT

»Nehmen wir an, du führst ein wichtiges Gespräch. Weil du vielleicht eine neue Stelle antreten willst. In einem Unternehmen, in dem du schon immer arbeiten wolltest. Du fieberst dem Termin entgegen. Hoffst das Beste. Endlich sitzt du dem Personalchef gegenüber. Du wirkst äußerlich völlig ruhig. Doch dein Herz schlägt dir bis zum Hals. Du bist verspannt. Dein Atem rast. Dein Gegenüber will sich ein Bild von dir machen. So stellt er Frage um Frage und du antwortest. Aber nicht so, wie du es dir ausgemalt hast. Keiner der genialen Sätze, die du vorbereitet hast, will dir einfallen. Auch dieses komische Gefühl im Magen lenkt dich ab. Du schwitzt. Beim Verabschieden ist dein Händedruck feucht und viel zu stark, deine Chancen jedoch viel zu schwach, den heiß begehrten Job zu bekommen. Wie wäre das Gespräch wohl verlaufen, wenn Gelassenheit dein Helfer gewesen wäre?«

Niemand im Halbkreis fühlte sich aufgefordert zu antworten. Lag es doch zu sehr auf der Hand, dass solch ein Gespräch mit Gelassenheit anders verlaufen würde.

»Kopflos, hektische Atmung, schweißnasser Körper, Herzrasen, Anspannung. All das hat einen Sinn. Nicht beim Vorstellungsgespräch. Nicht bei der Prüfung. Auch nicht beim Geschäftstermin oder im Büro. Aber dann, wenn es erforderlich ist, unseren wohlgeformten, gehätschelten, gepflegten und trainierten Luxuskörper so schnell wie möglich in Sicherheit zu bringen.« Während Gerhard diese Worte sprach, erschien das Bild einer sonnendurchfluteten Küstenlandschaft an der Wand.

»Stell dir vor: endlich Urlaub. Du gehst spazieren. In dem wunderschönen Dorf im Süden. Enge Gassen. Gehsteige gibt es nicht. Ein winziges Restaurant. Die Spezialitäten des Landes verwöhnen deinen Gaumen. Völlegefühl. Der Hosenbund spannt. Gedankenverloren schlenderst du die Häuserzeile entlang. Genießt die Sonne, die sanfte Brise. Der Duft von Lavendel mischt sich mit dem salzigen Geruch des Meeres. Alles ist ruhig. Du bist froh, hier zu sein. Deine Gedanken wandern. Du genießt. Freust dich schon darauf … – wie elektrisiert springst du zur Seite. Der überlaute Dreiton einer Hupe sucht erbarmungslos seinen Weg in dein Gehirn. In Sekundenbruchteilen spannen sich deine Muskeln. Dein Herz rast. Keine Zeit nachzudenken. Reflexartig springst du zur Seite. Der Wagen fährt schnell an dir vorbei. Ein braungebrannter Beifahrer grinst dir aus dem offenen Fenster entgegen. Deine Stresshormone haben dir womöglich Schlimmes erspart. Das ist das alte Überlebensprogramm in uns, das bereits unseren Ahnen gute Dienste geleistet hat.«

Ein Klick und ein muskulöser Mann mit gegerbter Haut verdrängte die Küstenlandschaft von der Wand. Das Haar lang. Der Körperbau grob und kräftig. Ganz in Fell gekleidet. An den Füßen Beinlinge aus Häuten, nur von Lederbändern gehalten. Das Gesicht von einem wirren Bart großteils verdeckt. Der Speer in seiner Hand ließ erahnen, dass er sich seiner Haut zu wehren wusste.

»Das ist Mabu. Wir schreiben das Jahr 38.609 vor Christus. Es ist Freitag. 14.00 Uhr. Im Nirgendwo. Zur selben Uhrzeit, nur Jahrtausende später, wird hier ein Bürogebäude stehen und Menschen werden sich aufs Wochenende freuen. Doch davon ahnt Mabu nicht das Geringste. Er macht sich keine Gedanken über die Zukunft. Für ihn zählt das Jetzt. Er will überleben. Seine Strategie ist einfach.«

Ein weiterer Klick und Gerhard ließ in einer Gedankenblase Mabus einfaches Überlebensrezept erscheinen.

»Mabu ist alleine. Seine Hand umspannt den rohen Holzstab des Speers. Ein tödliches Werkzeug mit geschärfter, aus Stein gefertigter Spitze. Seine Muskeln sind gespannt. Sein Herz schlägt schneller als normal. Er hält den Atem an, um besser hören zu können. Sein Körper ist bereit. Alles in ihm ist auf Kampf oder Flucht vorbereitet. Ein Knacksen im Geäst hat ihn gewarnt. Er weiß, dass dieses Geräusch sein Ende bedeuten könnte. Reflexartig hat sich sein Schalter nach unten bewegt und seine Stresshormone aktiviert. Wenn es eine Säbelzahnkatze ist, hat sie ihn vielleicht noch nicht bemerkt. Oder das grimmige Raubtier spielt ein tödliches Spiel mit ihm. Will ihn in einen Hinterhalt locken, um dann mit den tödlichen Zähnen sein junges Leben auszulöschen. Doch Mabu verspürt keine Lust, zur Beute zu werden. So ist er ständig auf der Hut. Hinter jedem Baum, hinter jedem Busch, hinter jeder Erhebung könnte der Tod lauern. Er beobachtet ständig, was um ihn herum geschieht. Immer auf der Suche nach Gefahr. Er weiß: Je früher er den Feind entdeckt, umso größer sind die Chancen, auch diesen Tag zu überleben. Noch immer steht er mit angehaltenem Atem da. Nichts Verdächtiges ist zu hören. In geduckter Haltung bewegt er sich vorwärts. Bereit, den Speer sofort loszujagen. Er atmet flach. Kein unnötiges Geräusch soll das Raubtier auf ihn aufmerksam machen. Schritt für Schritt tastet er sich vor. Da! Ein Rascheln hinter ihm. Blitzschnell wirbelt er herum – und kann gerade noch sehen, wie ein Hirsch das Weite sucht.

Heute hat er Glück gehabt. Doch schon beim nächsten Mal könnte er dem Tod ins Auge blicken. Diesmal ist seine Vorsicht überflüssig gewesen. Doch schon oft genug hat sie ihm das Leben gerettet.

Mabu läuft los. Er muss zu den anderen. Da ist es sicherer. Während er durch die urzeitliche Landschaft läuft, baut er mit jedem Schritt die noch immer in seinem Blutkreislauf zirkulierenden Stresshormone ab. Achtlos bewegt sich Mabu an den schönen Blumen, den üppigen Büschen und Sträuchern vorbei. Er hat keinen Blick übrig für die Schönheiten der Natur. Zu sehr ist er damit beschäftigt, die Gefahr im Auge zu behalten.«

Ein Klick und gleichzeitig sprach Gerhard die Worte aus, die nun an der Wand erschienen:

In der Steinzeit waren Pessimisten die Erfolgreicheren!

Elena versuchte, Gerhards Worte zu begreifen: »Weil der, der damals immer nach dem Negativen Ausschau hielt, eher überlebte?«
»Ja, Elena. Nur wenn Mabu die Gefahr früh genug bemerkte, konnte er in seiner gefährlichen Welt überleben – sich ruhig verhalten, um nicht bemerkt zu werden. Oder weglaufen und sich in Sicherheit bringen. Oder auch angreifen und den Feind überrumpeln. Nur so hatte er eine Chance, zu überleben. Mabu war ständig auf der Hut. Ständig auf der Suche nach dem Negativen – und diese Strategie war sehr erfolgreich. Damals. Doch ist sie es auch heute noch?« Der nächste Klick.

»Das ist Manfred, ein braver Verwaltungsangestellter. Sein Arbeitsplatz befindet sich in einem mehrstöckigen Bürogebäude. Es steht genau an jener Stelle, wo Mabu vor Jahrtausenden im Wald um sein Überleben bangte. Es ist Freitag, 14.00 Uhr. Manfred freut sich aufs Wochenende. Er hat es auch bitter nötig. Die Woche war für ihn genauso anstrengend wie all die Wochen zuvor. Er fühlt sich ausgelaugt. Die Arbeit wird immer mehr. Und erst Robert, dieser unverschämte Kerl. Gestern hat er wieder einmal gebeten, ihn zu vertreten. Weil er zum Arzt gehen müsse. Hätte er nicht die anderen fragen können? Als ob er selbst nicht genug zu tun hätte. Wen wundert's, dass er sich immer wieder in seine Computerspiele flüchtet, um wenigstens ein bisschen Entspannung zu haben. Doch er muss dabei vorsichtig sein. Jeden Moment könnte sein Chef auftauchen. Deshalb behält er auch ständig die Tür im Auge. Doch bis jetzt hat er immer Glück gehabt. Wenn dann der Chef mal wirklich sein Büro betritt, dann hat das meist nichts Gutes zu bedeuten. Vor zwei Wochen hat der Chef ihm diese neue Kollegin vor die Nase gesetzt. Er solle sie einschulen – und das bei all der Arbeit. Außerdem macht ihm sein Magengeschwür[10] zu schaffen. Auch sein Blutdruck ist zu hoch. Sein Arzt versucht nun schon seit geraumer Zeit, diesen in den Griff zu bekommen. Doch so richtig will ihm das nicht gelingen. Gut, dass es schon Freitag ist. Doch er wird auch das Wochenende nicht wirklich genießen können. Er weiß nur zu gut, dass der Gedanke an die viele Arbeit auch da sein Begleiter sein wird. Und vor jedem Sonntagabend, da graut ihm erst recht. Je später der Abend wird, umso schlechter fühlt er sich. Trennt ihn dann doch nur mehr eine Nacht von der ungeliebten Arbeit. Am Montag findet er sich in der alten Situation wieder. In dem Bürogebäude an der Stelle, wo Mabu vor Jahrtausenden um sein Leben fürchtete.«

Nach einer kurzen Pause fuhr Gerhard fort. »Was unterscheidet Manfred von Mabu? Sind sie, auch wenn sie Jahrtausende trennen, wirklich so verschieden?« Ich hatte den Eindruck, dass Elena etwas sagen wollte. Doch Gerhard schien auf seine Fragen keine Antwort zu erwarten. »Ja! Sie unterscheiden sich!« Gerhard hatte die Worte so laut gesprochen, dass ich ein wenig zusammenzuckte. In der gleichen Lautstärke setzte er fort. »Sie unterscheiden sich, äußerlich betrachtet:

- Manfred kann unbewaffnet sein Haus verlassen und wird trotzdem überleben.
- Manfred wird auch nicht von wilden Tieren gefressen werden, da die Anzahl der Säbelzahntiger in den letzten Jahrtausenden stark zurückgegangen ist.
- Manfred muss nicht ständig auf der Hut sein, um den Tag zu überstehen.

Denn …« Ein Klick und Gerhard beförderte neue Worte an die Wand.

Die Steinzeit ist vorbei!

---

10 Beispiele von Leiden, die durch lang anhaltenden Stress (= ein ungezügeltes Steinzeitprogramm) entstehen können: Magengeschwüre, Bluthochdruck, Herzkrankheiten, Migräne, Arthritis und andere Entzündungskrankheiten, Schlaflosigkeit, Essstörungen, Schwächung des Immunsystems, Burnout u. v. m.

»Trotzdem verhält sich Manfred kaum anders als Mabu. Innerlich! Elena, ich habe wohl bemerkt, dass du vorhin etwas sagen wolltest. Entschuldige, dass ich dich nicht gleich zu Wort kommen ließ. Magst du vielleicht jetzt sprechen?« »Ja. Doch du hast bereits gesagt, was ich anmerken wollte. Ich denke, wir unterscheiden uns in unseren inneren Reaktionen gar nicht so sehr von unseren Ahnen.« »Es hat den Anschein, Elena. Wir finden, auch wenn es heute kaum mehr Gefahren für Leib und Leben gibt, noch immer genügend Gründe, unseren Schalter nach unten zu bewegen und so die alte Steinzeitreaktion zum Leben zu erwecken. Natürlich ist es auch heute noch gut, wenn wir in der Lage sind, in Sekundenbruchteilen reflexartig zur Seite zu springen, bevor uns ein Auto überrollt. Doch was ist mit all den Situationen, in denen dich völlig sinnlos deine unangenehmen Gefühle quälen?

- Der andere tut nicht das, was du willst. Dein Schalter bewegt sich nach unten, obwohl es nicht ums Überleben geht. Das Steinzeitprogramm dominiert dein Leben!
- Die Schlange vor der Supermarktkasse ist zu lang. Schalter nach unten. Das Steinzeitprogramm dominiert dein Leben!
- Du bist mit den Weisungen deines Chefs nicht einverstanden. Schalter nach unten. Das Steinzeitprogramm dominiert schon wieder dein Leben!

1-2-3, ein unangenehmes Gefühl ist frei!« Das Wort »unangenehmes« wurde von Gerhard dabei besonders betont.

»Wir leben zwar im dritten Jahrtausend. Doch noch immer benutzen wir im Übermaß die Software der Steinzeit. Ganz so, als ob die Evolution, die Entwicklung des Menschen, eine unendlich lange Pause eingelegt hätte. Es liegt an dir, den nächsten Schritt zu tun und endlich im dritten Jahrtausend anzukommen. Was du dazu beitragen kannst, das werden wir uns nächste Woche ansehen. Bis dahin tut bitte Folgendes:

Achtet die nächsten drei Tage, also von Donnerstag bis Samstag, verstärkt auf alle schwarzen Autos, die ihr auf der Straße entdecken könnt, wenn ihr zu Fuß unterwegs seid. Beim nächsten Mal unterhalten wir uns darüber. Bis dahin wünsche ich euch eine tolle Zeit.«

7. sichtWEISE

Donnerstag. Habe mich über die Wurstverkäuferin im Supermarkt geärgert. Alles ging so schnell. Bin trotzdem zuversichtlich, im Laufe der Zeit meinen Schalter in den Griff zu bekommen – der gestrige Abend wirkt noch immer nach. Mir ist noch nie aufgefallen, wie viele schwarze Autos es gibt.

Freitag. Ich freue mich auf das Wochenende. Für morgen habe ich mir freigenommen. Möchte mehr Zeit mit meinem Sohn verbringen. Ich fühle mich ein wenig wohler als sonst. Trotzdem trüben immer wieder Gedanken an vergangene Tage meine Stimmung. Auch heute: Schwarze Autos, wohin ich auch schaue.

Samstag. Es war schon ziemlich lange her, dass sich mein Schalter so weit oben befand. Der Grund war Pia. Ganz zufällig war sie plötzlich da – und ich genoss es:

Die immer stärker werdende Frühlingssonne lockte immer mehr Menschen aus ihren Häusern. Schon lange hatte ich meinem Sohn versprochen, mit ihm zum nahegelegenen See zu fahren. Dieser liegt ein wenig außerhalb der Stadt. Hier wird kein lautes Vergnügen geboten. Ein kleines Restaurant, das direkt am Ufer liegt und hungrige Mäuler anzieht. Ein wunderbarer Blick auf den See, der sich, von Bäumen umrahmt, zaghaft nach einer lang gezogenen Biegung dem Blick des Betrachters entzieht. Ein schmaler, viel benutzter Pfad, der alle einlädt, tief ins Grün des Waldes einzutauchen. Dann die Ruderboote, die wie riesige Insekten in Rot, Grün und Blau die glatte Wasserfläche brechen.

Manuel fütterte gerade eine aufgeregt schnatternde Entenschar mit alten Brotkrumen. Da stand sie plötzlich vor mir. Pia. Einen Jungen in Manuels Alter neben sich. Ein breites Lächeln auf den Lippen. »Hallo, Kilian. Schön dich hier zu treffen.« Die Kinder tollten herum. Es war schön, Manuel wieder einmal so fröhlich zu sehen. Mit zwei Ruderbooten stachen wir in See. Ich genoss die Zeit mit Pia, die ich so zufällig geschenkt bekommen hatte. Auch heute: schwarze Autos, mehr denn je.

Sonntagmorgen. Das gute Gefühl von gestern hielt noch an. Während Manuel in einem seiner Bücher blätterte, vertiefte ich mich in die Sonntagszeitung.

Streit um Parkplatz!

München. – Beim Streit um einen Parkplatz verpasste ein Universitätsprofessor seinem Kontrahenten eine derart heftige Ohrfeige, dass dieser mit dem Kopf gegen sein Auto prallte und dabei eine Platzwunde erlitt.

Autsch. Das musste wehgetan haben. Ich hatte den Eindruck, dass mein Schalter beim Lesen dieser Nachricht einen leichten Ruck nach unten machte. Gleichzeitig erinnerte ich mich an Mabu, den Jäger. Wie präsent die Steinzeit doch noch immer war. Und hier. Ein Akademiker! Der hätte es doch besser wissen müssen. Obwohl. Auch ich hatte schon Situationen erlebt, wo ich innerlich raste, nur weil ein anderer mir »meinen« Parkplatz stahl – ganz so, als ob ein wildes Tier nach meinem Leben trachten würde. Ich schnitt den Zeitungsartikel aus. Gerhard würde sich über dieses Beispiel sicher freuen. Ach ja: Obwohl ich das Beobachten der schwarzen Autos inzwischen eingestellt hatte, stachen sie mir auch heute noch ins Auge.

Montag. Keine besonderen Vorfälle. Jedoch noch immer alles voller schwarzer Autos.

Dienstag. Schwarze Autos verfolgen mich.

Mittwoch. »Stell dir vor, du betrittst ein Lokal. Die meisten Sitzplätze sind frei. Welchen wirst du bevorzugen? Einen in der Mitte des Raumes? Oder doch eher einen am Rand?«

Pia auf Gerhards Frage: »Ich würde mich nur dann in die Mitte setzen, wenn keine anderen Plätze frei wären.« Oh schön. Pia und ich, wir hatten etwas gemeinsam. Auch ich mochte es lieber an der Seite. Doch das war offenbar nichts Besonderes. Auch Jakob, Elena und Pablo hätten den Rand bevorzugt.

»Weil«, so Gerhard, »die Steinzeit noch immer in uns ist. Wilde Tiere. Böse Feinde. Man kann ja nie wissen. Besser kein gutes Ziel bieten und am Rand sitzen. Der alte Überlebenstrieb, der wohlmeinende Helfer aus der Steinzeit, will dich in Sicherheit wissen. Auch der Professor aus Kilians Zeitungsartikel war von der Steinzeit getrieben.«

Gerhard war über den mitgebrachten Artikel sichtlich erfreut. »Der Verstand dieses armen Mannes war sicherlich gut trainiert. Sonst hätte er wohl kaum seine Professur aufrechterhalten können. Doch hat ihm sein geschulter Verstand nicht wirklich genutzt. Sein eigenes Denken hat es erfolgreich verhindert. ‚*Was bildet sich der Nichtsnutz ein. So eine Frechheit. Ich habe den Parkplatz zuerst gesehen. Der gehört mir!*' Und 1-2-3, zu viele Stresshormone wurden frei. Der Verstand war somit blockiert und logisches Denken unmöglich. Für Mabu aus der Steinzeit ein Vorteil. Wurde so doch keine wertvolle Zeit mit Nachdenken vergeudet. Kämpfen oder flüchten? Nur das war zu entscheiden. Schnell und instinktiv. Doch Mabus Vorteil ist heute unseres Professors Nachteil. ‚*Das zahlt sich nicht aus! Riskiere kein Gerichtsverfahren! Es gibt noch andere Parkplätze!*', hätte der vorausschauende Verstand ihm wahrscheinlich geraten. Doch er, bereits in der Steinzeit angekommen, war für seinen Verstand nicht mehr zu erreichen. ‚*Die Beute dem anderen überlassen? Niemals! Zu sehr wäre das Überleben gefährdet! Jag sie ihm ab. Mit allen zur Verfügung stehenden Mitteln.‹* Die Steinzeit hatte gesprochen.

Doch heute, einige Tage später, tut ihm sicherlich alles furchtbar leid. Aber er konnte nicht anders. Zu sehr war sein Fokus auf den Feind gerichtet – und immer das, worauf wir uns konzentrieren, wirkt verstärkt auf uns. Ein Beispiel dafür habt auch ihr letzte Woche erlebt. Wie ist es euch bei der Beobachtung der schwarzen Autos ergangen?«

Pablo: »Die Welt ist voll davon. Wohin auch immer mich meine Füße gelenkt haben, ich wurde von schwarzen Autos begleitet.« Jakob: »Ja genau. Das ist mir zuvor noch nie so aufgefallen.« Pia: »Schwarze Autos sind eindeutig in der Überzahl.« Elena: »Schwarz, schwarz, schwarz. Ich sah nur mehr schwarz.« Wir alle waren uns einig. Schwarz musste die aktuelle Modefarbe sein.

»Ihr habt letzte Woche Mabus Welt erlebt. Eine sehr einseitige Welt. So, wie sich Mabu verstärkt auf die Gefahr in seiner Welt konzentrierte, habt ihr euch auf das Schwarz der Autos konzentriert. Und so habt ihr erlebt, wie diese Farbe eure Welt zu beherrschen begann,[11] obwohl nicht mehr schwarze Autos da waren als zuvor. Trotzdem wurde eure Welt immer schwärzer, immer dunkler.«

Gerhard machte eine kurze Pause, um dann ein wenig lauter fortzusetzen: »Die Welt wird dunkler! Das ist es, was passiert, wenn sich Menschen immer wieder ihrem täglichen Pessimistentraining widmen – selbst wenn sich die meisten dessen nicht bewusst sind. Sie tun es. Tagaus, tagein. Meist mehrmals täglich und tragen so ungewollt dazu bei, dass Schwarzmalerei und Pessimismus immer stärker die Führung in ihrem Leben übernehmen. Deshalb empfehle ich euch dringend, darauf zu verzichten! Zu verzichten auf … (Klick)

---

11 Selektive Wahrnehmung: Bestimmte Aspekte der Umwelt werden verstärkt wahrgenommen, andere hingegen ausgeblendet. Beispiel: Sobald wir uns entschieden haben, ein neues Auto zu kaufen, wird uns ab diesem Zeitpunkt dieses Modell auf der Straße verstärkt ins Auge stechen. Ganz so, als ob es plötzlich mehr dieser Fahrzeuge gäbe.

... Zeitunglesen! Fernsehen! Radiohören!« Ich spürte, wie sich alles in mir aufbäumte. Das konnte Gerhard doch nicht ernst meinen. Ich sollte auf das verzichten, was mir in meinen dunkelsten Stunden wenigstens ein wenig Abwechslung bot!? Nein! Das konnte er nicht wirklich ernst meinen! Dieses harmlose Vergnügen sollte mir nicht gegönnt sein!? Doch mein innerer Aufschrei verhallte ungehört, während Gerhard Klick für Klick diverse Schlagzeilen an die Wand beförderte.

Banküberfall in Großstadt legt City lahm
Bei Terroranschlag 15 Menschen getötet
Rabenmutter lässt Baby im Auto erfrieren

»Wie fühlst du dich, wenn du das liest? Wohin bewegt sich dein Schalter?«

»Eindeutig nach unten.« Noch während Pablo sprach, verwandelte Gerhard mit einem Klick Pablos Worte in ein Bild, das sich hurtig neben den Schlagzeilen einfand.

Jakob: »Bereits vor einiger Zeit ist mir aufgefallen, dass ich mich nach dem Konsum von Nachrichten immer schlechter fühlte als zuvor. So habe ich mich entschlossen, ganz darauf zu verzichten.«

Elena: »Aber man muss doch informiert sein.« »Ja genau!«, setzte ich hinzu. »Man kann doch nicht blind durch die Welt laufen und die Augen vor der Realität verschließen.« Wie froh war ich, mit Elena anscheinend eine Verbündete gefunden zu haben.

»Gut. Hier liegen offensichtlich unterschiedliche Meinungen vor. Deshalb lasst uns doch einfach der Reihe nach vorgehen. Sind wir uns zumindest darüber einig, dass solche Schlagzeilen nicht spurlos an uns vorübergehen, weil sie unseren Schalter nach unten bewegen?«, fragte Gerhard.

Ja, dem konnte ich – so wie die anderen auch – durchaus zustimmen. Es ging ja wirklich abscheulich zu in dieser Welt. Da konnte man doch gar nicht anders als den Kopf schütteln und sich schlecht fühlen.

»So wie ich seid auch ihr mit dem täglichen Medienkonsum aufgewachsen. Deshalb ist es für uns alle völlig normal, über die täglichen Vorkommnisse auf unserem Globus informiert zu werden. Diese sind jedoch überwiegend ...?« »Negativ!«, platzte es aus Pablo hervor.

»Ja, weil es eben so auf der Welt zugeht« – das hatte ich jetzt einfach loswerden müssen. »Bist du dir da ganz sicher, Kilian? Bist du dir wirklich sicher, dass es permanent so auf unserer Welt zugeht, wie es von den Medien dargestellt wird?« »Ja natürlich. Ich brauche doch nur die Zeitung aufzuschlagen und bekomme sofort den Beweis dafür geliefert. Auch deine Schlagzeilen hier an der Wand sind doch Beispiele dafür!« So, jetzt hatte ich es ihm aber gegeben. Ha!

»O. k., Kilian. Dann nehmen wir doch zuerst einmal die Mutter, die ihr Baby erfrieren ließ. Tragisch, unverantwortlich und unmenschlich. Doch dieser einen Rabenmutter stehen weltweit Milliarden Mütter gegenüber, die sich tagtäglich fürsorglich um ihre Kinder kümmern. Die aufopfernd darauf achten, dass es ihren Babys gut geht. Doch noch nie waren diese vorbildlichen Mütter den Medien eine Schlagzeile wert. Oder hast du diese Schlagzeile jemals irgendwo entdecken können?« (Klick).

Auch gestern haben Milliarden Mütter für ihre Babys gesorgt!

»Nein!«, musste ich kleinlaut zugeben. »Oder nehmen wir die Terroranschläge. Fehlgeleitete Fanatiker, die mit Gewalt versuchen, ihre Ziele durchzusetzen.[12] Doch im Vergleich zu den Millionen Menschen, die täglich anderen Gutes tun, eine verschwindend kleine Minderheit. Tagtäglich werden Kranke und Gebrechliche aufopfernd von Ärztinnen und Ärzten, Krankenschwestern, Pflegerinnen und Pflegern versorgt und betreut. Tagtäglich setzen Menschen im Einsatz für andere ihr eigenes Leben aufs Spiel: bei Polizei, Feuerwehr, Bergwacht, Rotem Kreuz und vielen anderen Hilfsorganisationen. Mit einer Unzahl hauptberuflicher und freiwilliger Helfer, die sich in den Dienst der guten Sache stellen. Wie sehr sind da die menschenverachtenden Terroristen in der Minderheit. Doch würde folgende Schlagzeile kaum ihren Weg zu uns finden …« (Klick):

Auch gestern haben Millionen Menschen anderen Gutes getan!

»Dasselbe gilt auch für den Banküberfall. Versucht irgendwo auf der Welt ein Mensch seine Geldprobleme auf diese kriminelle Art zu lösen, ist ihm die Schlagzeile sicher. Doch noch nie war es mir möglich, folgende Schlagzeile in den Medien zu entdecken …« (Klick):

Auch gestern haben Milliarden Menschen keine Bank überfallen!

»Aber das ist doch normal! Es ist doch normal, dass Mütter auf ihre Babys achten, dass es Einsatzkräfte gibt, die einschreiten, wenn es nötig ist, und dass man keine Bank überfällt.« Verzweifelt versuchte ich zu retten, was noch zu retten war. Doch so ganz wollte mir das nicht gelingen. »Ja, so ist es, Kilian. Das ist normal. Deshalb ist es für uns auch nicht interessant. Das ist auch der Grund, warum wir darüber nichts zu lesen bekommen. Massenmedien berichten über das Außergewöhnliche, das Nicht-Normale. Denn nur das interessiert die Konsumenten! Das bedeutet letztendlich …« (drei Klicks):

---

12 Gedankenexperiment: Was würde passieren, wenn die geeinte Weltpresse den Terroristen unserer Welt keinen Raum mehr zur Selbstdarstellung geben würde?

Es ist NICHT normal, Rabenmutter zu sein!
Es ist NICHT normal, Terrorist zu sein!
Es ist NICHT normal, Bankräuber zu sein!

»Medien berichten über die Ausnahmen von der Regel.« Einprägsam wiederholte Gerhard: »Medien berichten über die Ausnahmen. Denn das Normale begeistert wenig. Deshalb vermitteln Medien uns auch kein klares Bild von der Welt. Sie zeigen uns nicht, wie die Welt ist. Ganz im Gegenteil! Sie zeigen uns die Ausnahmen – und diese sind oft …« Nun war Pablo wieder am Zug: »Negativ!« »Wenn du jedoch fälschlicherweise davon ausgehst«, Gerhard sah mich nun direkt an, »dass dir die Medien zeigen, wie die Welt tatsächlich ist, dann hast du ein großes Problem!« Ich? Welches Problem? »Du denkst dann, bestätigt vom täglichen Medienkonsum, dass du in einer gefährlichen, grausamen und unmenschlichen Welt lebst, und signalisierst so deinem Gehirn ständig, dass die gefährliche Steinzeit noch immer nicht zu Ende ist. Dass es noch immer genügend gute Gründe gibt, ständig auf der Hut zu sein, jederzeit bereit für Kampf oder Flucht. So wird es für dich aber immer schwieriger, dich gut zu fühlen. Denn …« (wieder ein Klick).

PESSIMISMUS / DESTRUKTIVES DENKEN WIRD FÜR UNS NORMAL!

»… und 1-2-3, ein Gefühl wird frei!« Das leuchtete mir ein. So hatte ich das Ganze noch nie gesehen. »Die Medien zeigen uns ein Bild von der Welt, das einseitig verzerrt ist. Katastrophen sind nicht normal und deshalb gut für die Quote. So wird die Kamera stets dorthin gehalten, wo Blut fließt, wo es laut ist, wo die Ausnahmen am stärksten zutage treten. Die schlechtesten Nachrichten bekommen die größten Schlagzeilen. Deshalb schaut die Welt der Medien auch meist sehr triste aus.« (Klick).

»Würden all die guten Ansätze, würden Hilfsbereitschaft und Herzenswärme so viel Raum in den Medien einnehmen wie Verbrechen, Tod, Gewalt und Unglück, wäre unser Bild von der Welt wahrscheinlich ein anderes. Dann wäre die Steinzeit aus unserem Kopf vielleicht schon längst verschwunden und die Welt eine friedlichere. Je mehr jedoch der einseitig trainierte Blick auf das Negative gerichtet ist, umso stärker versieht die Steinzeitchemie ihren Dienst und verdrängt so beim Lösen von Problemen, Konflikten und Auseinandersetzungen unseren leistungsfähigen Verstand – der Professor am Parkplatz lässt grüßen!« Und ich dachte wieder *»Autsch!«*.

»Kilian, du meintest vorhin, dass man nicht die Augen vor der Realität verschließen sollte. Dieser Meinung bin ich auch. Doch genau das tun wir, wenn wir die Welt der Massenmedien als Abbild der Realität verstehen. Wir verschließen die Augen vor der Wahrheit – wir sehen nicht all das Gute, weil unser Blick zu sehr auf die Ausnahmen gerichtet ist. Das Schlechte ist oft sehr laut und macht so eindringlich auf sich aufmerksam. Das Gute jedoch ist meist ganz leise ...« (Klick).

Graz/Österreich – Herrengasse – 30. Juni 2006

»Es geschah im Zentrum von Graz. Brütende Hitze. Touristen. Straßenbahnen, die mit schrillem Klingeln immer wieder auf sich aufmerksam machten. Einheimische, die hektisch ihren Weg durch die Menge suchten – und ich mittendrin. Ich saß in einem der malerischen Gastgärten, die die breiten Gehsteige der Herrengasse säumten. Die Straße mündet direkt in den Hauptplatz der Stadt, deren wunderbare Altbauten zum einzigartigen UNESCO-Weltkulturerbe zählen. Geschäftiges Treiben. Alles pulsierte. Vor den Geschäften versuchte ausgestellte Ware ins Innere der vielen Einkaufstempel zu locken. Unzählige Kleiderständer, Wühlkisten und fahrbare Regale versperrten den Weg, machten jeden Schritt zum Spießrutenlauf. Inmitten all dieser Hektik wurde ich Zeuge einer wunderbaren Szene.[13] Zwischen den vielen geschäftigen Menschen eine gut gekleidete, ältere Dame. Das Gesicht starr nach vor gerichtet. Dunkle Brille. Gelbe Armbinde mit drei schwarzen Punkten. Weißer, langer Stock. Sie hatte Mühe, voranzukommen. Immer wieder versperrten ihr Kleiderständer und Co den Weg. Nur mühsam kam sie voran. Plötzlich stand eine junge Frau, kaum älter als zwanzig, an ihrer Seite. Ich konnte gerade noch hören, wie sie die Dame fragte: *‚Wohin wollen Sie?‘ ‚Zum Hauptplatz‘* war die Antwort. Die junge Frau: *‚Haken Sie sich doch einfach bei mir unter. Ich habe denselben Weg.‘* Beide verschwanden, Arm in Arm, aus meinem Blickfeld – und ich saß da, überwältigt von so viel Menschenliebe, und genoss meinen weit nach oben gerichteten Schalter. Doch wird dieses Ereignis je seinen Weg in die Medien finden? Wohl kaum. Viel zu unbedeutend, viel zu leise und doch so gut.«

Das war eine schöne Geschichte. Ich begann darüber nachzudenken – auch ich erlebte tagtäglich das Gute. Meine Eltern, die sich rührend um Manuel kümmerten, wenn ich in der Arbeit war. Nette Menschen, denen ich an jeder Ecke begegnen konnte. Da ein freundliches Lächeln. Dort ein nettes Wort. Die alte, tierliebende Frau, die ich regelmäßig im nahen Park beim Füttern der Vögel beobachten konnte. Meine Kollegin Klara, die ihren gelähmten Mann …

»Elena, du bist der Meinung, dass man doch informiert sein muss.« »Ja. Man sollte doch Bescheid wissen«, bekräftigte sie nochmals ihre Meinung. »Warum, Elena? Wofür benötigst du all diese Informationen? Wofür musst du wissen, dass eine Rabenmutter ihr Kind sterben ließ? Wofür musst du wissen, dass eine Bank irgendwo auf der Welt überfallen wurde? Wofür musst du wissen, dass all die schlimmen Dinge auf der Welt passiert sind? Wozu?« »Um mitreden zu können?« »Ja, Elena. Wenn du all das weißt, kannst du tatsächlich mitreden, kannst mit anderen gemeinsam darüber wehklagen, wie schlimm es auf der Welt zugeht, und dich dabei mit ihnen gemein-

13 Ein reales Erlebnis: Österreich 2006.

sam schlecht fühlen. Elena, ich glaube dir, dass du das Gefühl hast, informiert sein zu müssen. Doch wieso? Warum glaubst du, über all das Schlechte auf der Welt Bescheid wissen zu müssen?« Elena schien nachzudenken. Doch offenbar fiel ihr keine passende Antwort ein. »Lass mich dir ein wenig helfen, Elena. Morgen-, Abend- und Spätnachrichten. Nachrichten zu jeder halben und vollen Stunde. Infos aus nah und fern. Zeitung, Radio und Fernsehen. All das begleitet uns seit Kindertagen. So ist es für uns völlig normal, über die täglichen Geschehnisse auf unserer Erde informiert zu sein – und was normal ist, wird nicht hinterfragt. Es gehört zu unserem Alltag, zu unserem Leben. Punkt, aus!

Doch wenn du dich einmal fragst, welche dieser Informationen du tatsächlich benötigst, dann wirst du schnell erkennen, dass das meiste für dein Leben nicht nur unwichtig ist, sondern auch eine Belastung darstellt. Kilian. Letzten Sonntag. Der Parkplatzstreit. Wie hast du dich beim Lesen gefühlt?« Ich erinnerte mich, wie ich am Küchentisch gesessen war, über die Zeitung gebeugt, in das Geschehen vertieft und wie mein Schalter spontan einen Ruck nach unten machte. Autsch. »Nicht wirklich gut«, musste ich zugeben. »War diese Information für dich wichtig?« »Nein, eigentlich nicht.« »Aber sie war interessant?« Ich nickte. »Und sie hat dir ein schlechtes Gefühl beschert?« Wieder nickte ich. »Kilian, warum bist du hier?« »Weil ich meine unangenehmen Gefühle in den Griff bekommen möchte.« »Hilft dir das Lesen solcher Nachrichten dabei?« »Ich denke nicht. Aber heißt das, dass ich mein Zeitungsabo kündigen und Fernsehapparat und Radio entsorgen soll?« »Nein, Kilian. Das heißt es nicht.«

Gerhard wandte sich nun an meinen alten Jugendfreund: »Jakob, du hast erwähnt, dass du dich entschlossen hast, auf Nachrichten ganz zu verzichten.« »Ja, weil es mir damit besser geht.« »Das ist eine Möglichkeit«, stimmte Gerhard zu. »Doch es ist nicht nötig, die Massenmedien gänzlich aus eurem Leben zu verbannen. Bieten sie ja auch sinnvolle Informationen, Hilfreiches und ab und an auch entspannende, humorvolle Zerstreuung.« In mir jubelte es. Ich durfte also mein geliebtes Zeitungsabo, den Fernseher und auch das Radio behalten. Ich war mit Gerhard wieder versöhnt.

»Was ich euch empfehle, ist, Massenmedien nicht wahllos zu konsumieren, gezielt zu selektieren und bewusst zu wählen – um zu vermeiden, dass die Steinzeitchemie euch immer wieder, völlig sinnlos, die Stimmung verdirbt.« (Klick).

Katrina, August 2005

»Ich kann mich noch gut daran erinnern, wie damals der Wirbelsturm Katrina weite Teile der USA verwüstete. In immer kürzer werdenden Abständen wurden wir über den aktuellen Sturmverlauf auf dem Laufenden gehalten. Eine durchaus wichtige Information. Für alle, die betroffen sind. Doch du, tausende Kilometer weit davon entfernt, wirst kaum Bedarf an diesem Wissen haben. Und doch wird es dich nicht kaltlassen, wenn du das Leid der Betroffenen registrierst. Dein Schalter wird sich ein wenig nach unten bewegen, deine Stimmung sich verschlechtern. Die Steinzeitchemie wird ihre Arbeit verrichten, deinen Herzschlag leicht erhöhen, deine Muskeln ein wenig verspannen, vielleicht auch deine Konzentrationsfähigkeit unauffällig beeinflussen und noch vieles mehr. Völlig sinnlos. Völlig unnötig. Denn niemandem ist geholfen, wenn du dich – tausende Kilometer vom Ort des Geschehens entfernt – schlecht fühlst.

Ob nun eine Information für dich tatsächlich wichtig ist, wird vor allem von deinem Beruf abhängig sein.[14] Arbeitest du in einem Reisebüro, wirst du selbstverständlich wissen müssen, wenn Terroranschläge oder Naturkatastrophen tausende Kilometer entfernt die Welt erschüttern. Denn deine Reisempfehlungen werden davon beeinflusst werden. Bist du jedoch, so wie Kilian, in einem Elektrofachmarkt beschäftigt, wirst du diese Informationen kaum benötigen.«

»Sicher nicht«, stimmte ich zu. »Die Sensationspresse wird uns auch in Zukunft unaufhörlich mit Schreckensmeldungen versorgen. Doch bevor du diese konsumierst, frage dich …« (Klick):

---

14 Tipp für alle, die auf »News« aus beruflichen Gründen nicht verzichten können: Es wird empfohlen, Zeitung und Internet den Vorzug gegenüber TV und Radio zu geben. Denn hier besteht größere Wahlfreiheit. Wird erkannt, dass eine Information weder nötig noch dienlich ist, kann diese einfach übersprungen bzw. überblättert werden.

Muss ich diese Information wirklich haben?

»Denn wenn du sie konsumierst, wird sie dich beeinflussen. Nur du entscheidest. Entscheidest darüber, ob du dieses tägliche Pessimistentraining in vollem Umfang fortsetzen willst, um so die Steinzeit in deinem Kopf weiter aufrechtzuerhalten. Oder ob deine persönliche Evolution den nächsten Schritt gehen kann. Es ist deine Wahl!« Wieder ein Klick und sechzehn Kreise erschienen an der Wand.

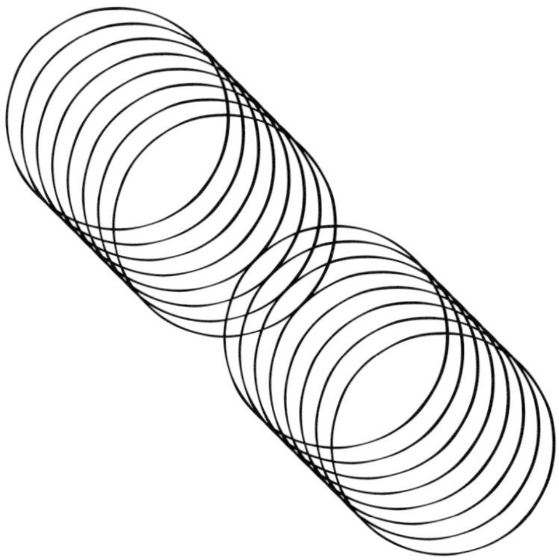

»Was kannst du hier sehen?« Ich sah viele Kreise. Moment mal. Ich konnte auch zwei Röhren sehen. »Ich sehe zwei Röhren«, meldete ich mich stolz. Doch diese Meisterleistung hatten auch die anderen vollbracht. Alle nickten. »Wie siehst du diese Röhren, Kilian?« Wie? Was? »Ich meine, in welche Richtung zeigen die Röhren? Stehen sie nebeneinander oder siehst du sie vielleicht anders?« »Sie stehen nebeneinander und zeigen nach links.« »Nein! Sie zeigen nach rechts«, widersprach mir Pablo. »Und sie stehen auch nicht nebeneinander, sondern hintereinander«, widersprach nun auch Pia. Gerhard: »Na, dann sind wir uns ja alle einig. Elena, was siehst du?« »Ich sehe auch zwei Röhren, doch die zeigen voneinander weg.« Was die anderen da sahen, konnte ich beim besten Willen nicht nachvollziehen. Die Röhren standen doch eindeutig nebeneinander und zeigten nach links. »Jakob, und was siehst du?« »Ich sehe auch zwei Röhren.

Zwei Röhren, die nach links zeigen und nach rechts. Die nebeneinander und hintereinander stehen. Die aber auch zueinander zeigen und voneinander weg.« Alter Freund! Was siehst du da? Ich konnte Jakobs Worten nicht folgen. »Tatsächlich. Jetzt sehe ich's auch.« Pia war ganz begeistert. Während ich weiter verständnislos auf die Leinwand starrte, begannen sich die Röhren plötzlich wie von Geisterhand zu verändern. Nun zeigten sie nicht mehr nach links, sondern nach rechts. Sie standen auch nicht mehr nebeneinander, sondern eindeutig hintereinander. Und jetzt! Jetzt zeigten sie tatsächlich voneinander weg! Das war toll! »Jetzt kann ich's auch sehen«, ließ ich die anderen voller Stolz wissen.

Gerhard: »Meistens denken wir, dass die Sichtweise, die wir gerade einnehmen, die einzig mögliche ist. Doch bis jetzt bin ich noch keiner Situation begegnet, die ich nur von einem einzigen Standpunkt aus hätte betrachten können. Selbst wenn ich felsenfest davon überzeugt war, dass nur meine Sichtweise möglich sei, musste ich im Gespräch mit anderen meist schnell erfahren, dass dem nicht so war. Denn die anderen sehen die Welt mit anderen Augen und so auch jene Möglichkeiten, die ich selbst nicht erkennen kann. Lasst uns dazu eine kleine Übung machen:

Steht alle auf und bewegt euch durch den Raum. Konzentriert euch dabei auf alles, was braun ist. Achtet darauf, dass euch dabei nichts entgeht, was eine braune Farbe hat.«

Wir alle bewegten uns nun kreuz und quer durch den Raum. Hoch konzentriert. Da gab es genug Braunes zu entdecken. Die alte Holzdecke. Die Fensterrahmen. Die hohen Türen. Der Parkettboden, der unter dem großen, dunkelroten Teppich hervorlugte. Pablos Hose. Pias Schuhe. Jakobs Gürtel. Elenas Haare. Der Holztisch, auf dem Gerhard Beamer, Notebook und andere Utensilien untergebracht hatte. Der hölzerne Kleiderständer, der unbenutzt und fast ein wenig verloren neben der Eingangstür stand. Die hölzernen Beine der bequemen Fauteuils. Die zwei riesigen Lautsprecher, die in den Ecken standen. Pablos lederne Schreibmappe. Pias Handtasche. Das Lederband von Elenas Uhr …

Bevor ich noch Weiteres entdecken konnte, stoppte Gerhard meinen Eifer. »Danke. Setzt euch bitte. – Nun schließt eure Augen. Versucht jetzt, euch an all das zu erinnern, was hier im Raum …«, Gerhard legte eine kurze Pause ein, »… blau ist.« Was blau ist? Wieso nicht braun? Das ist aber nicht fair. Angestrengt dachte ich nach. Doch außer Pias blauen Augen und dem eleganten Sakko von Pablo wollte mir nicht viel mehr dazu einfallen. Ein Raunen wurde hörbar. Auch den anderen schien es nicht viel besser zu ergehen. Nach kurzer Zeit wies uns Gerhard an, die Augen wieder zu öffnen. Und siehe da. Eine Fülle blauer Gegenstände stachen mir sofort ins Auge. Elenas hellblaue Bluse. Ihr dunkelblauer Rock. Die perfekt dazu passenden Schuhe. Jakobs Hose. Das Stofftuch, auf dem der Beamer stand. Das Logo des Herstellers, das den Projektor zierte. Die blaue Mappe, die daneben lag. Gerhards Jeans und – oh Schande – meine eigenen Jeans. Auch im Muster der Vorhänge war da und dort ein blauer Fleck zu entdecken. All das war mir nicht aufgefallen. Doch ich war nicht der Einzige.

»Angenommen ihr habt ein Problem und das ist ‚braun' – symbolisch gesprochen. Es gibt auch eine dazu passende Lösung. Doch die ist ‚blau'. Wie groß sind eure Chancen, die Lösung (‚Blau') zu entdecken, solange euer Fokus auf das Problem (‚Braun') gerichtet bleibt?« Pablo: »Das haben wir ja gerade erlebt. Wir werden selbst dann, wenn die Lösung in greifbarer Nähe ist, diese nicht wirklich sehen.«[15] »So ist es, Pablo. Deshalb habt ihr auch bis jetzt für eure unangenehmen Gefühle die Außenwelt verantwortlich gemacht – die bösen Mitmenschen, die Lebensumstände und vieles mehr. Ihr wart so sehr davon überzeugt, dass etwas außerhalb von euch für euer Unwohlsein verantwortlich ist, dass euch gar nicht aufgefallen ist, dass es eure eigene Sichtweise ist, die all die unangenehmen Gefühle in eurem Leben verursacht.« Pablo: »Ganz so, wie gerade eben, als wir ‚Braun' fixiert haben und deshalb ‚Blau' nicht wahrnehmen konnten.« »Genau so, Pablo.« Mit einem Klick beförderte Gerhard nun das Bild einer jungen, hübschen Frau an die Wand. Sie saß an einem übervollen Schreibtisch, während eine Gedankenblase für uns alle sichtbar machte, was in ihrem Kopf vorging.

15 Volksmund: »Den Wald vor lauter Bäumen nicht sehen.«

»Das ist Herta. Wie ihr unschwer erkennen könnt, ist sie gerade dabei, sich selbst unangenehme Gefühle zu machen. Herta ist jedoch davon überzeugt, dass ihre miese Stimmung eine Folge der äußeren Umstände ist. Ihr ist ganz und gar nicht bewusst, dass sie selbst die Verursacherin ihrer Stimmungslage ist. Doch sie ist dabei in guter Gesellschaft. Tut sie ja nur das, was viele andere auch tun: Sie denkt darüber nach, was sie NICHT will. So denkt sie ständig an die ungeliebte Arbeit – und 1-2-3, ein unangenehmes Gefühl wird frei!« Mit einem Klick hauchte Gerhard den beiden Lautsprechern für einen Moment Leben ein. »One, two, three …« klang es nun leise im Hintergrund, während Gerhard langsam wiederholte:

»Herta fühlt sich schlecht, weil sie sich auf das konzentriert, was sie NICHT will. Wie Mabu, unser Freund aus der Vergangenheit. Auch er war ständig auf der Suche nach dem, was er nicht wollte, hielt ständig Ausschau nach der Gefahr, dem Feind, dem Unerwünschten – und wir ‚moderne Menschen' tun es ihm noch immer gleich. Auch heute noch ist die Steinzeit nur wenige Gedanken von uns entfernt. Doch hilft dieses ‚Steinzeitdenken' – diese Fixierung auf das Unerwünschte – Herta dabei, die drei Stunden besser zu überstehen? Sind ihre Gedanken tatsächlich hilfreich?« »Wohl kaum«, meldete sich Elena zu Wort, »denn mit dieser Art zu denken werden die drei Stunden unendlich langsam vergehen.«

Kaum hatte Elena ihren Satz beendet, kam mir das Wort *Inventur* in den Sinn. Wie ich dieses jährlich wiederkehrende Ritual verabscheute. Warenbestände wurden gezählt, Kartons durchwühlt, unzählige Listen ausgefüllt, um dann meist doch nur festzustellen, dass alles da war. Doch das Schlimmste daran: Die Zeit wollte einfach nicht vergehen. Zusätzlich …

Bevor ich weiter in meinen Erinnerungen kramen konnte, holten mich Gerhards Worte zurück in die Gegenwart: »So ist es, Elena. Die

Zeit wird für Herta in dieser Stimmungslage unendlich langsam vergehen. Doch nicht nur ihr Zeitempfinden wird beeinflusst. Auch ihre Arbeitsleistung wird vermutlich nicht die beste sein.« Pablo nickte zustimmend: »Würden meine Damen unseren Kunden mit Hertas Stimmungslage entgegentreten, würde sich deren Kauflust wohl sehr in Grenzen halten.« »Mit großer Wahrscheinlichkeit, Pablo – und all das nur, weil sich Gedanken an das Unerwünschte in Hertas Kopf festgesetzt haben. Diese Sichtweise ist eine wirklich schlechte Wahl. Doch was ist die Alternative?« Mit einem Klick veränderten sich Hertas Gedanken an der Wand:

»Was wäre eine Alternative zu *‚Noch drei Stunden arbeiten'* – ohne dabei die Tatsache zu ignorieren, dass Herta ja tatsächlich noch drei Stunden zu arbeiten hat?« Noch bevor ich beginnen konnte, über Gerhards Frage nachzudenken, platzte es bereits aus Jakob heraus: »In drei Stunden habe ich frei!« Ganz so, als ob Gerhard sich mit Jakob abgesprochen hätte, veränderte sich wieder mit einem Klick das Bild an die Wand:

»Volltreffer, Jakob! ‚*In drei Stunden habe ich frei*' klingt zwar so ähnlich wie ‚*Noch drei Stunden arbeiten*' – und doch unterscheiden sich diese beiden Sichtweisen enorm. Ist doch jetzt der Fokus auf das Freihaben und somit auf das, was Herta will, gelenkt.[16] Der Gefühlsschalter wird nicht nach unten bewegt und die Chancen stehen gut, dass diese drei Stunden für Herta wesentlich angenehmer verlaufen werden. Das hier angewandte Prinzip ist einfach und logisch:

Denke ich an das, **was ich NICHT will,** muss ich mich schlecht fühlen, da diese Sichtweise meinen Schalter nach unten befördert.

Denke ich jedoch an das, **was ich WILL,** muss ich mich besser fühlen, da diese Sichtweise den Schalter in der Neutralstellung belässt oder ihn sogar nach oben befördert.

Du bist der Generaldirektor, der aus einer Fülle von möglichen Sichtweisen wählt. Eine davon ist ‚*Noch drei Stunden arbeiten*'. Eine andere ‚*In drei Stunden habe ich frei*'. Beides entspricht den Tatsachen. Beides ist gleich real. Doch eine der beiden Möglichkeiten fühlt sich besser an und erleichtert uns das Leben. Es ist weder nötig noch zu empfehlen, die Realität zu ignorieren oder schön-

16 Viele Aussagen, die uns seit Kindertagen ständig begleiten, sind Beispiele für die steinzeitliche Konzentration auf das Unerwünschte: »*Rasen NICHT betreten*« statt »*Gehweg benutzen*«; »*Bei Rot NICHT über die Straße gehen*« statt »*Bei Rot stehen bleiben*« oder »*Bei Grün gehen*«; »*Pass auf, dass du NICHT runterfällst*« statt »*Halt dich fest*« usw.

zufärben.[17] Aber es ist sinnvoll, das Beste aus der Realität zu machen – also jene Sichtweise zu wählen, die dir am ehesten hilft, mit der jeweiligen Situation klarzukommen. Du bist der Generaldirektor. Nur du entscheidest, wie du die Realität wahrnimmst.« Mit einem Klick beförderte Gerhard wieder die bereits bekannten Kreise an die Wand.

»Egal, welche Sichtweise du wählst. Sie wird zu deiner persönlichen Realität. Röhren, die nach links oder rechts zeigen, die nebeneinander oder hintereinander liegen, die zueinander zeigen oder voneinander weg. Du nimmst dir eine der vorhandenen Möglichkeiten und diese wird für dich wahr. Nicht umsonst spricht man von WAHRnehmung.[18] Was nimmst du wahr und machst es so zu deiner Wahrheit, zu deiner Realität?

Je mehr deine Sichtweise von Mabus Steinzeiterbe dominiert wird, umso schlechter wirst du dich fühlen; umso mehr lässt du es zu, dass auch heute noch die Steinzeit deinen Alltag bestimmt. Willst du das verhindern, benötigst du vor allem eines: die Fähigkeit, deine Gedanken bewusst zu lenken. Doch hast du den Eindruck, deine Gedanken tatsächlich unter Kontrolle zu haben?«

Pablo: »Ganz im Gegenteil. Meist hat es den Anschein, dass meine Gedanken ein von mir völlig unabhängiges Eigenleben führen.« »Genau!«, gab Elena Pablo recht. »Sie tauchen manchmal wie aus dem Nichts auf und verschwinden wieder. Will ich sie aber loswerden, lassen sie sich auf Kommando selten vertreiben.« Das konnte ich gut nachvollziehen. Wie oft schon haben mir quälende Gedanken, Sorgen, Selbstvorwürfe oder Schwarzmalerei die unangenehmsten Gefühle bereitet – begleitet von dem nagenden Gefühl, nichts dagegen tun zu können … Meine düsteren Gedanken wurden von einem

17 Probleme (Unangenehmes, Ungünstiges, Schädliches, Gesundheitsgefährdendes, Lebensbedrohendes) müssen erkannt werden. Sobald ein Problem jedoch als solches erkannt wird, sollte die Sicht verändert und lösungsorientiert gedacht werden. Nur so können vorhandene Mittel und Möglichkeiten optimal genutzt und negative Ergebnisse mit erhöhter Wahrscheinlichkeit verhindert werden.

18 Volksmund: »Die Wahrheit liegt im Auge des Betrachters.«

Klick unterbrochen. Sofort bemächtigte sich eine Horde herumtollender Affen der Leinwand.

»Es hat einen Grund, warum asiatische Philosophen unsere Gedanken oft als *‚Affen in unserem Kopf‘* bezeichnen. Dies ist eine schöne bildhafte Beschreibung dessen, was in den Köpfen vieler Menschen vorgeht. Doch was könnte die Ursache dafür sein, dass diese herumtollenden Gesellen meist sturmfreie Bude haben?« Alle schienen angestrengt nachzudenken. Im Raum war es angenehm ruhig, während Gerhard geduldig auf eine Antwort wartete. Doch niemand meldete sich zu Wort. »Lasst es mich anders formulieren. Was denkt ihr – ein Mensch, der sich gut konzentrieren kann, wie sehr wird der wohl von seinen eigenen Gedanken belästigt?«

»Gar nicht!«, antwortete Jakob sofort. »Das kann ich wohl aus eigener Erfahrung sagen. Ich liebe klassische Musik. Regelmäßige Konzert- und Opernbesuche sind die unausweichliche Folge. Ich freue mich bereits Tage zuvor auf das kunstvolle Ereignis. Wenn ich dann auf meinem samtenen Sitz Platz genommen habe und die ersten Töne erklingen, versinkt alles um mich herum. Ich werde eins mit den Klängen der edlen Instrumente. Jeder Ton, jede Vibration wird von mir aufgesaugt. Eine Stunde oder länger. Kein ungebetener Gedanke wagt es in dieser Zeit, den Genuss zu stören. So sehr bin ich auf die Musik konzentriert.« Pia: »Das kenne ich auch. Vom Kino. Wenn alles dunkel ist und mich die Handlung eines Films in ihren Bann zieht.« »Ja, ich auch«, meldete nun auch ich mich zu Wort und blickte dabei unauffällig zu Pia, während ich mir vorstellte, wie schön es wohl sein musste, neben ihr im Kino zu sitzen. »Ja, stimmt«, bemerkte nun auch Elena, während Pablo noch ein »Das hab ich auch schon erlebt« hinzufügte.

»Das würde also bedeuten«, fasste Gerhard zusammen: »Wäre unsere Konzentration gut trainiert, könnten wir der Affenbande Einhalt gebieten. Wir wären dann nämlich in der Lage, unsere Konzentration jederzeit in die gewünschte Richtung zu lenken. Doch woran liegt es, dass unsere Konzentrationsfähigkeit meist nicht die beste ist?« »Weil im Alltag, im Gegensatz zu Oper und Kino, viel mehr Ablenkung auf uns einwirkt?« »Ja, Pablo. Da wird telefoniert und gleichzeitig werden E-Mails gecheckt. Dabei sind die Gedanken bereits beim nächsten Termin, während gleichzeitig im Radio die Nachrichten verkünden, dass die Steinzeit noch immer präsent ist. Kaum eine Chance, die Konzentrationsfähigkeit zu trainieren. Doch das hat Auswirkungen. Habt ihr schon mal einen Autofahrer erlebt, der mit dem Handy am Ohr fast einen Fußgänger übersehen hätte?« »Ja, das habe ich. Erst vor Kurzem wäre ich von so einem am Zebrastreifen fast angefahren worden.«[19] Elena klang richtig erbost. Ihr Schalter dürfte sich bei der bloßen Erinnerung an das Ereignis weit nach unten bewegt haben.

»Das Beispiel zeigt, wie gefährlich es sein kann, aber vor allem wie normal es heute ist, mehrere Dinge gleichzeitig zu tun«, stimmte Gerhard zu. »Der moderne Begriff dafür lautet Multitasking. Ein Begriff aus der Informatik[20], der bedeutet, mehrere Aufgaben gleichzeitig zu erledigen. Das funktioniert auch wunderbar. Wenn du ein Computer bist. Bist du jedoch ein Mensch, wird dir deine Erfahrung bald Folgendes zeigen:

Erledigst du eine Aufgabe nach der anderen,
- bist du meist schneller,
- leistest bessere Arbeit,
- bist weniger fehleranfällig und
- hast weniger Stress.[21]

Es wird sich nicht immer vermeiden lassen, mehrere Dinge gleichzeitig zu tun. Doch es ist ein Riesenirrtum, zu glauben, dass Multitasking große Vorteile bietet.«

19 Nicht ohne Grund gibt es in vielen Ländern ein Telefonierverbot beim Autofahren.

20 Die Wissenschaft von der systematischen Verarbeitung von Informationen mit Hilfe von Computern.

21 ... was viele internationale Studien belegen und was auch völlig logisch ist: Jedem Menschen stehen 100 Prozent Aufmerksamkeit zur Verfügung. Werden diese 100 Prozent auf mehrere Bereiche aufgeteilt, kann das nur auf Kosten der Qualität geschehen.

»Das habe ich vor einigen Wochen live erlebt.« Elena dürfte sich inzwischen von ihrer Erinnerung an das Erlebnis auf dem Zebrastreifen erholt haben, denn mit ruhiger Stimme erzählte sie weiter: »Es war Samstagvormittag vor einem Bankomaten. Direkt vor mir ein hektisch telefonierender Mann. Während er aufgeregt sprach, schob er seine Karte in den Automaten, gab seinen Code ein. Fehlermeldung. Amüsiert beobachtete ich, wie er hektisch weitersprach und ein zweites Mal seinen Code eingab. Fehlermeldung. Nachdem die dritte Eingabe wieder falsch war, war seine Karte weg. So musste er, verfolgt von meinen mitleidigen Blicken, ohne Geld von dannen ziehen.«

»Ein sehr passendes Beispiel«, bestätigte Gerhard, »denn nur automatisierte oder sehr einfache Handlungen kann unser Gehirn gleichzeitig erledigen und dabei ein gutes Ergebnis liefern. Ein wichtiges Telefonat in Verbindung mit einem Bankomaten scheint da nicht für jeden dazuzugehören. Doch das Schlimmste am Ganzen ist: Je mehr wir ein Leben in Ablenkung führen, umso mehr leidet unsere Konzentrationsfähigkeit. Sie wird immer seltener im Alltag trainiert und die Affen im Kopf haben immer öfter freie Bahn.« Mein Blick glitt zur fröhlichen Affenbande, die noch immer an der Wand ihr Unwesen trieb. »Wie soll es da möglich sein, gezielt deine Sichtweise zu steuern? Deshalb gehört es zuallererst zu deinen wichtigsten Aufgaben, deine Konzentration bewusst zu trainieren, um so deine Affen zu beruhigen.« (Klick).

»Lernst du, deine Aufmerksamkeit bewusst zu lenken, wirst du immer öfter in der Lage sein, Mabus Erbe Einhalt zu gebieten und so nicht hilfreiche, unerwünschte Gefühle in den Griff zu bekommen!

Wir haben mit dem Konzentrationstraining bereits letzte Woche begonnen. Du hast deine Aufmerksamkeit immer wieder auf schwarze Autos gerichtet und dabei nicht nur erlebt, dass dir diese immer stärker aufgefallen sind. Du hast auch deine Konzentrationsfähigkeit trainiert. Und das Training geht weiter. Bis zum nächsten Mal konzentriere dich immer wieder auf Folgendes ...« Ein Klick und es erschien eine Liste von Möglichkeiten, mit denen ich meine Konzentration auf Vordermann bringen konnte.

Konzentriere dich:
- **auf alles Rote,**
- **auf alles Grüne,**
- **auf den Geschmack deiner Nahrung,**
- **auf das Schöne!**

»Wechsle dabei zwischen den einzelnen Möglichkeiten nach Lust und Laune. Mal entscheidest du, alles, was in deiner Umgebung rot ist, bewusst wahrzunehmen. Beim nächsten Mal alles Grüne. Beim Essen achte bewusst auf den Geschmack. Beginne jeweils mit einer Minute. Versuche jedoch im Laufe der Zeit, die Zeitspanne des Übens zu verlängern. Übertreibe es aber nicht. Es ist viel wichtiger, regelmäßig zu üben als zu lange.« Pia: »Mir ist nicht ganz klar, was du mit *‚Konzentriere dich auf das Schöne!‘* meinst?« »Gut, dass du fragst, Pia. Das hätte ich jetzt fast vergessen. Bei dieser Variante lenkst du deine Konzentration bewusst auf all das Schöne, das dich umgibt. Gebäude, Pflanzen, freundliche und nette Menschen, angenehme Situationen. So trainierst du nicht nur deine Konzentrationsfähigkeit. Du zeigst deinem Gehirn auch, dass es neben der Welt der Massenmedien auch eine andere, weniger gefährliche gibt und die Steinzeit längst vorbei ist. Alles klar?« Pia nickte.

So fuhr Gerhard fort: »Weiters achtet bis zum nächsten Mal beim Fernseh-, Radio- und Zeitungskonsum darauf, wie ihr euch dabei fühlt und welche der angebotenen Informationen ihr tatsächlich benötigt.

Zum Abschluss noch ein kleiner Tipp: Sollten sinnlose Grübeleien versuchen, dir den Tag zu vermiesen, konzentriere dich bewusst auf etwas anderes. Lenke, sobald die Affen in deinem Kopf herumzutollen beginnen, deine Aufmerksamkeit auf alles Rote oder das Grüne oder auf die Geräusche, die dich gerade umgeben. Oder auf etwas anderes deiner Wahl. Bald wirst du bemerken: Je mehr du die Lenkung deiner Konzentration im Griff hast, umso leichter wird es dir fallen, aus der alten, quälenden Denkroutine auszubrechen und deinen Fokus selbstbestimmt zu steuern.« Ja! Das wollte ich ausprobieren.

»Das nächste Mal erscheint bitte in bequemer Kleidung und Turnschuhen.« Mit einem vielsagenden Lächeln beendete Gerhard den Abend.

8. Kettenreaktionen

Donnerstag. *Politskandal. Steuergeld für Luxuskarossen!* Ich fühlte mich heute viel zu gut, als dass ich mich in diese Meldung vertiefen wollte. Die beteiligten Politiker waren schon länger als abgehobene Bonzen bekannt. Ich würde sie bei der nächsten Wahl sicher nicht wählen. Wieso sollte ich mir also die Stimmung von diesen Typen vermiesen lassen. Ich blätterte weiter. Bis jetzt hatte mich keine der Überschriften zum Weiterlesen motiviert. *Überflutungen zerstören Weideflächen.* Nein. Ich blättere weiter. Suche. Doch das, was ich finde, will ich nicht wissen, ist für mich unwichtig, brauche ich nicht oder erzeugt nur sinnlosen Frust. Ah. Da! *Lebensretter in Uniform. Zwei Polizisten retten Autofahrer das Leben.* Das wollte ich lesen …

Nächste Seite. Nein. Nein. Nein. Ja. *Bürgerinitiative verhindert Massenrodungen.* Schön, wenn sich Menschen für ihren Lebensraum einsetzen … Nächste Seite.

Es war Donnerstagmorgen. Ich hatte mir Gerhards Worte zu Herzen genommen. Es tat mir gut, bereits in aller Früh auf meine Stimmung zu achten. Es tat gut, nicht sinnlos unangenehme Gefühle zu erzeugen und nicht bereits beim Verlassen der Wohnung mit Steinzeitchemie vollgepumpt zu sein.

Entdeckte den restlichen Tag eine Fülle von Rot. Auf Verkehrszeichen, Firmenschildern, Häuserfassaden, Werbeplakaten, Kleidungsstücken. Rot, wohin ich auch blickte. Nichts davon ließ ich mir entgehen.

Freitag. *Tragischer Unfall in …* Nein. *Zwei Verletzte bei …* Nein. *Schulklasse sammelt für Rollstuhl.* Ja. *Eifersuchtsdrama in …* Nein. *Einbrecher auf frischer Tat …* Nein.

Ich hatte mir für heute auch vorgenommen, auf all das Schöne zu achten, das mich umgab – und ich wurde fündig. Höfliche Menschen. Wunderschöne Hausfassaden. Eine Blume, die es sich in einer Ritze im Asphalt gemütlich gemacht hatte. Schöne Autos. Moderne Architektur. Ein Denkmal. Ein Autofahrer, der anhielt, um mit einer freundlichen Geste einen älteren Herrn über die Straße zu lassen. Nette Kunden und Kollegen. Und, und, und. Vieles davon war mir zuvor noch nie so stark aufgefallen. Meine Welt war heute schöner als sonst.

Samstag. *Tödlicher Ehestreit …* Nein. *Brutale Attacke auf …* Nein. *Fahrerflucht in …* Nein. *Promi-Aufmarsch bei …* Viel zu uninteressant. *Gattin von Expräsidenten bricht sich den Fuß …* Wen interessiert's?

Wetterbericht im Radio. Für Nachmittag war ein Gewitter angesagt. War mit Manuel im Kino. Es regnete in Strömen. Hatte vorausschauend das Wohnzimmerfenster geschlossen. War gut so.

Brachte Manuel zu Bett. Bemerkte, dass er traurig war. Er vermisste seinen Bruder, grübelte ständig über dessen Abwesenheit nach. Ich sprach mit ihm. Versuchte sein Denken auf das nächste Wiedersehen zu lenken. Hat funktioniert. *»Denk mehr an das, was du willst, statt an das, was du nicht willst«*, klangen Gerhards Worte in mir. Ich war zufrieden mit mir.

Saß danach vor dem Fernsehapparat. Hatte Lust auf einen Film. Aggression, Gewalt, Mord und Totschlag – Schalter nach unten! Nein, das wollte ich nicht! Eine DVD mit einer Komödie fühlte sich da schon besser an. Ich bin der Generaldirektor.

Sonntag. Frühstück bei meinen Eltern. Suchend glitt mein Blick über den Küchentisch voller Köstlichkeiten. »Gibt es keine Milch?« Meine Mutter zeigte auf eine große, gläserne Kanne, die direkt vor meiner Nase stand und bis zum Rand mit Milch gefüllt war. Ich musste schmunzeln, war ich doch auf der Suche nach der kleinen Milchkanne aus Porzellan gewesen, die sie normalerweise zu verwenden pflegte. *»Dir fällt das auf, worauf du dich konzentrierst.«*

Ich genoss diese Sonntagvormittage bei meinen Eltern. Manuel spielte mit seinem Großvater. Genüsslich lehnte ich mich zurück und blätterte in der Sonntagszeitung. Nach etlichen Neins blieb mein Blick an einer Überschrift haften. *Optimisten leben länger!* Das interessierte mich. *Wissenschaftler finden bei Langzeitstudien immer mehr Beweise dafür, wie sehr die Psyche unsere Gesundheit beeinflusst. So senkt eine positive Lebenseinstellung das Risiko, an einer Herzerkrankung zu leiden. Auch leiden sie seltener an Bluthochdruck.* Ja genau. *»Stresshormone erhöhen den Blutdruck«* hatte ich noch in Erinnerung. *Dauerhafte Negativität hingegen schädigt die Gesundheit …* Nachdem ich diesen Artikel gelesen hatte, war ich in meinem Vorhaben, meine Stimmungsschwankungen in den Griff zu bekommen, noch mehr bestärkt. Es war doch nicht so schlecht, dass es Zeitungen gab!

Montag. *Bad News bringen Kursverluste.* Interessiert las ich weiter. *Die Börsen sind nach schlecht ausgefallenen Konjunkturprognosen deutlich ins Minus gerutscht. »Die Stimmung am Markt geht weiter nach unten«, analysiert ein Broker, während …* Gefühle beeinflussten, wohin man auch sah.

Bevor ich das Haus verließ, nahm ich noch einen Schluck von meinem Milchkaffee. Heute schmeckte er besonders gut. Der aromatische Geruch. Der angenehm sanfte Geschmack. Die Wärme, die sich wohlig in meinem Körper ausbreitete. Ich genoss in vollen Zügen.

»Flugzeugabsturz in …« Die monotone Stimme aus dem Autoradio verkündete die Schlagzeilen. Da war wirklich nichts dabei, was ich wissen musste. Mit einem Handgriff wechselte ich den Sender und fuhr mit beschwingter Musik zur Arbeit.

»Hallo, sind Sie noch dran? Hallo?«, tönte die Stimme aus dem Telefon. Ja, ich war noch dran. Doch gleichzeitig tippte ich die Antwort auf ein Mail in die Tasten. Erwischt. Ich ließ das Schreiben sein und wandte mich ganz dem Telefonat zu. Es war ein gutes Gespräch. Mein Mail strotzte vor Fehlern.

Der heutige Tag war wirklich ein guter Tag. Bis auf das Gedränge vor der Feinkosttheke, über das ich mich schon wieder ärgern musste. Übrigens: Die Welt war heute ziemlich grün.

Dienstag. Inzwischen hatte ich mein Konzentrationstraining selbstständig erweitert. Bereits beim morgendlichen Duschen lenkte ich bewusst meine ganze Aufmerksamkeit auf all die angenehmen Eindrücke. Das warme Wasser, das mich wohltuend wärmte. Wie die Wasserstrahlen meine Haut massierten. Dass das Umschalten auf eiskalt alles in mir zum Pulsieren brachte. Die weiche Oberfläche meines Badetuchs, die den Schauer wieder vertrieb und ich mich danach wie neu geboren fühlte. Wie wohltuend diese kleine Freude doch sein konnte.

Immer, wenn ich eine Türklinke zu fassen bekam, nahm ich Material, Form und Temperatur bewusst in meiner Handfläche wahr. Eine war kalt. Die andere eher warm. Eine aus Plastik. Die andere aus Metall. Eine gebogen. Die andere wie eine Kugel geformt. Unterschiede, die mir bis jetzt noch nie so aufgefallen waren. Ich hatte bereits den Eindruck, dass die Affenbande in meinem Kopf ein wenig ruhiger geworden war.

Pausenraum. *Wütender Busfahrer sperrt Schulkinder ein …* Nein. *Witzbold löste Brandalarm aus …* Nein. *Schauspieler bei Prozess schuldig gesprochen …* Nein. Mir wird immer stärker bewusst, wie sehr ich mich fast mein ganzes Leben lang unnötig mit Negativem versorgt habe. *Brite knackte viermal den Jackpot …* Ja. *Massenpanik in Disco …* Nein. *Wer Essen genießt, wird seltener dick …* Ja! *Mega-Markt senkt die Preise!* Ein ganzseitiges Inserat unseres schärfsten

Konkurrenten zog meinen Blick auf sich. Da musste ich dran bleiben. Wenn die Konkurrenz eine Preisaktion startete, war es meine Aufgabe, darauf zu reagieren. Mit der Zeitung unter dem Arm begab ich mich Richtung Büro. Die würde ich nicht ungeschoren davonkommen lassen. Zehn Prozent auf alle Notebooks. Das können wir auch.

Mittwoch. Goethestraße. Das Gelb der Villa strahlte im Abendlicht. Es war angenehm warm und ich freute mich auf den heutigen Abend. Was Gerhard wohl mit uns vorhatte? Bequeme Kleidung und Turnschuhe? Ich war neugierig. Bereits aus der Ferne konnte ich das fröhliche Stimmengewirr der anderen hören. Sie standen mit Gerhard vor der Villa und unterhielten sich angeregt. Ich schien der Letzte zu sein. Herzlich wurde ich begrüßt. Auch die anderen trugen Turnschuhe. Der elegante Pablo erstmals in Jeans. Pia in einer bequemen, beigen Hose. Ich hatte den Eindruck, dass ein Lächeln über ihr Gesicht huschte, als sie mich sah. Selbst wenn es nur Einbildung war, konnte ich nicht verhindern, dass mein Schalter einen Sprung nach oben machte.

Gerhard stellte sich auf die erste Stufe des Aufgangs, ganz so, als wollte er damit den offiziellen Beginn des Abends verkünden. »Wir werden heute mit praktischen Übungen beginnen. Das Erste, was ich von euch möchte, ist, dass ihr den Kiesweg entlanglauft.« Sein Arm zeigte dabei Richtung Eingang. »Einer nach dem anderen. Mit geschlossenen Augen.« Wie? Aber das … »Ich werde vor dem Gartentor stehen und dich abfangen, bevor du in das Tor knallst.«

Na, das konnte ja heiter werden. Von hier mussten es doch mindestens fünfzig Meter bis zum Tor sein, eher noch mehr – und das blind. »Kilian, magst du beginnen?« Nein konnte ich jetzt wohl schlecht sagen. Wie würde ich da vor den anderen dastehen. Vor allem gegenüber Pia wollte ich keinesfalls den Eindruck vermitteln, ein Weichei zu sein. Es gab wohl kein Entkommen. Unwillkürlich machte mein Schalter einen Sprung nach unten. Die gute Stimmung, die ich noch vor wenigen Augenblicken in mir spürte, war wie weggeblasen. Doch ein wenig Hoffnung blieb. Vielleicht meinte es Gerhard jetzt genauso wenig ernst wie bei der Tanzübung. Da hatte er uns ja auch nur angedroht, die Übung durchzuführen. In Wirklichkeit war es nur ein Trick gewesen, um uns zu demonstrieren, wie wir selbst unsere Gefühle erzeugen. Während ich so vor mich hinsinnierte, ging Gerhard zum Gartentor. Nachdem er ungefähr zwei Meter davor zu stehen gekommen war, rief er mir zu: »Kilian, bist du bereit?« Nein. Bereit war ich nicht. Doch ich machte gute Miene zum bösen Spiel, das er da mit uns trieb.

Nun stand ich da, mit geschlossenen Augen, und wartete darauf, dass Gerhard endlich sein Tun beenden würde. »Kilian …« Ja! Wusste ich's doch! Jetzt wird abgebrochen. »… wenn du so weit bist, kannst du loslaufen!« Na gut. Er will es auf die Spitze treiben. Zaghaft laufe ich die ersten Schritte. Kein Abbruch! Der Kies knirscht bedrohlich unter meinen Sohlen. Noch immer kein Abbruch. Ich laufe weiter. Wie viele Meter mögen es noch sein? Ich muss doch mindestens schon die halbe Strecke zurückgelegt haben. Gut. Weiterlaufen. Noch immer kein Abbruch. Mein Herz rast. Angst kommt in mir hoch. Ich müsste doch schon längst bei Gerhard angelangt sein? Instinktiv reduziere ich mein Tempo. Es dauert ewig. Meine Augen wollen sich öffnen. Ich kneife sie fest zusammen, schaffe es, sie doch geschlossen zu halten. Die Angst, in das Gartentor zu laufen, wird größer. Inzwischen habe ich meine Arme suchend nach vorn gestreckt, mein Tempo noch mehr reduziert. Mein Schalter bewegt sich weiter nach unten. Eine Berührung an den Schultern. Ich öffnete meine Augen und blickte in das freundliche Gesicht von Gerhard, den meine Ängste offenbar völlig unberührt ließen. »Gut gemacht, Kilian. Stell dich bitte zur Seite und beobachte, wie es den anderen geht.« Ich atmete tief durch. Jakob war der Nächste. Auch ihm schien es nicht viel besser zu ergehen. Sein anfängliches Laufen wurde bald von schnellem Gehen abgelöst. Auch seine Augen waren fest zusammengepresst, sodass eine große Anzahl von kleinen Falten um die geschlossenen Lider sichtbar wurde. Jeder Muskel in seinem Gesicht war angespannt. Die Körperhaltung starr.

Nachdem auch er bei Gerhard angelangt war, folgte Pia. Auch sie schien sich in ihrer Haut nicht wirklich wohlzufühlen. Elena und Pablo erging es ähnlich. Keiner von uns hatte es geschafft, mit vollem Tempo bis zum Gartentor zu gelangen. Ausgestreckte Arme, verkrampfte Gesichter, zaghafte Schritte. Elena öffnete bereits mehrere Meter vor dem Gartentor ihre Augen. Wir alle waren froh, diese Übung heil überstanden zu haben. Doch wofür die Qual? Fragende Blicke. »Was denkt ihr, was hat uns dieser kurze Lauf gezeigt?«

Dass wir Weicheier sind, dachte ich – doch Gerhard schien im Gegensatz zu mir mit dem Ergebnis durchaus zufrieden. »Wie sehr uns unsere Gefühle beeinflussen?«, versuchte es Pia.

»Ja! Diese einfache Übung hat euch am eigenen Leib spüren lassen, dass Gefühle Kettenreaktionen nach sich ziehen. Einige dieser Kettenreaktionen wurden hier deutlich sichtbar. Euer Einbremsen, das Ausstrecken der Arme, das Öffnen deiner Augen, Elena, all das waren Hinweise darauf, dass Gefühle unser Verhalten beeinflussen. Je länger der Lauf andauerte, umso weiter hat sich euer Gefühlsschalter nach unten bewegt. Je weiter er sich nach unten bewegte, umso stärker hat man das an eurem Verhalten gesehen – und damit wurde eure aktuelle Schalterstellung auch für die anderen sichtbar. Denn«, wiederholte sich Gerhard nun ein wenig lauter, »Gefühle beeinflussen unser Verhalten! All die Beispiele, die wir zu Beginn des Seminars besprochen haben, der Auto- und Kleiderkauf, die Wahl der eigenen Bank und vieles mehr, waren nichts anderes als Beispiele dafür, wie stark Gefühle unser Verhalten beeinflussen. Doch nicht nur unser Verhalten wird von unseren Gefühlen beeinflusst. Ist euch noch etwas aufgefallen?« »Ja«, meldete ich mich zu Wort, »die Körperhaltung und die Mimik passen sich offensichtlich auch der aktuellen Stimmungslage an.« »Gut beobachtet, Kilian. Eure Gesichtszüge und auch eure Körperhaltung haben vorhin viel über eure Stimmungslage erzählt. Man könnte auch sagen: Andere können unsere Gefühle sehen – in Form unseres Verhaltens, unserer Körperhaltung und unserer Mimik und Gestik. Und sie können unsere Gefühle sogar hören.«

Elena: »Das habe ich schon oft erlebt. Wenn ich mit einer guten Freundin telefoniere und es geht ihr schlecht, merke ich das meist sofort.« Gerhard: »Weil die Stimmung sich auch in unserer Stimme ausdrückt. Doch wenn dein Gesprächspartner ein Mann ist und du fragst ihn, wie es ihm geht, was wird er dir antworten?« »Er wird mir versichern, dass es ihm gut geht. Doch ich werde es ihm nicht glauben, denn seine Stimme hat ihn längst verraten.« »So ist es, Elena. Zusammenfassend bedeutet dies: Gefühle fühlen sich nicht nur so an, wie sie sich anfühlen, sie haben auch Kettenreaktionen zur Folge. Sie beeinflussen unser Verhalten, unser äußeres Erscheinungsbild und unsere Stimme. Doch das ist noch längst nicht alles. Die nächste Übung wird uns das beweisen.«

Aus einer Sporttasche, die Gerhard hinter einem Busch hervorholte, kramte er ein langes Seil und einige breite, orangefarbene Stoffbänder hervor.

»Wir werden jetzt ein wenig spazieren gehen. Stellt euch dazu bitte hintereinander auf und legt diese Augenbinden an.« Er drückte jedem von uns eines der zirka einen Meter langen Bänder in die Hand. *»Nicht schon wieder blind«*, jammerte es in mir, während ich meinen Platz in der Reihe suchte. Meine Affenbande hatte heute Hochbetrieb. Doch es half nichts. Bereits wenige Momente später standen alle blind da. »Ich werde euch jetzt ein Seil in die Hand geben, an dem ihr euch festhalten könnt. Ich gehe an erster Stelle und werde euer Führer sein. Wir werden gemeinsam ein wenig die Gegend erkunden und uns die Straßen rund um die Villa ansehen.« »Sehr witzig«, entkam es mir. »Sollten Hindernisse wie Randsteine oder Ähnliches auftauchen, werde ich euch natürlich darauf aufmerksam machen.« *»Das ist ja wohl das Mindeste«*, riefen die Affenrowdys in mir. »Achtet bitte darauf, dass ihr während der gesamten Übung ruhig und entspannt atmet. Wenn ich euch dazu auffordere, eure Aufmerksamkeit in eine bestimmte Richtung zu lenken, dann tut das bitte, so gut ihr könnt.«

Ein Zug am Seil signalisierte, dass es losging. Unsicher tapste ich nach vor, während ich mich Hilfe suchend am Seil festhielt.

Das Quietschen des Gartentores zeigte an, dass wir gerade dabei waren, das Grundstück zu verlassen. Das Knirschen des Kiesweges wurde von der Lautlosigkeit glatten Asphalts abgelöst. Ich atmete ruhig und entspannt. Langsam beruhigte sich alles in mir. Bereits nach wenigen Schritten fühlte ich mich einigermaßen sicher. Sobald unser seltsames Gespann den glatten Gehsteig betreten hatte, begann Gerhard mit seinen Kommandos. »Konzentriere dich auf all die Geräusche um dich herum.« Ich tat wie uns geheißen. Unsere Schritte erzeugten ein leicht schlurfendes Geräusch, welches von Vogelgesang begleitet wurde.

Da, in der Ferne ein aufheulender Motor. Auch andere Menschen mussten in unserer Nähe sein. Ein Lachen war von der anderen Straßenseite zu hören. Nun Gerhards Stimme. Höflich grüßte er die Unbekannten, die von unserem Anblick sehr erheitert schienen.

»Nun lenk deine ganze Konzentration auf deine Beine. Nimm, so gut du kannst, die Bewegung deiner Muskeln wahr. Denk an nichts anderes.« Stärker als zuvor spürte ich, wie die Muskeln von Ober- und Unterschenkel zusammenspielten, mich vorwärtstrieben und so die Bewegung aufrechterhielten. Ich atmete ruhig, meine Konzentration weiter auf das Muskelspiel meiner Beine gerichtet. Bald sollte das nächste Kommando folgen – und das nächste. Nun forderte uns Gerhard auf, schneller zu gehen. Der Zug am Seil wurde stärker, trieb uns vorwärts. Stetig steigerte Gerhard das Tempo. Ich fühlte mich wohl in meiner Haut und sicher. So ging es noch ein wenig dahin, bis uns Gerhard nach kurzer Zeit zum Stoppen aufforderte. Gehorsam blieben wir stehen. »Lasst nun das Seil los und dreht euch eine viertel Drehung nach links.« Das Seil entglitt meiner Hand. Sohlen rieben über den Asphalt. Ich atmete noch immer ruhig. »Nehmt nun eure Augenbinden ab.« Mit einem flinken Griff entfernte ich das Stück Stoff.

Doch was jetzt kam, damit hätte ich nie gerechnet. So schön und unerwartet war der Anblick. Ein Wirbel aus Farben und Licht. Mittendrin unsere Stadt, die tief unter uns lag. Eingerahmt vom Grün und Gelb angrenzender Wiesen und Felder. Glutrot, fast gespenstisch tauchte die Sonne in das Land, um allem, was sie erfassen konnte, ihren Willen aufzuzwingen. Obwohl die Ruhe des Abends bereits Einzug hielt, pulsierten die Straßen, durchzogen wie Adern die riesige Fläche, um das Ungetüm – meine Stadt – am Leben zu erhalten. Wir standen, gebannt von der Schönheit des Augenblicks, auf einer ruhigen, fast unverbauten Anhöhe. Direkt vor uns eine abfallende, saftige Wiese, die sanft unsere Blicke Richtung Stadt lenkte. Wie waren wir nur hierher gekommen? Das konnte doch nicht sein? Wieso …?

Das Rätselraten wurde von Gerhard unterbrochen. »Wir werden jetzt ohne Augenbinden denselben Weg zurückgehen, auf dem wir hergekommen sind.« Wir alle hatten Fragen. Doch mit einer beschwichtigenden Handbewegung deutete Gerhard an, dass er jetzt nicht vorhatte, diese zu beantworten. »Achtet bitte beim Zurückgehen genau auf den Weg. Achtet darauf, ob er so aussieht, wie ihr gedacht habt. Im Seminarraum werden wir uns über das, was ihr jetzt erlebt habt, unterhalten.«

Der Kies knirschte unter meinen Sohlen. Wir waren bei der Villa angekommen. Im Seminarraum wurden wir von der Sängerin mit der angenehmen Stimme in Empfang genommen. »One, two, three …« tönte es aus den Lautsprechern.

»Was ist euch aufgefallen? War der Weg rauf zur Anhöhe so, wie ihr ihn euch vorgestellt habt? Oder war er anders?« Ja, das war er allerdings. Ich hatte die Länge des zurückgelegten Weges stark unterschätzt. Auch die lang gezogene Steigung hatte ich überhaupt nicht bemerkt. Nur kurz hatte ich einmal den Eindruck, dass es leicht bergauf gehen könnte. Doch so erging es nicht nur mir. »Aber wie kann es sein, dass wir uns alle so getäuscht haben?«, fasste Pablo unsere fragenden Blicke in Worte. »Wer von euch war der Meinung, dass wir uns im Ebenen bewegen und nur die Gassen direkt um die Villa begehen?« Fünf Arme in der Luft. »Das war der Grund, dass ihr die Steigung nicht bemerkt habt, denn ihr habt euch nicht darauf konzentriert! Indem ich euch mit meinen Anweisungen ein wenig ablenkte, habe ich meinen Teil dazu beigetragen.«

»Das bedeutet, dass du bewusst unseren Fokus von der Steigung weggelenkt hast und wir sie deshalb nicht bemerkt haben?« »Ja, Pablo.« »Ich bin mir sicher«, meldete sich Elena zu Wort, »wäre mir bewusst gewesen, dass es bergauf geht, wäre ich nie so schnell gegangen. Bei unserem Tempo wäre ich normalerweise ziemlich außer Atem geraten und hätte wohl alles als sehr anstrengend empfunden. Aber erstaunlicherweise war das nicht der Fall.« Pia: »Auch ich kam nie außer Atem. Und auch bei mir von Anstrengung nicht die geringste Spur. Hätte ich gewusst, dass es bergauf geht, hätte ich unsere kleine Wanderung sicherlich viel mühsamer empfunden.«

»Das glaube ich dir gerne, Pia. Denn das war der Zweck der Übung. Am eigenen Leib zu erfahren, wie sehr ihr euch selbst mit eurer Sichtweise beeinflusst. Ihr alle hattet den Eindruck, dass wir uns im flachen Gelände bewegen. Deshalb habt ihr euren Fokus nicht auf die Anstrengung gelenkt – und siehe da: Alles ging leichter. So ist es immer im Leben. Unsere Sichtweise erzeugt Gefühle und unsere Gefühle haben Kettenreaktionen zur Folge. Sie beeinflussen, wie wir heute bereits auf dem Kiesweg erlebt haben, unser Verhalten. Und wie uns unsere kleine Wanderung gezeigt hat, beeinflussen sie auch unsere Körperkraft. Wo war euer Schalter während dieser Übung?« Bei Pia, Jakob und Elena war er mehr oder weniger nach oben gerichtet. Bei mir auch. Bei Pablo blieb er neutral.

»Dort, wo sich dein Schalter befindet, dort ist auch deine Kraft:

In der Neutralposition haben wir noch keinen Kraftverlust.

Bewegt sich unser Schalter jedoch nach unten, werden wir schwächer.

Bewegt er sich hingegen nach oben, werden wir stärker.

Ihr alle habt das im Alltag schon viele Male erlebt.« Elena: »Wenn man zum Beispiel frisch verliebt ist und deshalb das Gefühl hat, man könnte Bäume ausreißen?« »Zum Beispiel, Elena. Selbst wenn in diesem Gefühlszustand Unangenehmes auftauchen sollte, lassen wir uns davon nicht so leicht unterkriegen. Weil wir uns stark genug fühlen, uns dem Alltag zu stellen.« Pia: »Wie meine Mutter, die frisch verliebt genügend Kraft aufbrachte, um durch Matsch und Schnee mehrere Kilometer zur Tanzschule zu gehen, das Tanzbein zu schwingen und danach wieder dieselbe Strecke heimzugehen!«

»Ja. Wenn wir uns gut fühlen, geht vieles leichter und wir sind meist auch aktiver. Geht es uns hingegen schlecht, tendieren wir eher dazu, uns zurückzuziehen – was verständlich ist. Fühlen wir uns dann doch kaum stark genug, uns dem Alltag zu stellen. Destruktive Gedanken lassen immer unsere Kräfte schwinden. Konstruktive Gedanken hingegen heben unsere Kraft an.«

»Ich denke, dazu habe ich ein gutes Beispiel«, erzählte Pablo. »Wie ihr alle wisst, gehört Laufen zu meinen liebsten Hobbys. Daher laufe ich bereits frühmorgens täglich einige Kilometer. Immer dieselbe Strecke. Da gibt es auch eine Frau, die ebenfalls regelmäßig läuft. Ich kenne sie nicht näher, doch ich muss zugeben, dass sie mir besonders gut gefällt. Jedes Mal, wenn wir uns beim Laufen begegnen, schenkt sie mir ein hinreißendes Lächeln. Danach laufe ich immer merklich schneller, ohne mich anzustrengen, ganz so, als ob sie mir mit ihrem Lachen Kraft eingehaucht hätte.«

»In Wirklichkeit, Pablo, hast du dir selbst mehr Kraft gegeben – mit deiner Sichtweise.« Ich sah verstohlen zu Pia. Ja, da schien was dran zu sein. Jedes Mal, wenn ich sie ansah oder auch nur an sie dachte, fühlte ich mich ein wenig stärker. »Bewegt sich dein Schalter nach oben, wird Kraft frei. Bewegt er sich hingegen nach unten, wird Kraft blockiert – und du bist es, der entscheidet, wohin sich dein Schalter bewegt. Du bist der Generaldirektor, der bestimmt, wie viel Kraft dir für den Alltag zur Verfügung steht, wie handlungsfähig du gerade bist. Dein aktueller Gefühlszustand zeigt dir, wie viel deiner Kraft dir momentan zur Verfügung steht.« »Das würde ja bedeuten, wenn mein Schalter zu lange nach unten zeigt, muss ich mich immer schwächer fühlen.« »Ja, Pablo. Wenn dieser Zustand zu lange anhält, fühlst du dich bald ausgebrannt, ausgelaugt und unfähig, im Alltag zu bestehen – ein weitverbreitetes Problem, vor allem bei der Arbeit.« Ein Klick und ein Schalter in negativer Stellung tauchte auf, umgeben von wenig attraktiven Worten:

»Arbeitskräfte werden aus Kostengründen eingespart. Der Konkurrenzkampf wird stärker, die Belastungen für den Einzelnen größer – die Stimmung in vielen Betrieben dadurch gereizter. Immer mehr soll in immer kürzerer Zeit geleistet werden. Bewegt sich in solch einem Umfeld der Schalter nach unten, wird es immer schwieriger, all dem standzuhalten. Denn nun befindet sich der Betroffene nicht nur in einer schwierigen Situation. Er fühlt sich auch noch schlecht und seine Kraft, die er gerade jetzt dringend benötigen würde, steht ihm nur sehr reduziert zur Verfügung!«

»Dazu kann ich etwas sagen«, meldete sich Elena zu Wort. »Im letzten Jahr traten zwei meiner Kollegen ihren wohlverdienten Ruhestand an. Ihre Stellen wurden nicht nachbesetzt. Seitdem haben alle in der Filiale mehr zu tun. Dabei bemerke ich, dass es mir an Tagen, wo es mir gut geht, wesentlich leichter fällt, meine Arbeit zu erledigen. Fühle ich mich jedoch nicht wohl in meiner Haut, geht mir alles ungleich schwerer von der Hand.«

»Weil dir mit schlechter Stimmung weitaus weniger Energie zur Verfügung steht! Natürlich ist es verständlich, wenn sich bei all den Belastungen der Gefühlsschalter nach unten bewegt. Doch ist das auch hilfreich? Ist es hilfreich, wenn Menschen gerade dann, wenn ihre ganze Kraft gefordert ist, sich mit ihrer eigenen Sichtweise schwächen? Natürlich gibt es genügend gute Gründe für das Unbehagen. Der böse, fordernde und vielleicht sogar ungerechte Chef. Die ständigen Veränderungen. Die viel zu viele Arbeit und vieles mehr.

Doch auch der beste Grund kann nichts daran ändern, dass durch die Schalterbewegung nach unten die eigene Kraft blockiert wird.«

Pablo schien ein wenig nachdenklich. »Das ist mir alles klar. Doch etwas verstehe ich trotzdem noch nicht. Du hast gesagt, wenn sich der Schalter nach oben bewegt, wird die Kraft in uns aktiviert. Bewegt er sich hingegen nach unten, wird sie reduziert. Doch was ist mit jenen Fällen, wo ganz normale Menschen in der Lage sind, übermenschliche Kräfte zu entwickeln? Erst vor Kurzem habe ich von so einem Fall gelesen. Ein Jugendlicher wurde von einem Auto überfahren. Er war unter dem Wagen eingeklemmt. Ein Passant, der das Ganze beobachtet hatte, rannte zum Fahrzeug und hob es, obwohl der Wagen ein Vielfaches seines Körpergewichts wog, so weit hoch, dass der Verletzte hervorgezogen werden konnte.[22] Wie ist so etwas möglich? Ist in solch einer Situation nicht der Schalter sehr weit unten und müsste dann nicht – so wie du gesagt hast – die Kraft völlig blockiert sein?«

Anstatt die Frage zu beantworten, wandte sich Gerhard seinem Notebook zu, das wie jeden Abend unauffällig neben dem Beamer seine Dienste versah. Nach wenigen Augenblicken erschien an der Wand das Bild eines Mannes um die dreißig. Er war schlank, trug ein helles Hemd und kurzes Haar. Durch die Gläser einer Brille mit Metallgestell blitzten freundliche Augen. »Das ist Markus, ein ehemaliger Seminarteilnehmer. Auch er war einmal in einer Extremsituation. Aber lassen wir ihn selbst erzählen.« Ein weiterer Klick und neben Markus' Bild tauchte ein Text auf:

»Als ich vierzehn Jahre alt war, nahm mich mein Stiefvater zum Baumfällen mit. Es war ein sehr steiles Gelände. Durch ein Missgeschick fiel einer der Bäume in die falsche Richtung. Dabei wurde der Oberschenkel meines Stiefvaters von dem Baum eingeklemmt. Da lag er nun in dem steilen Hang, den Kopf Richtung Tal, von einem dicken Stamm festgehalten. Ich sah das Malheur, blieb jedoch ruhig und hatte nur ein Ziel vor Augen:

‚Der Baum muss weg!'

---

22 Ein reales Ereignis: Tucson/Arizona/USA 2006.

Ohne viel nachzudenken, hob ich, der Vierzehnjährige, den ausgewachsenen Baum, mit einem Durchmesser von fast einem Meter, einfach hoch. Nun konnte sich mein Stiefvater befreien. Er kam mit dem Schrecken und einigen blauen Flecken davon.«[23]

»Wie ist das möglich? Wie kann ein Vierzehnjähriger solche Kräfte aufbringen?« Fragend sah uns Gerhard an. »Sehr oft hört man, dass dies das aufputschende Adrenalin sein soll«, suchte Pablo nach einer Erklärung. »Ja, das hört man in solchen Fällen immer wieder. Doch Adrenalin ist ein Stresshormon und Stresshormone werden aktiviert, wenn sich unser Schalter nach unten bewegt. Was dabei in unserem Körper passiert, haben wir ja bereits vor einiger Zeit besprochen: Er wird auf Kampf oder Flucht vorbereitet, der Herzschlag erhöht, die Muskeln gespannt. Doch kann ich damit wirklich erklären, wie ein Vierzehnjähriger zu einer solch extremen Leistung imstande ist? Bewegt sich in solchen Fällen der Schalter tatsächlich nach unten? Markus sagt *‚Nein‘* und meine Forschungen bestätigen seine Aussage.

In den letzten zwei Jahrzehnten habe ich mehr als ein Dutzend Menschen kennengelernt, die – so wie Markus – Extremes erlebten und dabei in der Lage waren, Unglaubliches zu leisten. Jedes Mal habe ich die Gelegenheit genutzt, sie genau zu befragen. Ich wollte vor allem eines wissen: Was ist in jenen Sekunden, in denen sie das scheinbar Unmögliche taten, in ihren Köpfen vorgegangen. Und siehe da: Bei allen war im Moment der Wahrheit der Schalter ganz oben. Zwar hatte keiner von ihnen bewusst etwas dazu beigetragen – dazu ging alles viel zu schnell. Doch instinktiv dachte keiner von ihnen in diesem Moment an die eigenen Grenzen oder dass das unmöglich sei, was sie gerade taten. Ganz im Gegenteil. In genau dem Moment, in dem das schier Unmögliche möglich wurde, waren Zuversicht und der Glaube an das Gelingen die treibenden Kräfte. Kein Zweifel. Keine Angst. Kein Stress. Nur Zuversicht und Glaube. Ein unbewusstes ***‚Ich kann‘*** bewegte ihren Schalter nach oben, be-

23 Ein reales Erlebnis: Schweiz 1983.

freite ihre Kraft und ließ sie über sich selbst hinauswachsen.[24]

Doch das bedeutet nicht, dass keine Stresshormone im Spiel waren. Viele der von mir Befragten sind an einem Übermaß dieser Hormone zusammengebrochen. Jedoch erst, nachdem alles vorbei war – nachdem ihnen bewusst geworden war, in welch gefährlicher Lage sie sich befunden hatten. Dann kippte ihr Schalter weit nach unten und erst jetzt wurde ihr Körper mit übermäßiger Stresschemie belastet. So wie auch Elisabeth.« Klick. Eine jugendlich wirkende, zierliche Frau mit hellblauer Weste erschien auf der Leinwand. Der Text neben ihr erzählte ihre Geschichte:

»Vor Jahren arbeitete ich in einem Drogenrehabilitationszentrum auf dem Lande. Einmal wöchentlich mussten abends die Meldezettel der neu eingelangten Patientinnen und Patienten zum Gemeindeamt gebracht werden. Es war ein Dienstag im Februar. Ich war an der Reihe, die Meldezettel ins Amt zu bringen. In der Dämmerung fuhr ich Richtung Dorf. Der Asphalt war spiegelglatt. In einer Kurve kam ich mit meinem Kleinwagen von der Straße ab. Mein Fahrzeug hat sich mehrmals überschlagen und ist eine Böschung runtergerollt. Auf der stark vereisten Oberfläche eines Baches blieb der Wagen mit den Rädern nach oben liegen.

Ich blieb, wie durch ein Wunder, unverletzt. Kopfüber lag ich nun da, in meiner Bewegungsfreiheit stark eingeschränkt. Das Dach war eingedrückt. Mein rechter Fuß eingeklemmt. Mein einziger Gedanke war: *‚Ich muss schnellstens hier raus. Müssen doch die Meldezettel noch zum Gemeindeamt gebracht werden!'* Erstaunlicherweise konnte ich in diesem Moment absolut klar denken. Ich geriet nicht im Geringsten in Panik. Da sich weder Tür noch Fenster öffnen ließen, habe ich mit bloßen Händen mit einem einzigen Schlag die Seitenscheibe eingeschlagen und bin, nachdem es mir gelungen war, meinen eingeklemmten Fuß zu befreien, aus dem Auto geklettert. Ru-

24 Volksmund: »Der Mensch wächst mit seinen Aufgaben.«

hig setzte ich zu Fuß meinen Weg zum Dorf fort, die Meldezettel unterm Arm. Nach einiger Zeit kam ich zu einem Haus, von dem aus ich die Polizei verständigte. Meine größte Sorge war, ob ich es noch schaffen würde, die Meldezettel zum Gemeindeamt zu bringen, bevor es schloss. Keiner der Polizisten wollte mir glauben, dass ich es war, die die Scheibe des Wagens mit den Händen eingeschlagen hatte.

Erst nach mehreren Stunden – als mir bewusst wurde, was alles hätte passieren können – bin ich emotional zusammengebrochen. Leider konnte ich an diesem Abend auch die Meldezettel nicht mehr abgeben. Denn das Gemeindeamt hatte bereits geschlossen.«[25]

»Eine zierliche Frau und ein Vierzehnjähriger. Beide mit gewaltigen Kräften versehen. Kaum zu glauben und doch wahr. Woher nahmen sie ihre Kraft? Wo kam diese übermenschlich erscheinende Stärke her?« »Aus ihrem Inneren!?«, rief Pablo begeistert. »Ja!«, bestätigte Gerhard. »Diese enorme Kraft steckt offenbar in uns. Doch sie steht uns nur dann zur Verfügung, wenn keine destruktive Sichtweise sie bremst.

Frisch Verliebte, die sich jeder Herausforderung gewachsen fühlen. Pablo, den das Lächeln einer Läuferin zu Höchstleistungen anspornt. Spitzensportler, die immer wieder Rekorde brechen und uns damit zeigen, was tatsächlich möglich ist. Aber auch der vierzehnjährige Markus und die zierliche Elisabeth, denen es gelang, in Ausnahmesituationen unglaubliche Kräfte zu aktivieren. All das sind Beispiele dafür, welch enorme Ressourcen in uns verborgen sind. Markus und Elisabeth sind Menschen wie du und ich. So wie ihnen steht uns allen viel mehr Kraft zur Verfügung, als wir im Alltag tatsächlich benötigen. Bewegt sich jedoch unser Schalter nach unten, wird uns der Zugang dazu verwehrt. Unser Gefühlsschalter ist das ‚Ventil', das unseren Energiehaushalt regelt.«

---

25 Ein reales Erlebnis: Österreich 1994.

»Bedeutet das nun, dass es notwendig ist, immer gut drauf zu sein, um im modernen Alltag bestehen zu können?« »Nein, Pablo. Überhaupt nicht. Es wäre sicher angenehm, ständig mit einem Hochgefühl durch's Leben zu gehen. Aber nötig ist es nicht. Das, was ich euch jedoch sehr ans Herz legen möchte, ist, die Momente des Schlecht-drauf-Seins so weit wie möglich zu reduzieren. Ersetzt die negative Schalterstellung durch die neutrale. Denn bereits in der Neutralposition, im Zustand der Gelassenheit, steht uns genügend Kraft zur Verfügung, um den Alltag gut zu meistern.«

Jakob meldete sich zu Wort: »Ist das gemeint, wenn der Volksmund sagt: *‚In der Ruhe liegt die Kraft'*?« »Ja, Jakob. Das ist damit gemeint. Sprichwörter und Redensarten entstehen meist dann, wenn Menschen über lange Zeit immer wieder gleiche Erfahrungen machen.[26] Das Sprichwort bringt dann in einfachen Worten die erkannte Gesetzmäßigkeit auf den Punkt. So gibt es eine Fülle von Sprichwörtern, die uns Hinweise darauf geben, wie unser Leben funktioniert. Ich werde euch in einer der nächsten Stunden anhand solcher Sprichwörter den Schlüssel zum Wohlgefühl liefern. Zuvor jedoch werden wir noch eine andere Redewendung analysieren.« Mit einem Klick tauchte ein altbekanntes Sprichwort an der Wand auf:

Lachen ist gesund!

»*Er soll mich zum Lachen bringen!* Dieser Wunsch steht von all den Eigenschaften, die sich Menschen von ihrem Lebenspartner wünschen, zumeist ganz weit vorn auf der Liste. Warum ist das so?« Pia vermutete: »Weil es uns gut tut?« »Ja. Lachen tut uns gut. Denn nach dem Lachen fühlen wir uns besser als zuvor – und es ist tatsächlich gesund.«

Mit einer Handbewegung lenkte Gerhard unsere Blicke zur Leinwand, wo inzwischen das Sprichwort der Überschrift eines Zeitungsartikels Platz gemacht hatte:

---

26 Ausnahme: Sprichwörter, die auf Aberglauben beruhen (z. B. »Spinne am Morgen bringt Kummer und Sorgen«, »Scherben bringen Glück« usw.).

Schlechte Laune schwächt das menschliche Immunsystem

»Immer mehr Untersuchungen bestätigen uns heute, dass es zwischen Stimmungslage und Gesundheit einen direkten Zusammenhang gibt. So konnte in dieser Untersuchung nachgewiesen werden, wie stark unser Immunsystem von unserer Stimmung beeinflusst wird. Vereinfacht ausgedrückt könnte man sagen: Bist du in guter Stimmung, ist es auch dein Immunsystem. Würde nun ein Virus deinen Körper überfallen, ist die Wahrscheinlichkeit hoch, dass dein Immunsystem in der Lage ist, dieses Virus erfolgreich zu bekämpfen. Denn es ist stark und hellwach. Das Ergebnis: Du bleibst gesund.

Würde jedoch dasselbe Virus angreifen, wenn du in schlechter Stimmung bist, ist die Wahrscheinlichkeit, krank zu werden, ungleich größer. Denn dann ist dein Immunsystem zu schwach und kann sich schwer gegen den Überfall wehren.«

»Jetzt ist mir einiges klarer«, überlegte Elena. »Während der Wintermonate passiert es immer wieder, dass Kunden mit roter, triefender Nase und glasigen Augen bei mir am Schalter stehen. Oft machen die Bedauernswerten mit einem herzzerreißenden Schnäuzen oder mit ohrenbetäubendem Niesen auf sich aufmerksam und verteilen dabei unzählige Viren in der ganzen Filiale. Doch obwohl wir alle mit diesen Viren konfrontiert sind, wird nur selten ein Kollege krank.« »Weil man nur krank wird, wenn sich das Immunsystem gegen den Angriff nicht wehren kann. Es ist nicht das Virus, das krank macht. Es ist das Immunsystem, das sich nicht wehren kann – und auf dieses haben wir mit unseren Gefühlen Einfluss.«

Ich erinnerte mich an den Zeitungsartikel vom letzten Sonntag: »Ich habe gelesen, dass eine positive Lebenseinstellung sogar das Risiko, eine Herzerkrankung zu erleiden, stark reduziert.« »Nicht nur das, Kilian. Neben Herz-Kreislauf-Erkrankungen können auch Bluthochdruck, Magengeschwüre, Entzündungskrankheiten, Schlafstörungen, Schäden an den Blutgefäßen, Rückenschmerzen und vieles mehr mit unserer Stimmung in Zusammenhang stehen. Die Wirkung unserer Gefühle auf unsere Gesundheit wird immer besser erforscht. Und auch wenn vieles davon erst in den letzten Jahren nachgewiesen werden konnte – es hat anscheinend schon immer Menschen gegeben, die diese Zusammenhänge erkannt haben, wie dieses alte Sprichwort zeigt …« (Klick).

Die Gesunden und die Kranken haben ungleiche Gedanken

»Unsere Gedanken und die daraus resultierenden Gefühle beeinflussen also nicht nur unsere Kraft. Auch unsere Gesundheit wird von ihnen beeinflusst. Doch das ist noch lange nicht alles.« Wieder ein Klick und ein Video, das die Wand ausfüllte, lief vor unseren Augen ab:

»Wir alle können uns an diese grauenhaften Bilder erinnern«, kommentierte Gerhard die gespenstische Szene, während ich, so wie damals, nur mit Mühe verhindern konnte, dass mir Tränen in die Augen stiegen unter dem Eindruck von all diesem Leid. »Die Bilder kennt ihr. Doch könnt ihr euch auch daran erinnern, WO ihr damals, als ihr sie das erste Mal gesehen habt, gewesen seid?«

Ich erinnerte mich genau. Ich war bei der Arbeit, sprach gerade mit einem Kunden, der einen Drucker kaufen wollte. Als plötzlich eine Unzahl von Fernsehapparaten, die am Rande meiner Abteilung zu einer riesigen Wand gestapelt waren, von den schrecklichen Bildern erfasst wurden. Feuer, Rauch und Panik breiteten sich in Windeseile über die gesamte Fläche aus. Alles verstummte. Ungläubig gingen wir näher heran. Ganz so, als wollten wir die schauderhafte Szene als Katastrophenfilm enttarnen. Doch das eingeblendete Datum und die entsetzte Stimme des Sprechers ließen jegliche Hoffnung schwinden. Meine Erinnerungen waren so klar. Als ob es gestern gewesen wäre.

Doch nicht nur bei mir hatte sich dieser Moment stark ins Gedächtnis eingebrannt. Auch den anderen waren viele Details noch in Erinnerung. Gerhard: »So wie euch geht es fast allen Menschen. Die meisten können sich auch heute noch erinnern, wo sie damals waren, obwohl inzwischen Jahre vergangen sind. Machen wir einen zweiten Versuch: Erinnert euch jetzt, so gut ihr könnt, daran, wo ihr am 11. September des **letzten** Jahres wart.«

Ich begann in meinen Erinnerungen zu kramen. Der 11. September des letzten Jahres? Wenn es ein Wochentag war, war ich wahrscheinlich bei der Arbeit. War es Sonntag, dann nicht ... Ich konnte noch so angestrengt nachdenken. Mir wollte nichts Konkretes einfallen. »Wo genau warst du am 11. September letzten Jahres?«, wiederholte Gerhard seine Frage. Nur ein Arm in der Luft. »Ich verbrachte mit meiner Freundin einen wunderbaren Tag in Venedig. Sie war schon lange der Meinung, dass ich zu viel arbeite. So überraschte sie mich mit dieser Reise. Es war wunderschön.« Pablo war der Einzige, der mit Erinnerungen vom letzten Jahr aufwarten konnte. Alle anderen mussten passen. »Elena, Kilian, Pia, Jakob. Warum könnt ihr euch so genau an den 11. September 2001 erinnern, jedoch nicht an den 11. September des letzten Jahres?« »Letztes Jahr ist nichts Einschneidendes passiert!«

»Ja, Pia. Der 11. September des letzten Jahres hat sich von anderen Tagen kaum unterschieden. Oder besser gesagt: Euer Schalter hat sich an diesem Tag weder stark nach oben noch stark nach unten bewegt. Wäre das nämlich der Fall gewesen, dann könntest du dich, so wie Pablo, an den 11. September des letzten Jahres erinnern. Denn:

Starke Gefühle sind der Klebstoff der Erinnerungen!

Bei den meisten Menschen haben die Bilder der einstürzenden Türme starke Gefühle ausgelöst. Und immer dann, wenn starke Gefühle im Spiel sind, prägen sich diese Erlebnisse stark in unser Gedächtnis ein.[27] Dabei ist es völlig egal, ob diese starken Gefühle angenehmer oder unangenehmer Natur sind: Hat dich am 11. September 2001 das menschliche Leid stark berührt, wirst du dich an diesen Moment ziemlich genau erinnern können. Genauso wie sich auch die erste wirklich große Liebe in das Gedächtnis der Verliebten unauslöschlich eingebrannt hat. Hielten sie sich einmal liebestrunken im Arm, umrahmt von romantischer Musik und erfasst von starken Gefühlen, wird diese Melodie oft noch nach Jahren als ‚unser Lied' erkannt. Auch Pablo fällt es leicht, sich an den 11. September des letzten Jahres zu erinnern. Denn an diesem Tag war sein Schalter in Venedig offensichtlich ziemlich weit oben.« Pablo nickte gut gelaunt.

»Doch was hat das für Folgen? Wie wirken sich starke Erinnerungen in der Gegenwart aus?« Auch jetzt wusste unser Pablo – der elegante Inhaber eines Herrenmodehauses – eine Antwort: »Ich lege bei meinen Angestellten besonders großen Wert auf gute Umgangsformen. Darauf, dass alle Kunden stets wertschätzend, freundlich und höflich behandelt werden. So, wie auch ich versuche, allen Menschen, mit denen ich tagtäglich zu tun habe, mit Respekt und Achtung zu begegnen.« Ja, das tat Pablo wirklich. Ich kannte ihn zwar erst seit wenigen Wochen – eigentlich war er mir noch ziem-

---

27 Es gibt zwei Möglichkeiten, wie wir unserem Gehirn signalisieren können, dass etwas wichtig ist und sich deshalb in unser Gedächtnis einprägen soll: 1. durch Verbindung mit starken Gefühlen (= Erlebnisintensität), 2. durch Wiederholung (= Training – siehe Kapitel 10).

lich fremd. Doch trotzdem schaffte er es jedes Mal, wenn ich mit ihm sprach, mir dieses gewisse Wohlgefühl zu vermitteln.

»Ich mache keine Unterschiede«, setzte Pablo fort, »egal ob Freunde, Kunden, Verkäuferinnen, Näherinnen oder Reinigungspersonal. Alle werden von mir gleich gut behandelt. Weil ich mich dabei wohler fühle und es meiner Umgebung gut tut. Oft genug schon habe ich die Erfahrung gemacht: Wenn mal Not am Mann ist, kann ich auf meine Damen zählen. Eine Näherin wird krank! Eine andere ist auf Urlaub! Die Änderungsabteilung ist völlig unterbesetzt – und alle helfen zusammen. Da kann es schon einmal vorkommen, dass bis spät in die Nacht gearbeitet wird, damit ein Kunde auch wirklich zum versprochenen Zeitpunkt seinen Anzug bekommt. Würden jedoch negative Erinnerungen unser Verhältnis stören, würde ich meine Mitarbeiterinnen wohl kaum dazu bewegen können, freiwillig länger zu bleiben. Mir ist auch bewusst: Bleibe ich meinen Kunden nicht in guter Erinnerung, dann werden sie sicher nicht wiederkommen. Dann würde ich als kleiner Unternehmer wohl kaum in der Lage sein, am Markt zu bestehen. Deshalb versuche ich auch, den bestmöglichen Service zu bieten. Doch all das ist nur möglich, wenn sich meine Damen wohlfühlen, wenn unser Zusammensein nicht durch negative Erinnerungen und damit verbundene Rachegelüste getrübt wird.«

»Ja, ja! Rache ist süß!«, brachte sich nun auch Elena in das Gespräch ein. »Vor mehreren Jahren war ich in einem Geschäft. Beim Betreten des Ladens wurde ich weder begrüßt, noch fanden es die zwei Verkäuferinnen, die sich im hinteren Bereich des Geschäftes gerade angeregt unterhielten, der Mühe wert, mich nach meinen Wünschen zu fragen.« Elenas Stimme hatte sich bei diesen Worten leicht verändert. Sie wirkte fast ein wenig zornig. »Angeregt führten die beiden Verkäuferinnen ihr Gespräch weiter, ohne mich zu beachten. Mit stark nach unten gerichtetem Schalter sah ich mich um. Bereits nach kurzer Zeit verließ ich das Geschäft, ohne etwas zu kaufen, und habe es seitdem nie mehr betreten. Doch nicht nur das. Ich habe inzwischen auch vielen Freundinnen von meinem Erlebnis erzählt und so sicherlich verhindert, dass sich diese je in dieses Geschäft verirren werden.«

»Starke Erinnerungen haben starke Folgewirkungen«, ging Gerhard auf das Erlebnis ein. »Denn sie beeinflussen nicht nur unser aktuelles Verhalten. Sie versetzen uns auch, sobald wir an sie denken, in die damalige Stimmungslage zurück.« »Da ist was dran«, stimmte Elena zu, »als ich jetzt von meinem Erlebnis erzählte, habe ich mich wieder genauso schlecht wie damals gefühlt.« Da hatte ich mich also nicht getäuscht! Gerhard setzte noch hinzu: »Stellen wir uns einmal vor, Elena, du sitzt alleine zu Hause und dir fällt dieses Erlebnis plötzlich ein. Das bleibt nicht ohne Wirkung. Sofort fühlst du dich schlecht. Was auch bedeutet, dass deine Energie blockiert und dein Immunsystem geschwächt wird. Das Ganze ist zwar schon längst vorbei, beeinflusst aber noch immer dein Leben. Weil du eine starke Erinnerung im Kopf hast.«

Die Lautsprecher in den Ecken des Raumes erwachten zum Leben. Mein Blick fiel durch eines der großen Fenster. Inzwischen war es draußen dunkel geworden. Während leise die Frauenstimme wieder einmal ihr »One, two, three …« anzustimmen begann, machte sich Gerhard daran, den heutigen Abend zusammenzufassen:

»Gefühle sind nur das erste Glied einer langen Kette! Unsere Sichtweisen erzeugen Gefühle, die sich nicht nur so anfühlen, wie sie sich anfühlen. Sie haben auch Folgewirkungen. Denn Gefühle beeinflussen …

- **unser Verhalten.** Das haben wir nicht nur heute am Kiesweg erlebt. Bereits seit unserem ersten Atemzug beeinflussen Gefühle unser Tun. Als Baby schreien wir, wenn sich etwas nicht gut anfühlt, und lachen, wenn wir uns wohl und sicher fühlen. In der Schule sitzen wir in der dritten Reihe, weil da auch Melanie und Hubert sitzen, mit denen wir uns so gut verstehen. Als Teenager beginnen wir uns rauszuputzen, ziehen uns mehrmals um, bevor wir das Haus verlassen, wollen andere beeindrucken und fühlen uns ziemlich gut dabei. Als Erwachsene eröffnen wir Sparbücher bei der Bank unseres Vertrauens und kaufen alles Mögliche, nur damit wir uns gut fühlen. Und selbst ein Professor lässt sich beim Streit um einen Parkplatz von seinen Gefühlen leiten. Wohin wir auch schauen, überall finden wir eine Unzahl von Beispielen, die uns ständig vor Augen halten, wie sehr Gefühle unser Verhalten beeinflussen. Aber auch

- **unsere Kraft** bleibt von ihnen nicht unbeeinflusst. Unsere kleine Wanderung auf die Anhöhe hat es uns heute spüren lassen. Gefühle entscheiden, wie viel Energie uns im Moment zur Verfügung steht, ob wir stark genug sind, den Alltag zu meistern oder nicht. Und wenn wir uns zurückerinnern, wie stark Stresshormone unseren Körper beeinflussen, dann ist es kaum verwunderlich, dass auch

- **unsere Gesundheit** von Gefühlen beeinflusst wird. Ständig nehmen wir mit unserer Sichtweise Einfluss auf unseren Körper. Selbst

- **unser Gedächtnis, unsere Stimme, unsere Körperhaltung, Mimik und Gestik** bleiben von unseren Gefühlen nicht verschont.

Unsere Sichtweise ist DIE kleine Ursache, die für große Wirkungen in unserem Leben sorgt. So ist es nur allzu verständlich, dass der große Philosoph Sir Karl Popper[28] bereits vor langer Zeit formulierte ...« Ein Klick.

Nichts aber ist verantwortungsloser als Pessimismus!

»One, two, three« klang es wieder im Hintergrund.

»Damit du im Laufe der Zeit deine Sichtweise immer besser in den Griff bekommst, behalte bitte bis zum nächsten Mal dein Konzentrationstraining bei. Konzentriere dich weiterhin nach Lust und Laune auf Rot, Grün, das Schöne oder andere Aspekte deiner Wahl

---

28 Österreichisch-britischer Philosoph (1902–1994). Mit seinen Arbeiten begründete er den kritischen Rationalismus.

und erweitere dein Training, indem du ab und zu, wenn du eine Zeitung durchforstest, diese so hältst, dass die Buchstaben am Kopf stehen. Versuche die Artikel, für die du dich entschieden hast, verkehrt zu lesen. Das erfordert deine ganze Konzentration und bringt dich so wieder einen Schritt näher, deiner Affenbande die Macht zu nehmen. Ich danke euch für die Aufmerksamkeit. Nächste Woche könnt ihr wieder in normaler Kleidung erscheinen.«

Der elegante Pablo schien bei diesen Worten ein wenig aufzuatmen.

»Wir werden uns nächstes Mal ansehen, ob es eine Möglichkeit gibt, unangenehme Gefühle zur Verbesserung unserer Lebensqualität zu nutzen.«

9. Alternativen

Samstag. *D-r-e-i E-l-c-h-e s-t-e-r-b-e-n a-n S-t-r-e-s-s.* Na, das ging ja schon ganz gut. Seit Donnerstag übte ich mich nun bereits darin, Zeitungstexte verkehrt zu lesen. Anfänglich war es eine ziemliche Plackerei. Doch heute, nach zwei Tagen, empfand ich das verkehrte Lesen schon viel einfacher. Mein Gehirn dürfte sich inzwischen wohl daran gewöhnt haben. Ich las weiter.

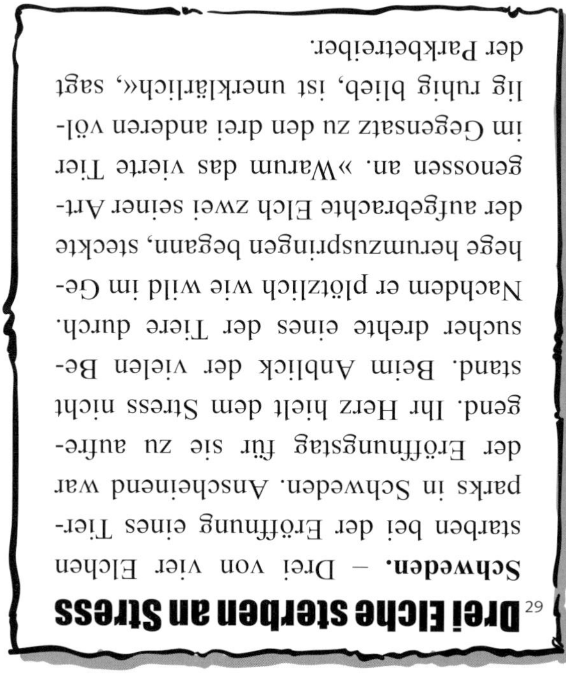

Drei Elche sterben an Stress[29]

Schweden. – Drei von vier Elchen starben bei der Eröffnung eines Tierparks in Schweden. Anscheinend war der Eröffnungstag für sie zu aufregend. Ihr Herz hielt dem Stress nicht stand. Beim Anblick der vielen Besucher drehte eines der Tiere durch. Nachdem er plötzlich wie wild im Gehege herumzuspringen begann, steckte der aufgebrachte Elch zwei seiner Artgenossen an. »Warum das vierte Tier im Gegensatz zu den drei anderen völlig ruhig blieb, ist unerklärlich«, sagt der Parkbetreiber.

Offenbar belastet ein Übermaß an Stresshormonen nicht nur uns Menschen. Beim Anblick der vielen Besucher dürfte sich der Gefühls-

29 Ein reales Ereignis: Virum-Elchpark/Schweden 2008.

schalter dieses Elchs ziemlich weit nach unten bewegt haben. Diese Tiere scheinen uns Menschen sehr zu ähneln. Nicht nur, dass auch ihr Körper auf Stresshormone reagierte. Auch vom Schimpfen anderer ließen sie sich offensichtlich anstecken. So wie ich. Wie oft hatte ich es schon erlebt, dass mich das Schimpfen, Jammern und Schwarzmalen anderer Menschen infizierte. Den zwei Kameraden unseres bedauernswerten Elchs dürfte es wohl ähnlich ergangen sein. Doch was war mit dem vierten Tier? Der vierte Elch ließ sich offensichtlich von seinem Artgenossen nicht anstecken. Trotz all der Hektik blieb er völlig ruhig und gelassen und ließ sich von dem schimpfenden Elchkollegen nicht im Geringsten beeindrucken. Vielleicht war er ja einmal bei Gerhard auf dem Seminar? Werd' am Mittwoch wohl fragen müssen. Mit einem Schmunzeln blätterte ich weiter.

Sonntag. Ich liebte diesen Duft. Als ich auf die Holztür mit dem kleinen Glasfenster zuging, stieg mir der dem Lavendel so eigene Geruch in die Nase. Wahrscheinlich wurde in der anderen Kabine gerade aufgegossen. Es war schon Ewigkeiten her, dass ich das letzte Mal in der Sauna war. Da Manuel das ganze Wochenende bei seiner Mutter verbrachte, hatte ich heute viel Zeit für mich. Ich betrat die holzverkleidete Kabine und suchte mir einen kuscheligen Platz in der Ecke. Von hier aus hatte ich die Uhr, die durch das kleine Glasfenster zu sehen war, gut im Blick. Das Fenster an der Längswand war geöffnet. Ein rhythmisches Klatschen von Regentropfen war hörbar. Ab und zu streifte etwas kühlere Luft vom offenen Fenster her meine Haut. Noch fünfzehn Minuten bis zum Aufguss. Genussvoll lehnte ich mich zurück. Ich wollte gerade meine Augen schließen, als ein Geräusch meine gemütliche Einsamkeit unterbrach.

Ein glatzköpfiger, älterer Herr, sein Handtuch nur mit Mühe um den riesigen Bauch geschlungen, suchte sich einen Platz in der untersten Reihe. Langsam füllte sich die Kabine. Noch acht Minuten bis zum Aufguss. Inzwischen hatte die anfängliche Einsamkeit acht anderen Menschen Platz gemacht. Die meisten von ihnen schienen sich gut zu kennen. Und sie hatten es sich offenbar zur Aufgabe gemacht, auch denen, die es gar nicht wissen wollten, die neuesten

Nachrichten zukommen zu lassen.

»Es ist schon eine Frechheit, was sich diese Ausländer erlauben.« Anscheinend war irgendwo in der Stadt vor Kurzem ein Einbruch verübt worden. »Dieses arbeitsscheue Gesindel. Und wir müssen die dann mit unserem Steuergeld durchfüttern«, ereiferte sich der Glatzkopf in der ersten Reihe. Zwei andere pflichteten ihm lautstark bei.

Ich begann bereits zu spüren, wie sich mein Schalter aufmachte, seinen Weg nach unten anzutreten. Doch das wollte ich keinesfalls zulassen, nur weil jetzt drei »Elche« in Panik gerieten. Noch drei Minuten bis zum Aufguss und die Diskussion um die ach so bösen Ausländer ging munter weiter. Ich wollte der »vierte Elch« sein. Sollten die anderen doch in aller Ruhe an ihrem Herzinfarkt arbeiten. Ich war nicht gewillt, da mitzumachen.

So gut ich konnte, lenkte ich meine Konzentration auf meinen Körper. Ich versuchte, so wie bei unserer blinden Wanderung, jeden Muskel meiner Beine wahrzunehmen. Dann die Oberfläche meiner Haut, auf der sich inzwischen hunderte Schweißperlen ihren Weg nach unten bahnten. Die warme Luft, die mich wie ein schützender Kokon umgab. Ich genoss die wohlige Temperatur. Spürte das frische Handtuch, auf dem ich saß. Und diese schöne Farbe. Das musste Purpur sein. Wie lange mochte ich es wohl schaffen, den Sekundenzeiger der Uhr im Auge zu behalten, ohne dabei an etwas anderes zu denken? … So gelang es mir nicht nur, die Minuten bis zum Aufguss einigermaßen unbeschadet zu überstehen. Ich nutzte gleichzeitig die Zeit, um meine Konzentration zu trainieren.

Inzwischen war die Kabine bis auf den letzten Platz gefüllt.

»Wer macht den Aufguss?«, klang es aus der untersten Reihe. Unser Glatzkopf war es offensichtlich gewohnt, das Wort zu führen. Schweigen. »Will niemand aufgießen?«, versuchte er es nochmals. Diesmal erfolgreich. Denn ein sportlich wirkender Mann aus der obersten Reihe stand auf, nahm die Schöpfkelle in die Hand und blickte in die Runde. Bevor er jedoch begann, das Wasser auf die heißen Steine zu gießen, sprach er laut, mit ausländischem Akzent, jedoch in perfektem Deutsch, mit dem das der drei »Elche« nicht zu vergleichen war: »Ich hoffe, die Herren akzeptieren einen ausländischen Aufguss?« Sein Blick war dabei auf den Glatzköpfigen gerichtet, der gerade verlegen seine Fußnägel betrachtete.

Mittwoch. Goethestraße. Ich war wirklich gespannt. Gerhard hatte ja letzten Mittwoch angekündigt, dass er uns heute zeigen würde, wie wir mit Hilfe unserer unangenehmen Gefühle zur Verbesserung unserer Lebensqualität beitragen könnten. Meine Neugier musste sich jedoch noch ein wenig gedulden. Denn Elena war gerade beim Erzählen:

»Ich hatte vor einigen Tagen ein interessantes Gespräch mit meiner Kollegin Helga. Ich erzählte ihr vom letzten Seminarabend. Dabei erwähnte ich auch den vierzehnjährigen Markus, der ganz alleine einen Baum hochgehoben hat. Da erinnerte sich Helga an eine Begebenheit, die lange vor meiner Zeit in der Bank geschehen war. Damals waren die Bankschalter noch richtig hohe Pulte, welche die Mitarbeiter von den Kunden trennten. Ein inzwischen pensionierter Kollege, bekannt für seinen eigenwilligen Humor, ließ eines Tages eine Gummispinne, die einer echten Spinne zum Verwechseln ähnlich sah, neben Helga auf den Boden fallen. Wohl wissend, dass Helga seit jeher mit einer starken Spinnenphobie zu kämpfen hatte. Als Helga, die gerade ein Gespräch mit einem Kunden führte, die Spinne sah, handelte sie sofort – ohne nachzudenken. Sie, die Unsportliche, sprang, ohne sich anzustrengen, aus dem Stand wie eine durchtrainierte Athletin auf das hohe Pult. Helga hatte nur ein Ziel vor Augen: *‚Da muss ich rauf!'* Ich denke, dass ich nicht erwähnen muss, dass der Kunde, vor dessen staunenden Augen all das passierte, Helga ziemlich irritiert von unten ansah.«[30]

Wir alle mussten bei der Vorstellung, wie eine seriöse Bankangestellte plötzlich vor ihrem verdutzten Kunden auf den Schalter springt, herzlich lachen.

Gerhard, noch immer lachend: »Elena, das ist ein schönes Beispiel für die Kraft, die tatsächlich in uns steckt. Wir wissen inzwischen auch, warum deine Kollegin in der Lage war, das zu tun, obwohl sie keine Athletin war: Weil unsere Kraft von unserer aktuellen Sicht-

30 Ein reales Erlebnis: Österreich 1981.

weise und der damit verbundenen Schalterstellung gelenkt wird. Doch unser Schalter beeinflusst nicht nur unsere Kraft. Auch unsere Gesundheit, unser Verhalten und noch vieles mehr wird von ihm beeinflusst. Unangenehme Gefühle fühlen sich deshalb nicht nur mies an. Sie lösen auch Kettenreaktionen aus, die unser gesamtes Leben in Mitleidenschaft ziehen. Trotzdem sollten wir sie nicht verteufeln. Denn sie erfüllen für den Eingeweihten einen wichtigen Zweck. Ja, ihr habt richtig gehört. Unangenehme Gefühle erfüllen eine wichtige Funktion! Welche könnte das wohl sein?«

Stille im Raum. Alle schienen angestrengt nachzudenken.

»*Welchen Zweck erfüllen unangenehme Gefühle?*«, wiederholte ich in Gedanken Gerhards Frage, während sich Jakob bereits zu Wort meldete: »Sie informieren mich darüber, dass mir etwas nicht passt.«

Gerhard schien mit Jakobs Antwort sichtlich zufrieden. »Ja! Unangenehme Gefühle informieren uns darüber, dass uns gerade etwas nicht passt. Denn sonst würde sich unser Schalter ja nicht nach unten bewegen. Doch das ist noch nicht alles. Fühlen wir uns schlecht, geben uns unsere Gefühle noch eine weitere Information. Welche könnte das sein?«

Keine Ahnung. Negative Gefühle waren für mich einfach nur unangenehm. Dass diese Quälgeister auch für etwas gut sein könnten, darüber hatte ich mir noch nie Gedanken gemacht. Die Stille im Raum ließ vermuten, dass auch die anderen darüber bis jetzt nicht wirklich nachgedacht hatten.

»Erinnert euch an die letzte Stunde. An all die Kettenreaktionen, die unsere Gefühle nach sich ziehen«, versuchte Gerhard, uns auf die Sprünge zu helfen. Bei Pablo schien das auch Wirkung zu zeigen: »Unangenehme Gefühle informieren mich darüber, dass ich gerade dabei bin, meine Kraft zu blockieren, meine Gesundheit zu schädigen, negative Gedächtnisinhalte einzuspeichern und mein Verhalten negativ zu beeinflussen.«

»Volltreffer, Pablo!«, rief Gerhard in den Raum. »Unangenehme Gefühle – so schrecklich sie sich auch anfühlen mögen – erfüllen einen wichtigen Zweck!« Während Gerhard weitersprach, erschienen seine Worte – Klick für Klick – auch an der Wand:

Der Sinn unangenehmer Gefühle

A) Sie machen mich darauf aufmerksam, dass mir etwas nicht passt!

B) Sie informieren mich darüber, dass ich gerade dabei bin, mein Leben negativ zu beeinflussen!

»Niemand von uns will unangenehme Gefühle – und doch sind sie wichtig. Denn sie warnen uns. Geben uns spürbare Hinweise, dass wir den eingeschlagenen Weg überdenken sollten. Wie eine Warnlampe, die zu blinken beginnt, bevor Schlimmeres passiert.« (Klick).

»Unangenehme Gefühle sind ein wichtiges Warnsignal, das uns darüber informiert, dass eine Veränderung sinnvoll wäre. Haben wir das einmal erkannt, sind wir der Verbesserung unserer Lebensqualität wieder einen Schritt näher gekommen. Doch was konkret sollten wir ändern, wenn unangenehme Gefühle in unser Leben treten? Was meint ihr?«

Pablo: »Da uns unangenehme Gefühle zeigen, dass uns etwas nicht passt, könnten wir versuchen, die ungeliebte Situation zu verändern.« »Ja, das wäre eine Möglichkeit. Doch was tue ich, wenn es nicht möglich ist, die Situation zu verändern?« Jakob: »Dann sollten wir die Sichtweise verändern. Denn es macht wenig Sinn, sich in einer Situation, die man nicht ändern kann, weiterhin schlecht zu fühlen.« »Sehr gut, Jakob. Kann ich die Situation nicht verändern, steht mir noch immer die Möglichkeit zur Verfügung, meine Sichtweise zu ändern.« Ein Klick und eine Zusammenfassung unserer Möglichkeiten erschien an der Wand:

Sinnvolle Reaktionen auf unangenehme Gefühle:

1. Situation verändern
2. Sichtweise verändern

»Schauen wir uns zuerst Punkt 1 – das Verändern der Situation – ein wenig genauer an. Der Idealfall wäre ...« Klick – in fett gedruckten Buchstaben erschien die nächste Überschrift:

Wir können die unangenehme Situation verändern.

»Leider wird das nur in den seltensten Fällen so sein. Ist dies jedoch möglich, sollten wir das auch tun. Betrittst du beispielsweise ein Restaurant und bewirkt der dir entgegenschlagende Geruch, dass sich dein Schalter blitzartig nach unten bewegt, steht es dir frei, zu gehen. Denn es ist möglich. Doch viel öfter werden wir im modernen Alltag mit Situationen konfrontiert, die wir nicht sofort oder gar nicht ändern können.« Klick – die nächste Überschrift erschien an der Wand:

Wir können die unangenehme Situation NICHT verändern.

»Kilian, du hast uns bereits zu Beginn des Seminars ein Beispiel für solch eine Situation geliefert.« Ich richtete mich unwillkürlich ein wenig auf. »Du hast uns erzählt, dass dich deine Scheidung emotional sehr belastet hat. Doch egal, wie schlecht du dich deswegen auch fühlst. Dies wird an der Tatsache, dass du geschieden bist, nichts ändern.« Ich nickte. »Doch selbst dann, wenn du die Situation nicht ändern kannst, bleibt immer noch eine Möglichkeit, dich trotzdem deiner schlechten Gefühle zu entledigen. Welche ist das?«

»Die Sichtweise zu ändern!«, riefen wir alle fast gleichzeitig im Chor.

»Ja, die Sichtweise zu verändern. Denn damit ändern sich automatisch unsere Gefühle – und 1-2-3, ein Gefühl wird frei.« Unauffällig hatte Gerhard bei diesen Worten seine Fernbedienung betätigt. Im selben Moment tönte das bekannte »One, two, three ...« aus den Lautsprechern. »Können wir die Situation verändern, sollten wir das tun. Können wir die Situation jedoch nicht ändern, haben wir noch immer die Möglichkeit, unsere Sichtweise zu verändern, um uns der unangenehmen Gefühle zu entledigen. Denn die Sichtweise obliegt immer unserer Kontrolle! Doch es gibt noch eine dritte Art von unangenehmen Situationen. Jene, die wir zwar ändern könnten, aber nicht ändern wollen ...« (Klick).

Wir WOLLEN die unangenehme Situation NICHT verändern.

»So gibt es beispielsweise Menschen, die tagtäglich mit einem schlechten Gefühl zur Arbeit gehen. Vielleicht, weil sie sich überlastet fühlen, sie mit ihrem Vorgesetzten nicht klarkommen oder keine Wertschätzung erfahren. Natürlich wäre es ihnen jederzeit möglich zu kündigen. Doch was hindert sie daran?«

»Genau solch eine Situation habe ich letztes Jahr erlebt[31]«, begann Jakob. »Ich fühlte mich bei der Arbeit ziemlich unwohl, hatte das Gefühl, ausgenutzt und übervorteilt zu werden. Doch mir wäre es nie in den Sinn gekommen, meinen Job aufzugeben.« »Was hat dich daran gehindert, Jakob?« »Es ist ein sicherer Arbeitsplatz und die Bezahlung ist in Ordnung. Außerdem wollte ich keinesfalls das Risiko, das eine Kündigung mit sich gebracht hätte, eingehen.« »So wie dir, Jakob, geht es sicherlich vielen Menschen. Sie fühlen sich bei der Arbeit zwar nicht wohl in ihrer Haut. Aber sie wollen auch nicht die Folgen einer Kündigung in Kauf nehmen. So verharren sie im ungeliebten Job und fühlen sich dabei ziemlich mies. Und, Jakob? Hast du für dein Problem eine Lösung gefunden?« »Ja, das habe ich. Inzwischen gehe ich sogar mit Freude zur Arbeit, fühle mich, abgesehen von wenigen stressigen Tagen, nicht ständig ausgelaugt und auch mein Privatleben funktioniert besser.« »Wie sah die Lösung für dich aus?«, fragte Gerhard.

Jetzt war ich wirklich gespannt, was mein alter Freund da ausgeheckt hatte.

»Ganz einfach. Ich habe meine Einstellung, meine Sicht der Dinge völlig verändert – und siehe da: Nicht nur, dass ich begann, mich im Laufe der Zeit besser zu fühlen. Auch anderes hat sich verändert. Ich ärgerte mich seltener über meinen Chef, fühlte mich körperlich wohler und auch zu Hause lief alles besser.« »Ich denke, Jakob, dass du inzwischen weißt, warum.« »Ja. Die Veränderung der Situation war für mich kein Thema. Also habe ich das getan, was mir möglich war – ich habe meine Sichtweise verändert und so meinen Frust beseitigt.«

»Immer dann«, verdeutlichte Gerhard, »wenn wir uns schlecht

---

31 Jakobs Geschichte und sein Weg aus der Frustfalle werden im Buch »Der Casanova Effekt« beschrieben.

fühlen und eine Änderung der Situation keine Option darstellt, ist es die Sichtweise, mit deren Hilfe wir unsere unangenehmen Gefühle beseitigen können. Dann ist es unsere Aufgabe, eine Sichtweise zu finden, die nicht die Situation verleugnet, sich aber besser anfühlt. Denkst du hingegen in der alten Art und Weise weiter, wirst du dich im Laufe der Zeit immer energieloser fühlen und es dir damit selbst immer schwerer machen, mit der ungeliebten Situation zurechtzukommen.«

»Was mache ich, wenn mir keine bessere Sichtweise einfällt?«, fragte Elena.

»Wenn das der Fall ist, dann liegt das meist daran, dass uns die Übung fehlt. Schauen wir uns deshalb einige Beispiele näher an.« Ein Klick und ein bereits bekannter Satz tauchte auf:

Wie könnte ich das noch sehen?

»Könnte ich die unangenehme Situation in meinem Sinne ändern, würde sich damit automatisch meine Sichtweise ändern und so das ungeliebte Gefühl verschwinden. Doch da uns die Option, eine Situation gemäß unseren Wünschen zu verändern, eher selten zur Verfügung steht, wäre es gut, alternative Sichtweisen zur Verfügung zu haben.«

»Das ist mir inzwischen klar«, meldete ich mich zu Wort. »Doch es gibt Situationen, wo mir beim besten Willen keine andere Sichtweise einfallen will, obwohl ich in der Zwischenzeit angestrengt darüber nachgedacht habe.« »Kannst du uns ein Beispiel nennen, Kilian?« »Ja, das kann ich. Ich habe ja bereits vor einiger Zeit von meinem Ärger über einen rücksichtslosen Autofahrer erzählt. Selbst heute noch, wenn ich an diesen unangenehmen Zeitgenossen denke, bemerke ich, wie sich mein Schalter nach unten bewegt – und das, obwohl das Ganze schon einige Wochen zurückliegt. Die einzige Möglichkeit, die ich in der Zwischenzeit gefunden habe, ist, einfach nicht mehr daran zu denken. Das gelingt mir auch immer besser, seit ich meine Konzentrationsfähigkeit trainiere. Aber eine alternative, sich besser anfühlende Sichtweise ist mir bis jetzt nicht eingefallen.«

»Kilian, nicht daran zu denken, ist in diesem Fall durchaus sinnvoll. Warum? Lassen wir dazu dein Erlebnis nochmals Revue passieren:

1. Du hattest damals eine Vorstellung im Kopf, wie sich der andere Autofahrer benehmen sollte.
2. Da er sich jedoch anders verhielt, bewertetest du ihn negativ, was
3. einen Stresshormonausstoß zur Folge hatte …

… und 1-2-3, dein Ärger wurde frei. Wenn du heute, Wochen danach, dieselbe Sichtweise wieder einnehmen würdest, würde derselbe Ärger wieder auftauchen und dein Leben negativ beeinflussen. Völlig sinnlos, völlig unnötig. Deshalb ist deine Vorgehensweise, einfach nicht daran zu denken, sehr klug.«[32] Gerhards Worte taten mir gut. Ich war mit mir zufrieden. »Doch nicht daran zu denken ist nicht die einzige Möglichkeit. Es gibt durchaus auch eine alternative Sichtweise, die du gegenüber solch einem unangenehmen Menschen einnehmen kannst; egal ob es sich dabei um deinen Autorowdy oder irgendeinen anderen ‚Ungustl'[33] – wie wir bei uns in Österreich einen solchen Zeitgenossen nennen – handelt.« Jetzt wurde ich neugierig.

»Bis jetzt bist du davon ausgegangen, dass es für dich schlecht ist, wenn du mit solch einem Ungustl zusammentriffst. Damit hattest du auch recht, von deinem alten Standpunkt aus betrachtet. Doch wir wissen inzwischen, dass es unterschiedlichste Standpunkte zu ein und derselben Sache geben kann.« Klick. Mit ein paar Kreisen brachte uns Gerhard diese Tatsache schnell wieder in Erinnerung:

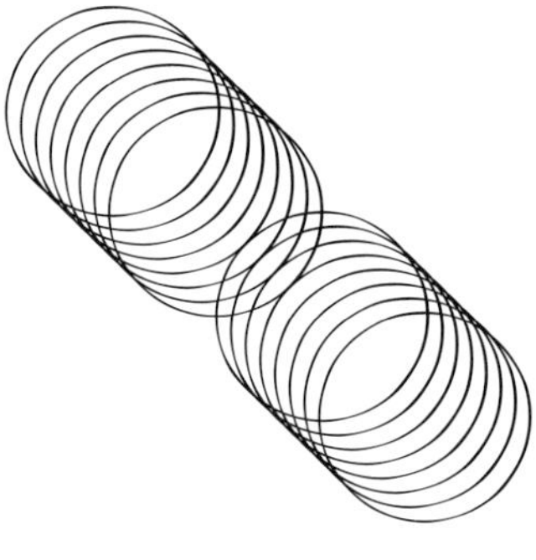

32 Volksmund: »Aus den Augen, aus dem Sinn.«

33 Ungustl = unguter, unangenehmer Mensch.

»Ich werde nun versuchen, eure Gedanken über solch unangenehme Zeitgenossen in eine neue, hilfreichere Richtung zu lenken. Dazu denkt zuerst einmal über Folgendes nach: Was benötigt ein Leistungssportler, um im Laufe der Zeit immer besser zu werden?« »Er muss regelmäßig trainieren«, meinte Pablo. »Genau!«, stimmte Gerhard zu. »Ohne Training geht nichts. Nur durch Training wird ein Sportler besser werden. Und nun zum Ungustl: Was denkt ihr? Was benötigen wir, wenn wir im Umgang mit solchen Menschen besser werden wollen?« »Training!«, riefen alle fast im gleichen Atemzug. »Ja. Wollen wir im Umgang mit unangenehmen Menschen besser werden, benötigen wir vor allem Training.« Gerhard machte eine vielsagende Pause. »Wer liefert uns nun das regelmäßige Training, das wir benötigen, um im Umgang mit schwierigen Menschen besser zu werden?«

»Die Ungustln!«, antworteten Jakob und Pia. Gerhard nickte. »Immer wenn du mit einem unangenehmen Menschen konfrontiert wirst, ist das gleichzeitig auch eine Gelegenheit, dich in Gelassenheit zu üben. Normalerweise bist du es gewohnt, nur die Nachteile solch eines Zusammentreffens zu sehen. Dass dir so eine Begegnung auch Gelegenheit zum Trainieren gibt, war dir bis jetzt nicht bewusst. Gelingt es dir in Zukunft jedoch, einen unangenehmen Menschen statt als Ungustl als TRAININGSPARTNER wahrzunehmen, dann ist die Wahrscheinlichkeit, dass sich dein Schalter nach unten bewegt, stark reduziert. Denn so lenkst du deinen Fokus nicht auf das Unerwünschte, sondern auf den Vorteil.« »,*In drei Stunden habe ich frei*' ist besser als ,*Noch drei Stunden arbeiten*'«, erinnerte ich mich laut. »Genau, Kilian. Du hast mit deinem mächtigen Verstand die Fähigkeit, zu entscheiden, worauf du deine Aufmerksamkeit richtest.« Ein Klick und ein dreiteiliger Paravent füllte nun die Leinwand aus:

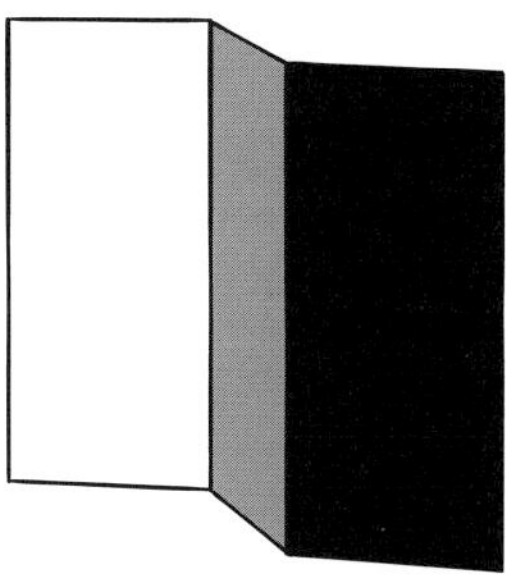

»Welche Fläche siehst du im Vordergrund?«, fragte Gerhard. Ich konzentrierte mich ein wenig. »Die schwarze Fläche ist vorn«, antwortete ich. Doch Pia war da anderer Meinung. »Für mich ist die weiße Fläche vorn.« Nun kippte auch mein Bild und die weiße Fläche schob sich blitzschnell in den Vordergrund. Jetzt wieder die schwarze. Wieder die weiße. Das machte Spaß. Auch den anderen schien das Hin- und Herspringen zu gefallen. »Du entscheidest, ob Schwarz oder Weiß für dich im Vordergrund ist«, und mit einem weiteren Klick versah Gerhard den Paravent mit Worten:

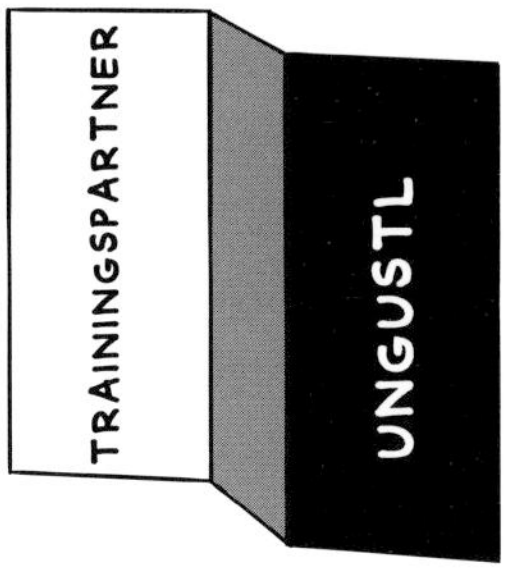

»Du entscheidest, wie der andere auf dich wirkt. Du entscheidest, ob du ihn als Ungustl oder als Trainingspartner WAHRnimmst. Du entscheidest, was für dich im Vordergrund steht. Du entscheidest – mit deinem Verstand. Du hast die Wahl, ob du einem unangenehmen Menschen die Macht gibst, deinen Schalter nach unten zu bewegen, was ihn zum Lieferanten neuer Stresschemie machen wird (und auch den Umgang mit diesem Menschen ziemlich erschwert). Oder, ob du ihn als wertvolle, kostenlose Trainingsgelegenheit nutzt, um deine Fertigkeiten zu verbessern.«

Jetzt hatte es Gerhard doch tatsächlich geschafft, mir meinen Autorowdy in einem völlig neuen Licht erscheinen zu lassen. Ich nahm mir fest vor, mir in Zukunft keine Gelegenheit zum Üben entgehen zu lassen. Fast freute ich mich schon auf die nächste Begegnung mit einem Trainingspartner.

»Vom Ungustl zum Trainingspartner. Eines von vielen Beispielen, wie wir unsere Sichtweise bei Bedarf verändern können. Doch das Leben hält noch mehr Optionen für uns bereit. Lasst mich euch dazu eine kleine Geschichte aus meinem Leben erzählen«, begann Gerhard. »Ich war gerade einmal zehn Jahre alt, als ich aus mir unbekannten Gründen die Aufmerksamkeit eines älteren Jungen auf mich zog. Ich kannte ihn nicht. Trotzdem hatte er mich als Opfer auserkoren. Jedes Mal, wenn ich ihm auf meinem Schulweg begegnete, versetzte er mir Fausthiebe gegen Schulter und Rücken. Offensichtlich hatte er Gefallen daran gefunden, zu sehen, wie der um vieles kleinere Gerhard vor ihm Angst hatte.

Seine Attacken weckten bald mein Interesse an den damals in

Europa noch ziemlich unbekannten asiatischen Kampfkünsten. Ich wollte mich zur Wehr setzen können. So war es wohl kaum verwunderlich, dass mir auf einem Flohmarkt ein kleines Büchlein ins Auge stach, in dem verschiedenste dieser Kampfkünste detailgenau beschrieben wurden. Für den Verkäufer hatte es offensichtlich keinen großen Wert. So reichte ein geringer Teil meines Taschengeldes, um das unscheinbare Buch zu erwerben. Begierig begann ich zu lesen. Ich tauchte ein in eine mir bis dahin völlig unbekannte Welt. Ich las über Karate, Judo, Jiu-Jitsu und andere Kampfkünste. Doch am besten gefiel mir die Beschreibung des japanischen Aikido. Kam diese Kampfkunst doch meinem friedvollen Wesen am nächsten. Ab jetzt war ich vom Gedanken besessen, Aikido zu erlernen.

[34]

Noch immer wurde ich bei zufälligen Zusammentreffen mit dem älteren Buben von diesem attackiert. Doch der Zufall wollte es, dass ich bereits einige Tage nach dem Erwerb des Büchleins einen handgeschriebenen Zettel entdeckte. Nur von einem rostigen Reißnagel gehalten, flatterte er unauffällig im Wind. In krakeliger Schrift wurde darauf die Möglichkeit angeboten, Aikido zu erlernen. Mein sehnlichster Wunsch!

Aufgeregt nahm ich das unscheinbare Papier an mich und zeigte dieses, kaum zu Hause angekommen, mit erwartungsvollen Augen meinen Eltern. Bald stellte sich heraus, dass ein alter japanischer Aikidomeister, der nur wenige Schüler unterrichtete, bereit war, einen Neuling aufzunehmen. Meine aufgeschlossenen Eltern gaben ihre Zustimmung zur Lehre. So kam es, dass der aggressive Knabe, der mich immer wieder in Angst und Schrecken versetzt hatte, nicht nur meinen Weg in die Schule, sondern auch meinen gesamten Lebensweg beeinflusst hat.

Ab jetzt verbrachte ich viel Zeit mit meinem neuen Lehrer. Dieser sah seine Aufgabe nicht nur darin, mich in die Geheimnisse der Kampfkunst einzuweihen. Er lehrte mich auch viel über das Leben, das menschliche Potenzial und die Möglichkeiten, die uns unser Gehirn erschließt.

34 Hier die drei Kanji (= Schriftzeichen) für das Wort »Aikido«. Die einzelnen Silben haben folgende Bedeutung: Ai = Harmonie, Ki = Lebensenergie, Do = (Lebens-)Weg.

Nach zehn für mich wunderbaren, lehrreichen Jahren kehrte mein Meister in seine japanische Heimat zurück, um dort seinen Lebensabend zu verbringen. Er ließ in Europa einen von Neugier geplagten Gerhard zurück, der mit offenen Augen durchs Leben gehen sollte. Denn vieles hatte ich bei ihm gesehen, wofür mein westlicher Verstand keine Erklärung fand. Seitdem bin ich ein Suchender, der versucht, die Geheimnisse des Lebens, die Möglichkeiten des Alltags und des menschlichen Gehirns zu ergründen. Im Laufe der Zeit hat mich meine Suche immer mehr erkennen lassen, wie sehr Gefühle der Antriebsmotor unseres Lebens sind. So führe ich heute ein interessantes, abwechslungsreiches Leben, lerne ständig neue Orte, neue Kulturen und faszinierende, außergewöhnliche Menschen kennen, die ich sonst wahrscheinlich nie getroffen hätte. Und alles nur, weil vor Jahrzehnten ein unangenehmer Zeitgenosse meinen Weg gekreuzt hatte. Wäre er damals nicht gewesen, stünde ich heute nicht hier.«

Pia fragte neugierig: »Und was wurde aus diesem aggressiven Knaben, der all das verursacht hat?« »Keine Ahnung, Pia! Kurz nachdem ich meine Ausbildung begonnen hatte, ist er aus meinem Leben verschwunden. Vielleicht ist er mit seinen Eltern in eine andere Stadt gezogen? Vielleicht hat er ein anderes Opfer gefunden? Oder er hat die Schule gewechselt, sodass es keine Möglichkeit mehr gab, dass sich unsere Wege kreuzten? Ich weiß es nicht. Doch das ist egal. Denn jetzt, im Nachhinein betrachtet, ist es für mich nur wichtig, dass ich ihm begegnet bin. Hat er doch mein Leben nachhaltig beeinflusst. Seitdem ist mir bewusst: Selbst wenn unangenehme Ereignisse in mein Leben treten, wird es schon für irgendetwas gut sein – früher oder später.« Ein Klick beförderte Gerhards Erkenntnis an die Wand.

Für irgendetwas wird es schon gut sein

»Doch wofür etwas gut ist, erfahren wir meist erst im Nachhinein.« Wieder ein Klick und ein Zeitungsausschnitt wurde sichtbar:

Überlebt! – Moskau. Der 66-jährige Geschäftsmann Robert G. bekam zwei Freikarten für das Moskauer Musicaltheater geschenkt. Da jedoch seine Frau Taira länger arbeiten musste, konnten sie die Vorstellung nicht besuchen. An diesem Abend wurde das Theater von Terroristen überfallen. Mehr als 100 Besucher wurden dabei getötet.[35]

»Sicherlich haben sich Robert und Taira geärgert, als ihnen bewusst wurde, dass sie die Vorstellung nicht besuchen konnten – und doch war es das Beste, was ihnen wahrscheinlich in ihrem ganzen Leben passiert ist.« Klick. Wieder ein Zeitungsartikel:

Glück im Unglück! – Laguna Beach. Ein Erdrutsch zerstört das Strandhaus von Albert T. Bei den Aufräumarbeiten taucht überraschend ein scheinbar wertloses Gemälde auf. Von Gutachtern wird sein Wert auf eine halbe Million Dollar geschätzt.[36]

»Auch Alberts Schalter wird sich zuerst einmal ziemlich weit nach unten bewegt haben. Doch hat das unschöne Ereignis auch etwas Gutes gehabt. So wie auch die schreckliche Kälte, die im Jahre 2006 Estland heimsuchte.« (Klick).

Estland. – Aufgrund der eisigen Temperaturen von bis zu minus 30 Grad konnte im Januar ein Rückgang der Kriminalität um fast 50 % verzeichnet werden.[37]

---

35 Ein reales Ereignis: Moskau/Russland 2002.

36 Ein reales Ereignis: Kalifornien/USA 2005.

37 Ein reales Ereignis: Estland 2006.

»So werden wir immer wieder erleben, dass das scheinbar Unangenehme auch seine guten Seiten hat.«

Jakob wollte dazu noch etwas erzählen: »Vor vielen Jahren, ich war Anfang zwanzig, war ich Samstagabend mit einem guten Freund verabredet. Damals gab es noch keine Handys. So hatten wir bereits Tage zuvor das Treffen vereinbart. Ich freute mich darauf, denn es war immer wieder schön, sich mit Peter – so heißt der Freund – zu unterhalten. Wir hatten als Treffpunkt einen markanten Punkt in der Stadt vereinbart. Doch Peter, der sonst immer pünktlich war, tauchte nicht auf. Je länger ich wartete, umso weiter bewegte sich mein Schalter nach unten. Nachdem ich mehr als eine halbe Stunde gewartet hatte, entschloss ich mich, alleine in ein nahegelegenes Pub zu gehen. Da saß ich nun an der Bar inmitten eines wilden Gedränges und trank alleine mein Bier. Neben mir standen zwei junge Frauen, die sich blendend miteinander unterhielten. Bald kamen wir ins Gespräch. Ein Jahr später war Peter, dessen Auto auf dem Weg zu unserer Verabredung den Geist aufgegeben hatte, mein Trauzeuge. Hätte er diese Panne nicht gehabt, hätte ich meine Frau Gabi wahrscheinlich nie kennengelernt. So war auch dieses ursprünglich negative Erlebnis das Beste, was mir passieren konnte.«

»Bewegt sich unser Schalter nach unten«, ergänzte Gerhard, »ist uns in dem Moment selten bewusst, dass es vielleicht auch etwas Gutes hat. Doch möglicherweise, wenn euch in solch einem Moment keine alternative Sichtweise einfällt, kann euch die Betrachtung *‚Für irgendetwas wird es schon gut sein'* ein wenig Trost spenden und so der Situation die Schärfe nehmen. Sei dir einfach immer bewusst: Nur du bist es, der deine Sichtweise wählt. Denn du bist der Generaldirektor in deinem Leben.«

Ja! Das Gefühl, dass ich es bin, der entscheidet, tat mir wirklich gut. Hatte doch diese Erkenntnis bereits dazu beigetragen, dass mein Ohnmachtsgefühl, das mich noch vor Wochen so gequält hatte, zu schwinden begann.

»Lasst uns zusammenfassen: Unangenehme Gefühle erfüllen einen wichtigen Zweck. Denn sie informieren uns darüber, dass uns etwas nicht passt. Um nun unangenehme Gefühle loszuwerden, gibt es zwei Möglichkeiten: Wir verändern entweder die Situation oder unsere Sichtweise. Da die Möglichkeit, die Situation zu verändern, oft nicht gegeben ist, wird es meist unsere Sichtweise sein, die es zu korrigieren gilt. Schauen wir uns dazu noch einen sehr speziellen Fall an.« Eine neue Überschrift erschien an der Wand.

Recht haben wollen

»Wer von euch wollte schon einmal recht haben?« Ein Lachen erfüllte den Raum, während sich gleichzeitig fünf Arme in die Luft reckten. »Und hat es funktioniert? Hat der andere, der deine Meinung nicht teilte, freudestrahlend diese übernommen, nur weil du sie ihm aufzudrängen versuchtest?« Auch hier waren wir uns einig, dass diese Versuche normalerweise zum Scheitern verurteilt waren.

»Meinung gegen Meinung. Vielleicht bist du felsenfest davon überzeugt, dass deine Meinung die richtige ist. So wie auch dein Gegenüber. Deshalb hältst du an ihr fest. So wie auch dein Gegenüber. Du versuchst, dem andern eindringlich klarzumachen, dass er die falsche Sichtweise einnimmt. So wie auch dein Gegenüber. Du verteidigst deine Überzeugung mit Zähnen und Klauen. So wie der andere auch.« (Klick).

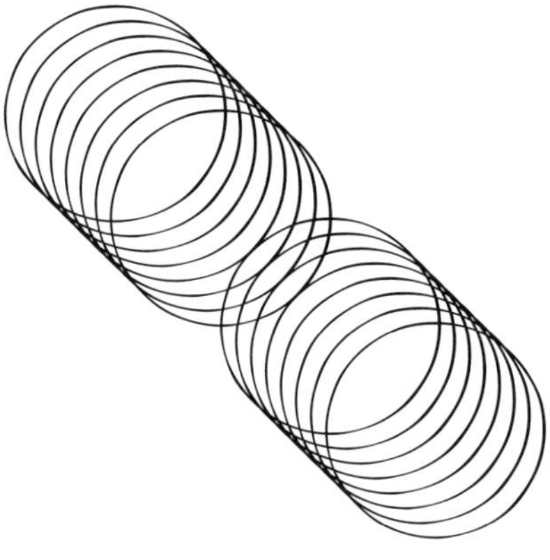

»Wir wissen bereits, dass wir die Realität auf unterschiedliche Art und Weise sehen können. Hier sind es zwei Röhren, die vielleicht nach links zeigen. Oder nach rechts. Oder sie zeigen zueinander. Oder voneinander weg. Vielleicht stehen sie auch nebeneinander.

Oder hintereinander. Ganz abhängig davon, wie wir sie sehen. Doch wenn wir recht haben wollen, gehen wir plötzlich davon aus, dass unsere momentane Sicht dieser Röhren die einzig mögliche ist. Doch leider ist auch der andere meist dieser Meinung.

- Sven aus Schweden empfindet 20 Grad als ziemlich warm. Der Afrikaner Andrew trägt bei derselben Temperatur Pullover und Jacke. Ist es nun warm oder kalt?
- Für Rene hat das neue Auto die schönste Farbe der Welt. Dem Nachbarn dreht sich bei ihrem Anblick fast der Magen um. Ist die Farbe nun schön oder hässlich?
- Wilhelm isst am liebsten Bratwurst mit Senf. Andreas, der Vegetarier, würde davon keinen Bissen runterbekommen. Welche Speise ist nun wirklich die bessere?
- Für die einen ist ihr Fußballverein der beste der Stadt. Die anderen denken dasselbe von ihrem. Was ist richtig?
- Für Lena und Joe ist es das Größte, Kinder zu haben. Für David, den Single, bedeutet Glück, frei und unabhängig zu sein. Welcher Lebensstil ist nun der bessere?
- Dem einen schmeckt Wein. Dem anderen nur Bier oder Wasser. Doch welches Getränk schmeckt wirklich besser?
- Frieda trägt ihr neues Kleid mit großem Stolz. Luise würde es nie in den Sinn kommen, so auf die Straße zu gehen. Was ist richtig?
- Für Christine ist nur klassische Musik das einzig Wahre. Sandra hasst diese Musik und verbringt Stunden auf der Tanzfläche bei Hip-Hop und Funk.

Die Frage, was für jeden Einzelnen richtig oder falsch ist, ist schnell beantwortet: Alle haben sie recht. Von ihrem Standpunkt aus. Doch zu oft verbeißen sich zwei Kontrahenten ineinander. Wegen völlig unwichtiger Dinge, aus nichtigem Anlass. Ganz so, als ob's ums Überleben ginge. Weil auch hier wieder die Steinzeit ihre Finger im Spiel hat.« Ein Klick und unser steinzeitlicher Ahne gesellte sich wieder zu uns.

»Mabu musste ständig wachsam sein. Um zu überleben. Doch nicht nur wilde Tiere machten ihm das Leben schwer. Auch Kontrahenten trachteten nach Besitz und Leben. So hing sein Überleben davon ab, wie gut er in der Lage war, seine wenigen Besitztümer vor dem Zugriff anderer zu schützen. War es nötig, verteidigte er sein Eigentum mit Zähnen und Klauen. Genau das tun wir auch heute noch – jedes Mal wenn wir unsere Meinungen verteidigen. Denn auch diese zählen wir zu unserem Besitz. Meinungen sind unser immaterielles Eigentum. So verteidigen wir sie wie ein wildes Tier vor dem Zugriff des vermeintlichen Feindes. Sagt jemand *,Du hast nicht recht'*, empfinden wir das im tiefsten Inneren ganz so, als wollte der andere uns unseren Besitz streitig machen:

Sofort wird diese Aussage negativ bewertet, Steinzeitchemie aktiviert und die eigene Meinung übertrieben verteidigt. Dann erklären wir den anderen, wie sie die ,Röhren' zu sehen haben. Erheben den Anspruch, die einzig richtige Sichtweise zu haben. Doch da der andere seine ,Röhren' meist ganz anders sieht, ist Kampf in Form von Streit und Zwist vorprogrammiert. Und das, obwohl es zumeist um nichts geht, der Streit nur ein einziges Ziel verfolgt: recht zu haben.[38] Selbst wenn du als Sieger hervorgehst, wirst du dich wahrscheinlich genauso schlecht fühlen wie der vermeintliche Verlierer. Denn der Streit hinterlässt auch bei dir seine Spuren.

Ist uns jedoch bewusst, dass unsere Mitmenschen die Realität auf unterschiedlichste Weise sehen können, fällt es uns leichter zu akzeptieren, dass andere eine abweichende Meinung haben. Es ist nicht nötig, diese Meinungen zu übernehmen. Wir müssen sie auch nicht gutheißen. Aber es ist einfacher, mit anderen zu sprechen, wenn die Steinzeit nicht die Kontrolle übernimmt – und es fühlt sich besser an.« (Klick).

Willst du glücklich sein oder recht haben?

38 Redensart: »Um des Kaisers Bart streiten.«

»Fühlst du dich beim Rechthaben schlecht, dann informiert dich dein unangenehmes Gefühl darüber, dass du gerade dabei bist, dein Leben negativ zu beeinflussen. Mir ist bewusst, dass es nicht immer einfach ist, solch alte Verhaltensmuster in den Griff zu bekommen. Doch bald werdet ihr eine Technik kennenlernen, die euch dabei unterstützen wird. Den ersten kleinen Baustein dazu bekommt ihr bereits heute.« (Klick).

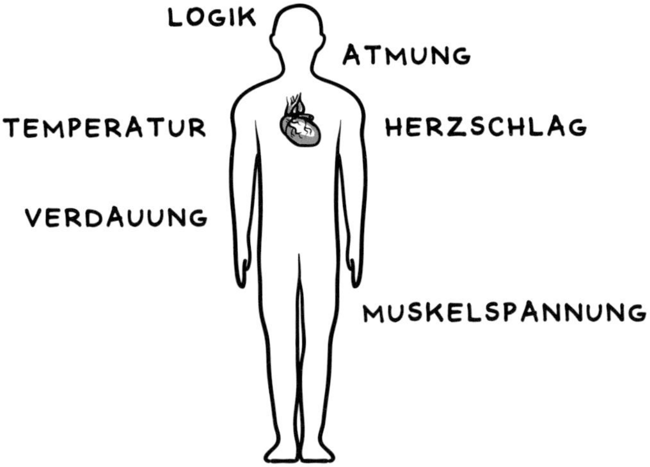

»Wir wissen nun bereits seit einiger Zeit, wie sich eine steinzeitliche Sichtweise auf unseren Körper auswirkt: Herzschlag, Atmung, Körpertemperatur, Verdauung und Muskelspannung werden dem scheinbaren Bedarf angepasst. Selbst wenn in Wirklichkeit kein Grund vorhanden ist, wird unser Körper darauf vorbereitet, wegzulaufen oder zuzuschlagen. Doch selbst jetzt könnten wir noch immer mit einfachsten Mitteln beruhigenden Einfluss auf uns selbst nehmen. Denn eine dieser Reaktionen steht auch unter Druck noch in unserem Einflussbereich. Welche könnte das sein? Ist es der Herzschlag, die Körpertemperatur oder die Atmung? Oder sind es unsere Muskeln? Oder ist es vielleicht unser logisches Denken, das wir auch unter Druck noch immer beeinflussen können?«

»Die Logik?«, meldete sich Elena zögerlich. »Nein, Elena. Unser klares Denken steht uns unter Druck nur sehr beschränkt zur Verfügung. Kilian hat uns ja bereits ein Beispiel dafür geliefert. Wie war das damals in der Handelsschule, Kilian? Hattest du da nicht einen sehr autoritären Lehrer?« »Ja, den hatte ich. Und vor dem hatte ich ziemliche Angst, sodass mir, selbst wenn ich für eine mündliche Prüfung gut gelernt hatte, nie das Richtige einfallen wollte.« »Wie du siehst, Elena, steht uns unter Druck unser klares Denken nur sehr beschränkt zur Verfügung. Doch es gibt eine Körperfunktion, auf die wir auch unter Druck noch vollen Einfluss haben.«

»Die Atmung!«, meldete sich nun Pablo. »Ist es nicht so, dass jemand, der einen Schock hat, als Allererstes empfohlen bekommt, tief durchzuatmen?« Mit einem zustimmenden Nicken beförderte Gerhard Pablos Antwort an die Wand:

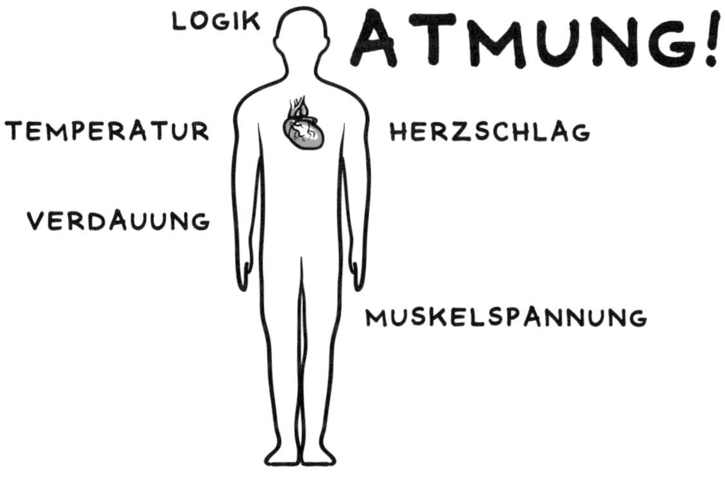

»Die Atmung können wir selbst unter Druck noch immer beeinflussen. Sie ist ein optimales und gleichzeitig sehr einfaches Hilfsmittel, mit dem es möglich ist, unserem Gehirn zu signalisieren, dass die Vorbereitung auf Kampf oder Flucht jetzt nicht nötig ist. Schauen wir uns an, warum das so ist.

Zur Erinnerung: Wird unser Körper mit Stresshormonen überflutet, verändert sich auch unser Atem. Er stockt, wird flacher oder schneller. Dies war für Mabu sehr hilfreich. Vor tausenden von Jahren. Egal ob Kampf oder Flucht, Mabus Atmung hat sich in Windeseile der bevorstehenden Aktion angepasst. So spiegelt sich auch heute noch jede destruktive Sichtweise in einer Störung unserer Atmung wider.

Denn unser Gehirn weiß – genetisch bedingt – aus jahrtausendelanger Erfahrung: Wer so atmet, muss sich in Gefahr befinden. Doch unser Gehirn weiß auch: Atmen wir ruhig und entspannt, befinden wir uns in Sicherheit, sodass eine Vorbereitung auf Kampf oder Flucht nicht nötig ist.« (Klick).

Aber das kannte ich doch? »Gerhard, als wir letztes Mal mit Augenbinden und Seil versehen die Anhöhe erklommen, da hast du uns angewiesen, während des gesamten Spaziergangs ruhig und entspannt zu atmen. Ich erinnere mich noch gut, wie ruhig ich innerlich war und wie gut es mir dabei ging.«

»Gut beobachtet, Kilian. Schaffen wir es, in einer ungewohnten oder unangenehmen Situation ruhig und entspannt weiterzuatmen, anstatt in die gewohnte Stressatmung zu verfallen, können wir damit unser Gehirn überlisten. Denn mit der ruhigen Atmung signalisiert der Generaldirektor dem Gehirn *‚Alles o. k.!'*, was den Stresshormonausstoß reduziert. Nur gibt es dabei ein großes Problem!«

»Das wird uns wohl in einer Drucksituation kaum einfallen!«, warf Elena ein. »Genau. Obwohl das ruhige Atmen eine der einfachsten Maßnahmen darstellt, um inneren Druck zu reduzieren, wird uns genau das in einer Drucksituation nicht einfallen. Warum nicht?« Fragend sah uns Gerhard an. Und wieder Elena: »Weil uns unter Druck unser klares Denken nur sehr beschränkt oder gar nicht zur Verfügung steht.«

»So ist es. So wie Kilian keine Chance hatte, bei seinem ungeliebten Lehrer auf sein Wissen zuzugreifen, genauso wenig wird es den meisten Menschen gelingen, das einfache Hilfsmittel ‚ruhige Atmung' zu nutzen. Weil ihr klares Denken durch Steinzeitchemie blockiert wird. Deshalb ist es auch nötig, einem geschockten Menschen mit der Aufforderung ‚*Atme mal tief durch!*' auf die Sprünge zu helfen. Doch es gibt Menschen, die sich selbst in Ausnahmesituationen noch daran erinnern können, dass eine ruhige Atmung sinnvoll wäre.« Klick. Ein Video füllte nun die gesamte Leinwand aus. Ein sympathischer blonder Enddreißiger saß auf einem Stuhl und blickte mit wachen Augen in die Kamera.

»Hallo, ich bin Dietmar. Gerhard hat mich gebeten, euch von einem Ereignis zu erzählen, welches bereits einige Jahre zurückliegt. Es war an einem Sonntag im Mai. Ich saß in einem Flugzeug auf dem Rückweg von London, wo ich geschäftlich zu tun gehabt hatte. Ich unterhielt mich gerade mit einer Sitznachbarin, als das Gespräch abrupt von einer Lautsprecherdurchsage unterbrochen wurde. Der Pilot teilte uns mit, dass sich die Landung verzögern würde. Ich dachte mir noch nichts dabei. Doch nach fünf Minuten eine weitere Durchsage. Mit ernster Stimme schenkte uns nun der Pilot reinen Wein ein. Das vordere Fahrwerk klemmte, eine Notlandung sei unumgänglich. Einige Reihen vor mir schrie eine Frau hysterisch auf. Überall beunruhigte Gesichter. Ein Kind fing an zu weinen. Mein Herz schlug bis zum Hals. Mir war plötzlich unerträglich heiß. Ich begann zu schwitzen. Hektisch bewegten sich die Flugbegleiter durch den Gang. Auch wenn sie es zu überspielen versuchten, war ihnen ihre Besorgnis anzusehen. Eine junge Stewardess, knapp über zwanzig, war aschfahl. Grell hob sich ihre blasse Haut von dem Rot ihrer Uniform ab. Trotzdem versuchte sie tapfer, die Passagiere zu beruhigen.

Plötzlich neigte sich das Flugzeug zur Seite. Ein älterer Herr musste sich übergeben. Der beißende Geruch von Erbrochenem stieg mir in die Nase. Die Frau vorn schrie wieder hysterisch auf.

Die Chefstewardess war nun über Lautsprecher zu hören. Sie informierte uns darüber, dass der Pilot begonnen hatte, über dem Flughafen zu kreisen. Mein Sitznachbar erklärte mir mit sich überschlagender Stimme, dass der Pilot sicherlich so viel Treibstoff wie möglich vor der erwarteten Bruchlandung verbrauchen wolle, um so das Risiko eines Brandes zu reduzieren. Die Stimmung war angespannt. Immer wieder Schreie. Bewegte Gesichter. Betroffenes Schweigen. Niemand von uns wusste, wie das Ganze ausgehen würde. Von meinem regelmäßigen Tauchtraining[39] her wusste ich, dass ich meine Stressreaktion mit Hilfe der Atmung unter Kontrolle bringen konnte. So fing ich an, bewusst ruhig und regelmäßig zu atmen.

Ich erinnere mich so, als wäre es gestern gewesen: Ich atme tief ein und aus. So ruhig wie möglich. Ein und aus. Ein und aus. Bald spüre ich, wie sich mein Herzschlag beruhigt. Das tut gut. Ich behalte diese Atmung bei. Ein Mann um die fünfzig springt auf. Ganz so, als wolle er der Situation entfliehen. Mit Müh und Not kann ihn ein Flugbegleiter beruhigen. Nach unendlich vielen Atemzügen ist es dann so weit. Straff spannt sich der Sicherheitsgurt um meine Hüften. Wir werden angewiesen, uns nach vorn zu beugen. Meine Stirn liegt nun auf meinen verschränkten Armen, die ich auf dem Vordersitz abstütze. Noch immer ist das Erbrochene zu riechen. Das hysterische Schreien der Frau ist inzwischen in wimmerndes Weinen übergegangen. Mit zittriger Stimme versucht ihr Mann, sie zu beruhigen.

Ich atme weiter, so ruhig wie möglich. Ein. Aus. Ein. Aus. Ein und aus. Die Maschine neigt sich nach hinten. Wieder ein Aufschrei. Ein. Aus. Ein. Aus. Ich kann spüren, wie die Maschine mit den hinteren Reifen aufsetzt. Ein. Aus. Ein. Aus. Und da. Plötzlich. Ein dumpfer Schlag. Ein mächtiges Zittern. Schwer prallt der stählerne Körper auf den Asphalt. Schreie. Kindergebrüll. Hinter

39 Zu schnelle Atmung erhöht beim Tauchen den Sauerstoffverbrauch und stört den Gasaustausch – mit unangenehmen, im schlimmsten Fall tödlichen Nebenwirkungen. Stockende Atmung hingegen kann beim Auftauchen zu einem Lungenriss führen.

mir betet jemand. Ein. Aus. Ein. Aus. Ein bedrohliches, viel zu lautes, schrammendes Geräusch. Der geschundene Rumpf fegt noch immer auf der Piste dahin. Ein unerträgliches Rumpeln. Der Boden unter meinen Füßen bebt. Noch mehr Schreie. Sie werden lauter. Nun hat auch rechts von mir jemand völlig die Fassung verloren. Panik. Ein. Aus. Ein. Aus.

Und da. Ganz plötzlich stoppt die Bewegung. Gespenstische Stille. Die Maschine steht. Die junge Stewardess hat sich offenbar wieder gefasst. Mit klarer Stimme gibt sie ihre Anweisungen. Mehrere Notrutschen. Rotierende Lichter. So schnell wie möglich verlassen wir das angeschlagene Flugzeug. Ein Passagier wird versorgt. Kreislaufkollaps. Ansonsten keine Verletzten. Unzählige Krankenwagen und Löschfahrzeuge erinnern uns daran, welch großer Gefahr wir ausgesetzt waren. Doch mit Hilfe meiner Atmung ist es mir gelungen, dieses Ereignis auch emotional einigermaßen gut zu überstehen.«

Nachdem Dietmar die Bruchlandung heil überstanden hatte, übernahm Gerhard wieder das Wort: »Dietmar ist es hier perfekt gelungen, der Steinzeit mit ruhiger Atmung ein Schnippchen zu schlagen. Das beruhigende Signal an sein Gehirn hat seine Wirkung nicht verfehlt. Innere Ruhe, trotz all des Dramas um ihn herum.[40] Dietmar hat demonstriert, welch mächtiges Instrument uns mit der Atmung zur Verfügung steht. Den meisten Menschen ist bekannt, dass ruhiges, entspanntes Atmen in Momenten des Unwohlseins beruhigt. Und doch denken sie im entscheidenden Augenblick nicht daran. Wieso war ausgerechnet Dietmar in der Lage, trotz all der Panik daran zu denken? Was war sein Geheimnis?«

»Er hatte bereits Erfahrung damit«, stellte Pablo fest. »Ja, Dietmar hatte bereits Erfahrung damit.« Mit einem Klick beförderte Gerhard einen Satz aus Dietmars Erzählung an die Wand:

---

40 Die Erfahrung zeigt, dass Menschen, die Ruhe bewahren, bei Flug-, Schiffs- und anderen Katastrophen ungleich höhere Überlebenschancen haben, da ihre Handlungsfähigkeit nicht eingeschränkt ist, ihnen ihr klares Denken zur Verfügung steht u. v. m.

»Das Zauberwort heißt ‚Training'! Dietmar hat das richtige Atmen im Rahmen seiner Tauchausbildung trainiert – und selbst unter Druck kann das Gehirn auf das noch zugreifen, was trainiert wurde. Wer von euch musste beim Autofahren schon einmal reflexartig bremsen? Vielleicht weil ein Fußgänger, ohne zu schauen, die Straße betrat oder der Wagen vor dir plötzlich abbremste?« Fünf Arme in der Luft. »Warum war es euch dabei möglich, reflexartig zu reagieren?« Jakob antwortete für uns: »Weil wir das Betätigen des Bremspedals jahrelang geübt haben.«

»Ja, weil ihr es trainiert habt. Beginnen wir nun zu trainieren, bewusst unser Atemtempo zu beeinflussen, wird euch bald auch das ruhige Atmen im Ernstfall zur Verfügung stehen. Ganz so wie das Bremspedal beim Autofahren. Dazu benötigt es jedoch Training! Denn euer Gehirn ist es seit Jahrzehnten gewohnt, das Atemtempo selbst zu bestimmen – ohne euer Zutun. Tagaus, tagein hat es eure Atmung immer und immer wieder automatisch an die jeweilige Stimmungslage angepasst. Deshalb ist es euer Gehirn ganz und gar nicht gewohnt, die Kontrolle über das Atemtempo an den Generaldirektor abzutreten. Beginnst du jedoch zu trainieren, das Tempo deines Atems bewusst zu beeinflussen, wird sich dein Gehirn bald daran gewöhnt haben, dir die Kontrolle über das Atemtempo zu überlassen, wenn du es für nötig erachtest. Dann wirst du auch bald in Drucksituationen darauf zurückgreifen können – so wie Dietmar im Flugzeug.«

Pia, fast ein wenig ungeduldig: »Wie genau können wir nun das entspannte Atmen trainieren?« »Ganz einfach, Pia. Indem ihr drei Wochen lang täglich übt, bewusst in die Atmung einzugreifen.« Klick. Die Leinwand wurde nun von einem neuen Wort ausgefüllt:

atemTRAINING

»Zieh dich für dieses Training täglich einige Minuten in eine ruhige Umgebung zurück, drinnen oder draußen. Atme dabei mit geöffneten Augen sechzig Atemzüge. Ruhig und regelmäßig. Atme dabei nicht schneller als beim normalen Spazierengehen. Wichtig ist vor allem, dass du das Tempo deiner Atmung selbst bestimmst. So gewöhnt sich dein Gehirn im Laufe der Zeit daran, dass der Generaldirektor ins Atem-Geschehen eingreift.«

»Warum ausgerechnet sechzig Atemzüge?«, fragte Pia. »Und warum drei Wochen lang? Und warum müssen die Augen dabei geöffnet sein?«

»Gute Fragen, Pia. Es hat sich über die Jahre herausgestellt, dass es täglich sechzig Atemzüge drei Wochen lang benötigt, damit sich dein Gehirn an dein Eingreifen gewöhnt. Warum die Augen bei diesem Training geöffnet sein sollten, ist anhand eines Beispiels leicht erklärt. Nehmen wir an, du führst ein schwieriges Gespräch. Du bemerkst dabei, wie sich dein Schalter nach unten bewegt. Ein unangenehmes Gefühl macht sich in dir breit. Deine Atmung beschleunigt sich. Da du inzwischen trainiert hast, gelingt es dir, deine Atmung zu beruhigen. Du atmest bewusst ruhig und entspannt und sprichst weiter – und dabei sind deine Augen …?« »Offen!«, beendete Pia Gerhards Satz.

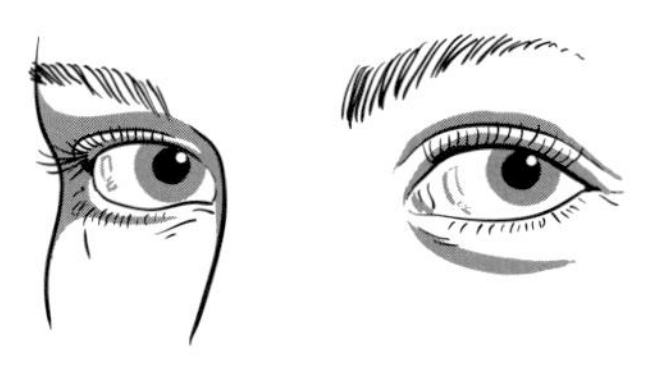

»Deshalb sollten wir die entspannte Atmung mit geöffneten Augen trainieren, denn auch im Ernstfall werden unsere Augen offen sein! So wird das Training alltagstauglicher.

Doch das ist noch nicht das ganze Training. Du solltest während des Trainings auch bei jedem Atemzug im Geiste mitzählen.

- Erstens, damit du die Kontrolle darüber hast, auch tatsächlich sechzig Atemzüge gemacht zu haben,
- zweitens, weil das Zählen gleichzeitig auch deine Konzentrationsfähigkeit trainiert.

So schlagen wir ohne großen Zeitaufwand zwei Fliegen mit einer Klappe.« Pia: »Ich atme also bewusst ruhig und entspannt und zähle dabei von 1 bis 60 mit?« »Nicht ganz. Denn würdest du beim Zählen der Atemzüge einfach nur von 1 bis 60 zählen, könnte das deine Konzentration kaum fördern. Zu sehr bist du dieses normale Zählen gewohnt. Deshalb sollten wir eine ungewohntere Art des Zählens praktizieren, eine Art zu zählen, die uns zwingt, uns stärker zu konzentrieren. Habt ihr dazu eine Idee?« Pablo: »Wir könnten im Countdown zählen, also nicht von 1 bis 60, sondern von 60 bis 1.«

»Gut«, stimmte Gerhard zu. »Dadurch wird unsere Konzentration sicherlich stärker gefordert als durch das normale Zählen. Lasst es uns gleich mal versuchen.« Er warf einen Blick durch das Fenster. »Es ist draußen noch ein wenig hell. Geht in den Garten und sucht euch einen schönen Platz. Atmet sechzig ruhige Atemzüge und achtet dabei darauf, dass ihr das Atemtempo selbst bestimmt. Zählt dabei jeden Atemzug mit, von 60 bis 1. Wenn ihr fertig seid, kommt wieder herein.«

Die Luft war mild. Es war noch hell genug, um das satte Grün zu erkennen. *»60 – 59 – 58 – 57.«* Im Geiste zählend saß ich auf einer alten, verwitterten Holzbank, die ich hinter der Villa, versteckt zwischen Büschen, entdeckt hatte. Ich atmete ruhig und entspannt und achtete bewusst darauf, selbst das Tempo meiner Atmung zu bestimmen. Die Ruhe, die mich dabei überkam, tat mir richtig gut. *»56 – 55 – 54 – 53 – 52.«* Ruhig atmete ich bei jeder Zahl ein und aus. *»51 – 50 – 49 – 48 – 47.«* Von meinem Platz aus konnte ich gut den hinteren Teil der parkähnlichen Anlage einsehen. In der Dämmerung waren die Umrisse einiger alter Bäume zu erkennen. Mein Blick glitt die Baumreihe entlang. *»46 – 45.«* War das nicht Pia, die da gegen einen Baum gelehnt stand? Ja, genau. Völlig regungslos stand sie da, ganz in das Atmen vertieft. Die sandige Farbe ihres Hosenanzugs hob sich von dem mächtigen Stamm ein wenig ab. Mein Atem folgte noch immer ruhig meinen Befehlen. Doch die Gedanken an Pia hatten die Zahlen in meinem Kopf längst verdrängt. *»48? 47?«* Angestrengt dachte ich nach, bei welcher Zahl die Affen in meinem Kopf die Richtung gewechselt hatten. Auf gut Glück setzte ich das Zählen fort. *»48 – 47 – 46 – 45.«* Wieder versuchte die Affenbande, einen Blick auf Pias Hosenanzug zu werfen. Doch diesmal war ich achtsam. *»44 – 43 – 42 – 41 – 40.«* Da! Ein leises Knirschen. Pablo kam langsam den Kiesweg, der sich wie eine weiße Schlange an die Baumreihe schmiegte, entlang. Auch er war noch in das ruhige Atmen vertieft. Sofort wollten sich meine Affen auf Pablo stürzen. Doch auch diesmal war ich stärker, konnte der Ablenkung widerstehen. Wie auch das nächste Mal – und das nächste Mal. *»5 – 4 – 3 – 2 – 1.«* Geschafft!

Nach einigen Minuten hatten sich wieder alle im Seminarraum eingefunden. Ich war nicht der Einzige, dessen schlecht erzogene Affen versucht hatten, die Kontrolle zu übernehmen. Gerhard beruhigte uns: »Es ist ganz normal, dass anfangs eure Gedanken immer wieder versuchen werden abzuschweifen. Das zeigt euch nur, dass die Affen in eurem Kopf noch nicht gezähmt sind. Deshalb empfehle ich euch, dass ihr dieses Training bis nächste Woche einmal täglich durchführt.

Ziehe dich dazu in eine ruhige Umgebung zurück und übe Folgendes:

- **Atme 60 Atemzüge** (ruhig, regelmäßig, in einem selbst bestimmten Tempo),
- **zähle im Countdown mit** (von 60 bis 1) und
- **halte dabei die Augen offen!**

Kehre, sobald du bemerkst, dass deine Gedanken auf Wanderschaft gehen, wieder zur Übung zurück. So wirst du sanft deinen Affen immer wieder zeigen, wer Herr im Hause ist. Bald wirst du bemerken, dass sich das Üben bezahlt macht.

Das Zählen beim atemTRAINING ersetzt das bis jetzt praktizierte Konzentrationstraining. Wer will, kann sich natürlich auch weiterhin nach Lust und Laune auf Rot, Grün, das Schöne oder anderes bewusst konzentrieren oder auch die Zeitung verkehrt lesen. Vielleicht habt ihr ja Spaß daran? Aber nötig ist es nicht, da das neue atemTRAINING auch ein sehr wirkungsvolles Konzentrationstraining ist.

Nächste Woche werden wir die letzten Geheimnisse unseres Gehirns lüften, die wir benötigen, um unseren Schalter unter unsere Kontrolle zu bringen. Bis dahin wünsche ich euch eine tolle Zeit.«

»One, two, three …« klang es zum Abschied aus den Lautsprechern. Wieder einmal erinnerte uns diese Musik daran, dass wir selbst es sind, die in drei immer gleichen Schritten unsere eigenen Gefühle erzeugen.

10. Das magische Gehirn

Donnerstag. *»... 8 – 7 – 6.«* Ruhig atmete ich nun bereits seit mehreren Minuten ein und aus. *»5 – 4 – 3 – 2 – 1, fertig.«* Heute war es mir gelungen, bereits einige Minuten, bevor mein Wecker sein schrilles Werk beginnen konnte, aus dem Bett zu steigen. Ich begann den Tag mit dem neuen Atemtraining. Meine Affen verhielten sich dabei ein bisschen ruhiger als gestern. Doch so ganz wollte es mir noch nicht gelingen, bei der Sache zu bleiben. Immer wieder drängten sich Gedanken an den gestrigen Abend in mein Zählen. Immer wieder war es nötig, den pelzigen Gefährten im Kopf Paroli zu bieten. Und doch fühlte ich mich heute pudelwohl in meiner Haut. Das lag sicherlich daran, dass gestern Abend mein Auto nicht anspringen wollte. Nein, ich war noch kein Meister im Verändern der Sichtweise. Aber es hätte mir nichts Besseres passieren können!

Gedankenverloren war ich nach dem Seminar in meine Klapperkiste gestiegen. Auch gestern hatte ich in der Goethestraße ganz in der Nähe der Villa geparkt. Als ich den Zündschlüssel ins Schloss schob, war ich in Gedanken noch immer beim Seminar. Ich drehte den Schlüssel, trat auf die Kupplung und gab ein wenig Gas. Nichts. Ich drehte nochmals am Schlüssel. Kein Lebenszeichen. Noch einmal. Doch auch beim dritten Versuch leistete der Motor Widerstand. Unbeeindruckt von meinen Startversuchen stand er noch immer still.

Ich spürte bereits, wie sich mein Schalter auf den Weg nach unten machte und unangenehme Gefühle von mir Besitz ergreifen wollten. Doch heute war ich vorbereitet. Mit den frischen Eindrücken aus dem Seminar versehen, atmete ich zuerst einmal ruhig durch, um danach in langsamem Tempo weiterzuatmen. Es schien tatsächlich zu funktionieren. Mein Schalter stoppte spürbar seine Bewegung und ich konnte zumindest verhindern, dass das unangenehme Gefühl stärker wurde. Gerhards Worte klangen noch in meinem Ohr: »*Ändere die Situation, wenn es möglich ist. Wenn nicht, ändere deine Sichtweise.*« Ja. Das wollte ich tun. Denn welchen Sinn hätte es wohl, wenn ich mich jetzt schlecht fühlte. Tatsache war: Mein Wagen sprang nicht an. Auch wenn ich mich dabei noch so schlecht fühlte, könnte das nichts an der Tatsache ändern. Ruhig atmete ich weiter. Ich stieg aus und öffnete die Motorhaube.

Die Batterie konnte es nicht sein. Die hatte ich erst vor Kurzem erneuert. Die Straßenbeleuchtung warf ihr kaltes Licht auf den Motorblock, der trotz meines neugierigen Blickes nicht bereit war, mir seine Geheimnisse preiszugeben. Da ich mich weder bei Motoren auskannte noch Mitglied eines Automobilclubs war, konnte ich im Moment nicht viel ausrichten. Vielleicht sollte ich mir einfach ein Taxi rufen und morgen den Wagen von meiner Werkstatt abholen lassen? Außerdem: Für irgendwas würde es schon gut sein. Vielleicht meinte es das Schicksal sogar gnädig mit mir? Vielleicht würde diese Panne verhindern, in einen fürchterlichen Unfall verwickelt zu werden? Doch selbst wenn es so sein sollte, würde ich es wohl nie erfahren. Während ich so in Gedanken auf die Innereien meines Wagens starrte, hörte ich meinen Namen rufen. »Kilian! Ist alles in Ordnung?«

Pia, die ihr Auto in einer Seitengasse geparkt hatte, streckte den Kopf aus ihrem Wagen. Beim Anblick ihrer leuchtenden Augen machte mein Schalter einen Riesensprung nach oben. Nach wenigen Worten war klar. Ich würde mich morgen um meinen Wagen kümmern. Pia bot sich an, mich mitzunehmen. Diese Chance wollte ich mir keinesfalls entgehen lassen. Glücklicherweise wohnte sie ja ganz in meiner Nähe. Viel zu schnell waren wir angekommen. Ich nahm all meinen Mut zusammen. »Hast du Lust, mit mir am Samstag ins Kino zu gehen?« – und sie hat ja gesagt! Alles ist für etwas gut.

Freitag. Früher Morgen. Es war inzwischen für mich ganz normal, mit Zeitung, Radio und Fernsehen bewusster umzugehen, zu entscheiden, ob die dargebotenen Informationen für mich wichtig waren oder nicht. Genauso normal war es inzwischen auch für mich, ab und zu die Zeitung auf den Kopf zu stellen:

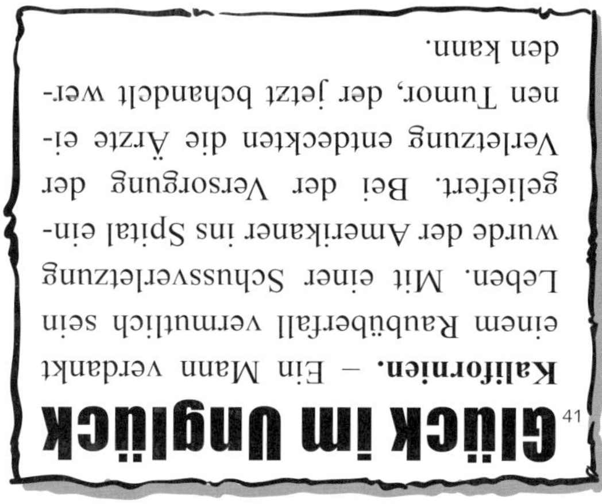

Glück im Unglück[41]

Kalifornien. – Ein Mann verdankt einem Raubüberfall vermutlich sein Leben. Mit einer Schussverletzung wurde der Amerikaner ins Spital eingeliefert. Bei der Versorgung der Verletzung entdeckten die Ärzte einen Tumor, der jetzt behandelt werden kann.

Interessant, wie schnell wir Menschen uns an Neues gewöhnen können. Mittlerweile war es mir möglich, die verkehrten Buchstaben wesentlich zügiger zu lesen als noch vor einer Woche. Ja, Übung macht tatsächlich den Meister.

Nach dem Frühstück fuhr ich mit dem Bus zur Arbeit, eingepfercht zwischen Menschen mit langen Gesichtern. Ein frustrierender Anblick. Richtig ansteckend. Bewusst begann ich, meine Konzentration auf das Schöne zu lenken: Kinder, die zwischen all den mürrischen Erwachsenen mit ihren lachenden Gesichtern und bunten Schultaschen wie kleine Schmetterlinge hervorstachen. Die blühenden Büsche, an denen der Bus vorüberfuhr. Die Häuserzeile mit den bunten, kunstvollen Fassaden. Das Leben war schön. Auch wenn Gerhard meinte, dass es nicht nötig sei, neben dem Atemtraining andere Varianten des Konzentrationstrainings zu praktizieren. Ich wollte es trotzdem beibehalten. Es machte mir inzwischen einfach Spaß und würde sicherlich auch meinen undisziplinierten Affen nicht schaden.

41 Ein reales Ereignis: Kalifornien/USA 2006.

Mein liegen gebliebenes Auto war inzwischen von der Werkstatt abgeschleppt worden. Am späten Nachmittag endlich ein Anruf. Ein gelockertes Kabel hatte mich in der Goethestraße stranden lassen. Eine Kleinigkeit. Jedoch mit großer Wirkung. Nicht so groß wie die Schusswunde des Amerikaners, über den ich heute Morgen gelesen hatte. Doch ohne dieses wunderbare Kabel ginge ich wohl kaum morgen Abend mit Pia ins Kino!

Abend. Ich absolvierte heute mein Atemtraining im Bett. *»35 – 34 – 33 – 32.«* Krampfhaft versuchte ich, meine Augen offen zu halten. Doch immer stärker machte sich eine wohlige Müdigkeit in mir breit. Bei »30« musste ich dann wohl eingeschlafen sein. Das war offensichtlich kein guter Zeitpunkt für dieses Training.

Samstag. Juhuu! Heute gehe ich mit Pia ins Kino. Zuvor würde ich jedoch den Nachmittag gemeinsam mit Manuel bei meinen Eltern verbringen. Es war ein wunderbarer Frühlingssamstag. Die Sonne blitzte durch das Badezimmerfenster, während ich mir genüsslich von einer Unzahl von Wasserstrahlen die Haut massieren ließ. Ich fühlte mich so lebendig. Das Atemtraining hatte ich heute wieder nach dem Aufstehen erledigt. Jetzt war ich bereit für den Tag. Letzte Woche hatte ich meinem Vater versprochen, ihm beim Fällen der morschen Buche behilflich zu sein. Heute war ein guter Tag dafür.

Im Garten. Mit lautem Gekreische drangen die scharfen Zähne in das alte Holz. Es roch nach Benzin und frischen Sägespänen. Ich liebte diesen Geruch. Unweigerlich wurden dabei alte Kindheitserinnerungen wach. Wie oft hatte ich früher meinen Vater bei der Arbeit im Garten beobachtet. Nun, Jahre später, nahm ich seinen Platz ein. Manuel stand in sicherer Entfernung neben seinem Großvater und beobachtete mich. Ich war gerade dabei, der alten Buche einen kleinen, hölzernen Keil zu entreißen. Auch wenn es mir im Herzen wehtat, diesem schönen Baum das Leben zu nehmen. Es musste sein. Es war nur noch eine Frage der Zeit, bis sein morscher Körper unkontrolliert zu Boden gekracht wäre. Ich wusste, was zu tun war. Gezielt schnitt ich zuerst die Fallkerbe aus dem Stamm – jenen Keil, der darüber entscheidet, in welche Richtung der Riese fallen sollte. Die Kettensäge vibrierte dabei in meinen Händen. Unter tosendem Lärm drang sie in den alten Stamm, bis sich ein kleines Stück Holz wie ein Tortenstück aus dem Riesen löste.

Nun wechselte ich die Position. Ein leises Knattern. Die Säge war bereit, ihr Werk zu vollenden. Scharfes Metall drang auf der anderen Seite des Stammes immer tiefer ins trockene Holz.

Da! Ein ohrenbetäubendes, hölzernes Krachen. Fast wie ein Aufschrei. Wie geplant fiel der mächtige Stamm mit Ächzen und Stöhnen in die gewünschte Richtung, ohne mein Elternhaus oder andere Bäume zu beschädigen.

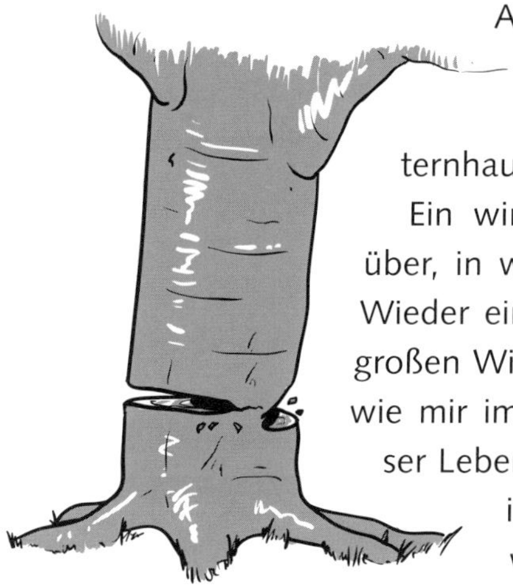

Ein winziger Holzkeil hatte entschieden. Darüber, in welche Richtung der Riese fallen würde. Wieder einmal hatte eine kleine Ursache zu einer großen Wirkung geführt. Es war schon erstaunlich, wie mir immer öfter die Regeln auffielen, die unser Leben bestimmten. Ob sich auch mein Leben in die erwünschte Richtung entwickeln würde, wenn ich den entscheidenden Schnitt machte?

Der typische Geruch gefällter Bäume stieg mir in die Nase. Nur ein unscheinbarer Stumpf blieb als Zeuge eines langen, stolzen Lebens im Garten meiner Eltern zurück.

Endlich Abend. Bereits von Weitem sah ich Pia. Wir hatten uns vor einem kleinen Innenstadtkino verabredet. Wir begrüßten uns wie alte Freunde. Mein Schalter war im Himmel.

Flackernde Bilder. Lachende Menschen. Eine ungewöhnliche Komödie aus Frankreich, die seit Wochen mit guten Kritiken glänzte. Doch selbst wenn sich alle Kritiker geirrt hätten, wäre mein Schalter im Himmel geblieben. Wohlgefühl. Gute Laune. Gewürzt mit spannenden Momenten: Ein streikendes Auto mitten auf einem

Bahnübergang. – Schnitt – Ein Zug nähert sich mit hoher Geschwindigkeit. – Schnitt – Der Fahrer steigt aus. Will sein Auto in Sicherheit bringen. Schiebt. Viel zu langsam bewegt es sich. Viel zu schnell ist der Zug. Wildes Pfeifen. – Schnitt – Der Mann schwitzt. Stemmt sich erneut gegen den Wagen. Wendet all seine Kräfte auf. – Schnitt – Als der Zug mit Haaresbreite an dem Auto vorbeibraust, greift Pias Hand unwillkürlich nach der meinen, nur um ihre sofort mit einem verlegenen »Entschuldige!« zurückzuziehen. – Schnitt – In einem nahegelegenen Restaurant lassen wir den wunderbaren Abend mit südlichen Köstlichkeiten ausklingen. – Schnitt.

Sonntag. Diese Wärme. Und so weich. Ich spürte sie noch immer, diese zärtliche Berührung. Seit gestern versuchte ich, diesen wunderbaren Moment am Leben zu erhalten. Immer und immer wieder ließ ich ihn an mir vorüberziehen ... Wie ich Pia noch bis zu ihrer Wohnung begleitete, wir den Gehsteig entlangschlenderten und ich nicht die geringste Ahnung hatte, auf welche Art und Weise ich mich von ihr verabschieden sollte. Als sich unsere Arme wie zufällig berührten, schien sie nichts dagegen zu haben. Bei ihr angekommen standen wir uns fast ein wenig verlegen gegenüber. Der Moment des Abschieds war gekommen. Keiner wusste, wie dieser Abend richtig zu beenden sei. Ich hielt ihre Hand zum Abschied, spürte die wohlige Wärme ihrer Haut. Da – kaum spürbar haucht sie mir einen Kuss auf die linke Wange, bevor sie im Haus verschwindet.

»23 – 22 – 21.« Heute fiel es mir ziemlich schwer, meine Affen unter Kontrolle zu halten! Immer wieder wollten sich meine Gedanken auf meine linke Wange stürzen, den schönen Moment von gestern immer und immer wieder erleben. *»20 – 19 – 18 – 17.«* Ich kehrte zum Zählen zurück. Ruhig atmete ich ein und aus. Achtete darauf, das Tempo selbst zu bestimmen. *»16 – 15 – 14.«* Was wir wohl nächsten Mittwoch lernen würden? Meine Affen schienen der Meinung, heute sturmfreie Bude zu haben. Wieder lenkte ich meine Konzentration auf die Atmung. *»16 – 15 – 14.«* Ich bin der Generaldirektor.

Den Nachmittag verbrachte ich mit Manuel am nahegelegenen See. Ein wenig hatte ich die Hoffnung, hier Pia wieder zu treffen.

Montag. *»48 – 47 – 46.«* Heute Morgen blieb keine Zeit für das Atemtraining. Deshalb holte ich es in der Mittagspause nach, am WC, dem einzig wirklich ruhigen Ort bei der Arbeit. Irgendwer machte sich vor der Tür am Waschbecken zu schaffen. Sofort wollten sich meine Affen auf die Ablenkung stürzen. Doch diesmal war ich stärker. *»45 – 44 – 42 – 41 …«*

Ich genoss den Tag. Jedes Mal, wenn ich an meine Verabredung mit Pia dachte, fühlte ich mich ein wenig stärker. Ich war tatsächlich verliebt. Oder sollte ich, um es gefühlslogisch zu formulieren, lieber sagen: Meine Sichtweise von Pia erzeugte in mir gute Gefühle. Egal. Es war schön.

Nach der Arbeit sah ich auf dem Weg nach Hause Rot. Da, ein rotes Verkehrszeichen. Ein Mann mit roter Jacke. Ein rotes Papier am Gehsteig – Teil einer Zigarettenschachtel. *»Für ein besseres Leben«* war in roter Schrift auf einer Plakatwand zu lesen. Rote Blumen auf einem Fensterbrett. Ein Haus, mit roten Ziegeln gedeckt … All das und vieles mehr wäre mir sicher nicht aufgefallen, hätte ich mich nicht darauf konzentriert. Es machte mir inzwischen Spaß, mir immer wieder selbst zu beweisen, wie sehr ich es bin, der entscheidet, wie er die Welt sieht. Ich, der Generaldirektor.

Dienstag. Mir stockte der Atem. Instinktiv schnappte ich nach Luft und spannte meine Muskeln an. Soeben hatte ich die Dusche auf eiskalt gestellt. Doch diesmal atmete ich nach dem ersten Schock bewusst ruhig weiter. Langsam und gleichmäßig. Erstaunt stellte ich fest, dass mir das kalte Wasser jetzt kaum noch etwas anhaben konnte. Länger als normal verharrte ich unter dem kalten Strahl. Und ich genoss es.

Mittagspause. Pausenraum. Mein Atemtraining hatte ich bereits nach dem Duschen erledigt. So war es heute nicht nötig, mich auf's

WC zurückzuziehen. Georg, mein Stellvertreter, saß mir gegenüber. Bis vor wenigen Minuten hatten wir uns noch blendend unterhalten. Bis er behauptete, dass sein Fußballverein dieses Jahr die Meisterschaft gewinnen würde. Wir beide waren glühende Fans. Er wusste wohl, dass mein Verein heuer die besseren Karten hatte. Kaum hatte er seine unverschämte Behauptung ausgesprochen, begann sich mein Schalter nach unten zu bewegen. Kampflustig wollte ich mich daran machen, zur Ehrenrettung meiner Idole anzutreten. Doch im letzten Moment kam mir in den Sinn, dass es doch völlig egal sei, ob ich recht hatte oder nicht. Wie es sein wird, würden wir erst in einigen Monaten wissen. Bis dahin zahlte es sich kaum aus, sinnlos unangenehme Gefühle zu erzeugen. Ich sah Georg an, der sich schon streitbar auf die Verteidigung seiner Meinung vorbereitet hatte, und meinte nur: »Wir werden sehen. Möge die bessere Mannschaft gewinnen.« Zufrieden kehrten wir gemeinsam zu unserem Arbeitsplatz zurück.

Abend. Auf dem Weg nach Hause legte ich noch einen kurzen Zwischenstopp im Supermarkt ein. Wie üblich warteten um diese Zeit in der Feinkostabteilung viel zu viele Menschen darauf, bedient zu werden. Alle vor mir hatten lange Einkaufslisten in den Händen. Die einzige Verkäuferin hinter der Theke schien ziemlich überfordert zu sein. Das würde sicher ewig dauern. Spontan machte mein Schalter einen weiten Sprung nach unten. Ich fühlte mich ziemlich mies dabei. Oft genug hatte ich diese Warterei schon erlebt und mich darüber geärgert. Unzählige Gedanken jagten durch meinen Kopf. Wieso sparen die so beim Personal? Die müssen doch wissen, dass um diese Zeit immer solch ein Gedränge herrscht. Meine Affenbande tat wieder mal, was sie wollte – und ich fühlte mich echt schlecht dabei. Es schien, als ob in diesem Moment all das, was ich bis jetzt gelernt hatte, wie weggeblasen war. Viel zu spät fiel mir ein, ruhig und entspannt zu atmen. Ich war unzufrieden. Erst jetzt kam mir in den Sinn, dass ich all die Menschen vor mir doch als Trainingspartner betrachten könnte. Das half ein wenig. Dass mir das nicht früher eingefallen war. Wieder einmal hatte ich mich völlig sinnlos geärgert.

Mittwoch. Goethestraße. Pablo war nicht zu bremsen. Begeistert erzählte er: »Leopold ist ein alter Laufkollege. Doch in letzter Zeit galt seine Liebe mehr dem Radsport. Am Sonntag kreuzten sich nach Langem wieder einmal unsere Wege. Verständlich, dass wir die Gelegenheit nutzten, Neuigkeiten auszutauschen. Ich erzählte vom Seminar. Davon, wie wir mit unserem Denken unsere Kraft beeinflussen und wie sich das auf unsere sportlichen Leistungen auswirken kann. Leopold wurde ganz hellhörig. Hatte er doch dazu Interessantes zu berichten.

Es geschah vor einigen Wochen. Leopold war mit Freunden zu einer Radtour übers Wochenende aufgebrochen. Den Freitag hatte er sich freigenommen. Trotzdem ließ er an diesem Tag sein Handy an. Er erwartete einen wichtigen Anruf. Auf einer langen, extrem steilen Bergstrecke war er Führender. Er fühlte sich ausgesprochen gut.

Mitten in der Steigung läutete das Telefon. Leopold stoppte und stieg ab. Das Gespräch dauerte einige Minuten. Doch es lief nicht wie erwartet. Er wurde von seinem Gesprächspartner mit sehr unangenehmen Nachrichten konfrontiert. Sein Schalter dürfte dabei fast zur Gänze nach unten gerutscht sein. Nachdem er völlig aufgewühlt wieder aufgestiegen war, musste er bereits nach wenigen Metern feststellen, dass seine vorher so reichlich vorhandenen Kräfte völlig verschwunden waren. Er stieg wieder ab. Erst nachdem er sich mit ruhigem Atmen ein wenig zur Ruhe gebracht hatte, war es ihm möglich, den Rest der Steigung in Angriff zu nehmen.«[42]

»Danke, Pablo«, ging Gerhard auf das Erlebnis ein: »Das zeigt nicht nur, wie stark unsere Gedanken auf unsere Kraft Einfluss nehmen. Es beweist auch, wie hilfreich die Atmung sein kann, wenn wir sie einzusetzen wissen. Deshalb haben wir inzwischen auch begonnen, dieses wertvolle Instrument zu trainieren. Heute werdet ihr dazu noch weitere Tipps erhalten. Zuvor jedoch nehmen wir unser

42 Ein reales Erlebnis: Toskana/Italien 2008.

Gehirn ein wenig genauer unter die Lupe. Bald werdet ihr erkennen, welch magisches Instrument euch damit tatsächlich zur Verfügung steht ...« (Klick).

In einem Video war jetzt ein fröhlicher Bub mit strohblonden Haaren zu sehen. Er stand in der Mitte eines sonnendurchfluteten Turnsaals. Zu einer blauen Trainingshose trug er ein viel zu langes T-Shirt. Spitzbübisch sah er uns an. Gleichzeitig bewegte er seine Handflächen im Rhythmus beschwingter Musik. Die eine Hand kreiste über seinem Kopf. Mit der anderen klopfte er gleichzeitig sanft auf seinen Bauch.

Nun rief ihm jemand aus dem Hintergrund das Wort »*Wechseln!*« zu. Sofort begann die Hand, die gerade noch auf den Bauch geklopft hatte, über demselben zu kreisen und die andere, die über dem Kopf gekreist war, begann sanft auf den Kopf zu klopfen. Nun wieder das Kommando »*Wechseln!*«. Folgsam tauschte der Bub wieder die Bewegung.

»Das ist Elias«, erklärte Gerhard. »Er ist sieben Jahre alt und macht vor, was ihr gleich ausprobieren werdet. Versucht einfach, seine Bewegungen nachzuahmen. Folgt dabei exakt seinem Beispiel. Wenn das Kommando ‚*Wechseln!*' ertönt, vertauscht auch ihr, so wie Elias, die Bewegungen. Steht auf, beobachtet Elias gut und tut es ihm gleich, so gut ihr könnt.«

Wir alle standen nun verteilt im Raum und behielten Elias aufmerksam im Auge. Die Musik wurde lauter.

Inzwischen kreiste meine linke Hand über meinem Kopf. Meine rechte wollte auf den Bauch klopfen, ganz so, wie es der kleine Elias vormachte. Doch was war das? Sobald ich mit der rechten Hand zu klopfen begann, tat die kreisende linke nicht mehr exakt das, was ich wollte. Die Drehbewegung stockte und aus dem Kreisen wurde eine Art Klopf-Kreisen. Das konnte doch nicht sein! Dass ich das nicht schaffen sollte, was einem Siebenjährigen vor meinen Augen perfekt gelang?

»*Wechseln!*« ertönte das Kommando aus dem Video. Elias veränderte sofort die Bewegungen. Auch ich versuchte, es ihm gleich zu tun. Doch es fiel mir ungleich schwerer als diesem Knirps. Links klopfen. Rechts kreisen. Schon wieder wollte eine Hand nicht so wie ich. Schon wieder erklang ein »*Wechseln!*«. Klopfte ich jetzt mit beiden Händen gleichzeitig? Konzentrieren! Die Hand über meinem Kopf sollte kreisen. Die andere auf den Bauch klopfen.

»*Wechseln!*« Das Kommando kam nun in immer kürzeren Abständen. Ich versuchte, so gut ich konnte, gute Figur zu machen. Heimlich äugte ich zu Pia, die sich neben mir abmühte. Ich wollte mich keinesfalls blamieren. Doch Pia würdigte mich keines Blickes. Sie hatte genug mit sich selbst zu tun und bekam so glücklicherweise von meinen ungeschickten Bewegungen nicht das Geringste mit. Das inzwischen im Raum hörbare Lachen ließ darauf schließen, dass es auch den anderen nicht viel besser erging. »*Wechseln!*« Rechts kreisen. Links klopfen. »*Wechseln!*« Rechts klopfen. Links kreisen. So ging es einige Minuten dahin. Meine Drehbewegungen waren inzwischen ein bisschen runder geworden. Auch den Wechsel schaffte ich schon ein wenig besser. Noch lange nicht so perfekt wie der kleine Elias. Doch immerhin.

Endlich erlöste uns Gerhard. »Danke für eure Ausdauer. Setzt euch bitte.« Lachend nahmen wir unsere Plätze ein. »Eine bei Kindern beliebte Koordinationsübung. Wie ist es euch dabei ergangen?« »Anfangs ziemlich schlecht!«, waren wir uns einig. Jakob: »Doch im Laufe der Zeit wurde es ein wenig besser.« Pia: »Ja, das Wechseln wurde leichter.« Pablo: »Und die Bewegungen runder.«

»Das ist ganz normal«, beruhigte Gerhard, »denn so funktioniert unser Gehirn. Neues fällt uns anfangs meist schwer. Doch im Laufe der Zeit gewöhnen wir uns an das Neue und das, was uns zuerst noch so schwer erschien, geht uns bald leichter von der Hand. Denn dein Gehirn hilft dir dabei:

Du hast Lust, Ski fahren, Klavier spielen oder schwimmen zu lernen? Du willst auf dem Tanzparkett eine gute Figur machen und die anderen vor Neid erblassen lassen? Oder vielleicht beim nächsten Urlaub in Japan die Einheimischen mit einem herzlichen *‚Konnichiwa!'* begrüßen? Egal was du lernen oder tun willst, alle dafür benötigten Hirnzellen hast du jetzt bereits im Kopf.« Klick. Ein an moderne Kunst erinnerndes Bild erschien an der Wand:

»Dieses Bild zeigt einige der Hirnzellen, die gerade für unsere Koordinationsübung zuständig waren. Doch es zeigt uns noch viel mehr. Der Eingeweihte kann hier auch gut erkennen, warum euch diese Übung so schwergefallen ist.

Für wen von euch war diese Übung neu?« Fünf Arme in der Luft. »Es war für euch also das erste Mal – und obwohl es sich um einfachste Bewegungen handelt, die jedes Kind beherrscht, war es für euch schwierig, Klopfen und Kreisen miteinander zu kombinieren.« »Ziemlich schwierig«, warf Pablo ein, »unser siebenjähriger Vorturner hat uns ganz schön alt aussehen lassen.« »Ja, das hat er. Den Grund dafür finden wir in eurem Gehirn. Da sind zwar alle Gehirnzellen, die ihr für diese Übung benötigt, vorhanden. Doch hatten sie offenbar große Schwierigkeiten, ihre Arbeit zu verrichten.« Gerhard zeigte auf das Bild und begann, Klick für Klick einzelne Zellen in dem Bild zu benennen:

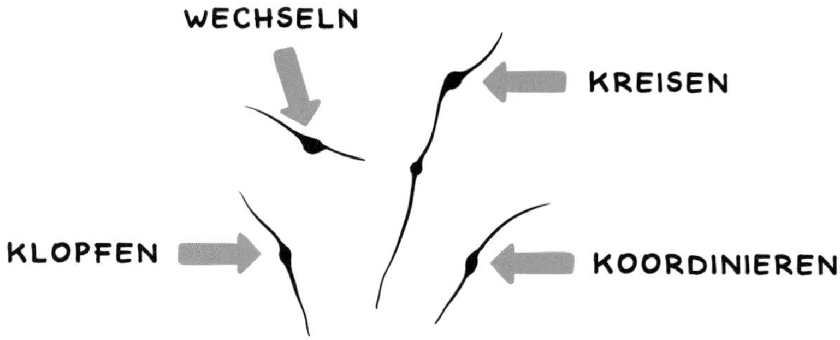

»Vielleicht ist die Zelle links unten für das Klopfen zuständig gewesen. Die rechts oben für das Kreisen. Links oben sehen wir möglicherweise die Zelle, deren Aufgabe das Wechseln war. Und vielleicht war es die Zelle rechts unten, die all das koordinieren sollte.[43] Doch sie stand auf verlorenem Posten. Denn sie hatte keine Möglichkeit, den anderen Beteiligten ihre Anweisungen zu geben. Weil etwas fehlt! Was ist es, das hier fehlt? Hat jemand von euch eine Idee?«

Spontan kam von Pia: »Verbindungen! Diese Hirnzellen können miteinander nicht kommunizieren, da die Verbindungen fehlen!« Pablo ergänzte: »Und weil sie deshalb nicht gut zusammenarbeiten konnten, waren unsere Bewegungen auch nicht besonders elegant?«

»So ist es. Gehirnzellen, die erstmals in einer neuen Kombination verwendet werden, sind noch nicht miteinander verbunden – und können deshalb auch nicht gut zusammenarbeiten.[44] Das Ergebnis: Dein Tun fällt dir schwer. Du wirst es als schwierig, anstrengend oder mühsam empfinden. Vielleicht hast du sogar das Gefühl ,*Das lerne ich nie!*'. Trotzdem solltest du weitermachen. Denn selbst wenn dein Tun anfangs noch unbeholfen erscheint, werden doch genau durch

---

43 Natürlich sind in Wirklichkeit ungleich mehr Gehirnzellen an einem Bewegungsablauf, einer Handlung oder einem mentalen Lernprozess beteiligt. Der Einfachheit halber wurde jedoch auf alle Details, die keine Auswirkungen auf die Nutzung dieser Erkenntnisse haben, verzichtet.

44 Sprichwort: »Es ist noch kein Meister vom Himmel gefallen.«

dieses Tun alle beteiligten Gehirnzellen aktiviert. Und dies ist der **Befehl** an dein Gehirn, alle Hirnzellen, die noch nicht in Verbindung stehen, miteinander zu verknüpfen! Nun wachsen zwischen den aktiven Hirnzellen all jene Kommunikationsverbindungen, die sie brauchen, um gut zusammenarbeiten zu können.« Wieder ein Klick und die Hirnzellen an der Wand begannen sich miteinander zu vernetzen.

TUN

↓

Zellaktivierung

↓

Vernetzungen

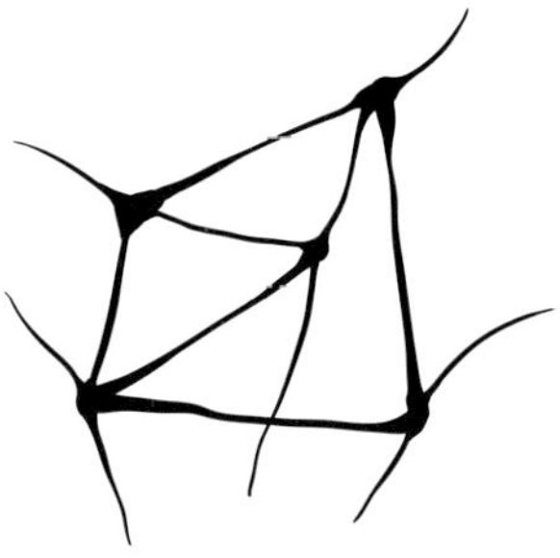

»Woran wirst du bemerken, dass deine Gehirnzellen begonnen haben, sich miteinander zu verbinden?«, fragte Gerhard. Elena vermutete: »Es fällt mir leichter, das Neue zu tun.« »Richtig. Lässt du dich von den anfänglichen Startschwierigkeiten nicht entmutigen, wirst du bald feststellen, dass dir dein Tun ungleich leichter fällt.«[45] Jakob ungläubig: »Deshalb ist uns Elias' ‚Klopfen-Kreisen-Übung' bereits nach wenigen Minuten leichter von der Hand gegangen?« »Ja, Jakob. Denn durch euer Tun haben die so aktivierten Hirnzellen bereits begonnen, sich zaghaft zu vernetzen. Würden wir nun in regelmäßigen Abständen diese Übung immer wieder wiederholen, würden sich die beteiligten Zellen

a) immer stärker miteinander verbinden und

b) die bereits bestehenden Vernetzungen immer dicker werden.«

45 Dies gilt für jegliche Form von Lernen (reale Bewegungsabläufe und Handlungen, mentale Denkprozesse).

Beim nächsten Klick wurde das Netzwerk zwischen den Hirnzellen dichter.

»Training, Übung, Ausbildung oder Schulung. Egal wie wir unser regelmäßiges Tun nennen. Es bewirkt, dass die beteiligten Hirnzellen immer besser zusammenarbeiten können.«[46] »Genau das habe ich die letzten zwei Wochen erlebt«, meldete ich mich nun zu Wort. »Fast täglich lese ich einen oder mehrere Zeitungsartikel mit auf dem Kopf stehenden Buchstaben. Und von Tag zu Tag fällt mir das Lesen leichter.« Mit einem Nicken betätigte Gerhard seine Fernbedienung. Nun wurde das Netzwerk zwischen den Hirnzellen zum undurchdringlichen Dickicht.

»Sind beteiligte Gehirnzellen gut miteinander vernetzt, Kilian, geht dir das neu Erlernte immer leichter von der Hand. Kannst du es dann nach entsprechend langem Training, ohne viel nachzudenken, ausführen, sprechen wir von einer Gewohnheit.« Mit dem nächsten Klick versetzte uns Gerhard in das Innere eines fahrenden Autos:

46 Als Baby sind wir bereits mit all unseren Hirnzellen auf die Welt gekommen. Trotzdem hatte unser Gehirn nur ein Viertel seines heutigen Gewichts. Drei Viertel unseres Gehirns kommen erst im Laufe unseres Lebens hinzu – durch Vernetzung (= Lernen, neue Erfahrungen, Konfrontation mit Neuem und Veränderungen).

Zwei Hände kurbeln am Lenkrad. Rhythmisch blinkt eine grüne Leuchte, begleitet von einem klackenden Geräusch. Der Wagen biegt rechts ab. Die lange Motorhaube schiebt sich behäbig um die Kurve. Ein Fußgänger, der gerade den Zebrastreifen betritt, stoppt abrupt die Bewegung des Fahrzeugs. Die Kamera richtet sich nun auf die Füße des Fahrers. Ein blank polierter schwarzer Schuh drückt das zweite Pedal von rechts tief Richtung Fahrzeugboden. Gleichzeitig presst der andere Schuh das erste Pedal von links bis zum Anschlag nach unten.

Kaum hat der Fußgänger die Straße verlassen, beginnt die Kamera schnell zwischen den Schuhen, dem Blick auf die Straße, der rechten Hand des Fahrers und dem Lenkrad hin und her zu springen. Der linke Schuh lässt langsam die Kupplung los. Der andere Schuh hat inzwischen das Bremspedal freigelassen und gibt vorsichtig Gas. Zeitgleich wird der Schaltknüppel neben dem rechten Knie nach vorn gedrückt. Der Wagen setzt sich in Bewegung. Eine Hand dreht am Lenkrad. Der Zebrastreifen verschwindet aus unserem Blickfeld. Eine lange Gerade liegt vor uns. Links und rechts parkende Autos. Die rechte Hand zieht den Schaltknüppel nach hinten, begleitet vom sich nun wiederholenden Spiel der Schuhe. Die linke Hand hält sich am Lenkrad fest, während sich die andere Richtung Radio bewegt. Zeigefinger und Daumen drehen an einem schwarzen Knopf. Klassische Musik ertönt. Ein hastiger Druck mit dem Daumen. Popmusik. Dieselbe Hand bewegt sich nun nach unten. Sie drückt den Schaltknüppel nach vorn. Im Rückspiegel die Motorhaube eines roten Autos. Nun macht sich der Fahrer an einer Zigarettenschachtel zu schaffen. Mit der Rechten schiebt er sich eine Zigarette in den Mund. Feuerstein knirscht. Eine Flamme. Ein genüsslicher Zug. Rauchschwaden tauchen alles in blauen Dunst. Ein Blick auf die Straße. Da! Ein Ball. Dann – ein Kind. Zwischen den parkenden Autos hindurch. Ohne zu schauen. Die Motorhaube zielt. Kommt immer näher. Die Schuhe hektisch in Bewegung. Links durchdrücken. Rechts draufspringen. Quietschende Bremsen. Wenige Zentimeter vor dem Kind kommt das Fahrzeug endlich zum Stehen.

Ich musste zunächst einmal ruhig durchatmen. Beim plötzlichen Auftauchen des Kindes hatte sich mein Schalter in Windeseile nach unten bewegt.

»Autofahren. Ein komplexer Vorgang. Vieles ist gleichzeitig zu tun. Ständig muss man reagieren. Oft in Sekundenbruchteilen. Und es ist möglich. Weil man nicht lange darüber nachdenken muss. Denn durch das meist jahrelange Training sind alle beteiligten Gehirnzellen stark miteinander verbunden. Starke Vernetzungen machen das Tun zum automatischen Handeln, sodass selbst Multitasking bis zu einem gewissen Maße möglich wird. Doch das war nicht immer so. Die erste Fahrstunde hat schon so manchem Fahrschüler schlechte Gefühle beschert. Viel zu viel ist zur selben Zeit zu tun. Verwirrung macht sich breit. Man vergisst zu kuppeln oder darauf, die Handbremse zu lösen. Legt den falschen Gang ein. Übersieht einen Fußgänger oder eine rote Ampel und hat Gott sei Dank mit dem Fahrlehrer einen Geübteren an der Seite. Selbst wenn es anfangs noch aussichtslos erscheint, hält man bald den neuen Führerschein in den vielleicht noch leicht verschwitzten Händen. Tagtäglich wird nun das neu Erlernte angewandt und aus dem frischgebackenen Führerscheinneuling wird im Laufe der Zeit ein immer besserer Autofahrer. Denn: Übung macht den Meister[47]!« Ein Klick und Gerhard verknüpfte das alte Sprichwort mit den Lernvorgängen im Gehirn:

47 Gerhard hat am vorletzten Abend versprochen, anhand von Sprichwörtern den Schlüssel zum Wohlgefühl zu liefern. Voilà – hier ist das erste davon. Die nächsten folgen auf den kommenden Seiten.

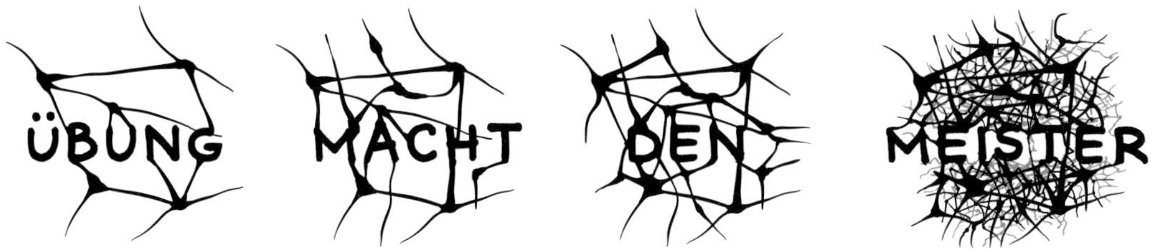

»Durch unser Tun werden also neue Verbindungen geschaffen und bestehende verstärkt. Doch was geschieht mit diesen Vernetzungen, wenn wir unsere Aktivitäten einstellen?«, fragte Pia. »Was denkt ihr? Was geschieht wohl mit den Vernetzungen, die nicht mehr benutzt werden?«, lautete Gerhards Gegenfrage. »Sie bleiben, wie sie sind?«, versuchte es Jakob. »Das wäre schön, Jakob. Denn das würde bedeuten, dass all das, was wir einmal gelernt haben, ein Leben lang zur Verfügung steht. Doch entspricht das unserer Alltagserfahrung?«

»Ganz und gar nicht«, meldete ich mich zu Wort. Ich musste an meine Schulzeit denken. An all das Zeugs, das ich im Laufe der Jahre gelernt hatte. Daran, wie wenig davon heute noch präsent war. Wirklich anwenden konnte ich eigentlich nur das, was ich geübt und immer wieder angewandt hatte. Diese Vernetzungen schienen tatsächlich stabil zu sein. Doch alles andere hatte offenbar inzwischen das Zeitliche gesegnet.

Auch Pia wusste von solch einer Erfahrung zu berichten: »Ich habe eine gute Freundin, die kurz nach ihrem achtzehnten Lebensjahr den Führerschein erworben hatte. Das ist nun bereits mehr als zwei Jahrzehnte her. Da sie sich damals kein eigenes Auto leisten konnte, hatte sie kaum Gelegenheit, regelmäßig ihr Fahrkönnen unter Beweis zu stellen. Auch später überließ sie das Fahren lieber ihrem Mann. Bis dieser sich vor einiger Zeit eine schlimme Fußverletzung zuzog. Nun sollte sie auf die Fahrerseite wechseln. Doch dabei musste sie nicht nur feststellen, dass ihr Göttergatte ein verdammt schlechter Beifahrer war. Auch ihr Führerschein, der ihr noch immer bescheinigte, dass sie des Fahrens mächtig sei, wurde bald Lügen gestraft. Erst nach zahllosen Übungsfahrten auf einsamen Straßen, mit einem schimpfenden Nervenbündel von Mann an ihrer Seite, war sie wieder einigermaßen in der Lage, den Wagen unter Kontrolle zu halten.«

»Unsere Erfahrungen zeigen uns klar«, hob Gerhard hervor, »dass Vernetzungen – und die damit verbundenen Fertigkeiten – nur dann erhalten bleiben, wenn sie auch regelmäßig benutzt werden. Liegen Vernetzungen hingegen brach, entwickeln sie sich im Laufe der Zeit wieder zurück.[48] Den **Befehl** dazu geben wir mit unserem Nicht-Tun!« Er beförderte diese Erkenntnis an die Wand:

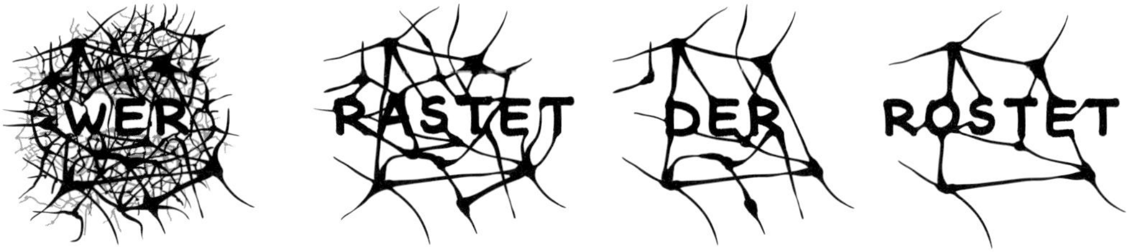

Sogleich kam mir spontan in den Sinn, wie sehr wir doch tatsächlich der Generaldirektor im »Unternehmen Ich« sind.

»Aber«, Pia wirkte ein wenig aufgeregt, ganz so, als sei ihr gerade ein Licht aufgegangen, »könnte das nicht auch von Vorteil sein? Könnte es nicht ein Vorteil sein, wenn sich bestehende Vernetzungen auflösen? Zum Beispiel dann, wenn alte Gewohnheiten nicht hilfreich sind?«

»Gut erkannt«, antwortete Gerhard und wandte sich nun mir zu. »Kilian. Du hast uns vor einiger Zeit von deinem Ärger über einen Autofahrer erzählt.« »Ja.« »Und das war sicherlich nicht das Einzige, worüber du dich in den letzten Jahren geärgert hast.« »Leider«, bemerkte ich leise, während ich daran dachte, wie ich mich immer wieder über meinen Filialleiter, unzuverlässige Mitarbeiter, lange Schlangen bei der Supermarktkasse, das ewige Warten in der Feinkostabteilung und vieles mehr ärgern musste. »So wurde dein Ärger im Laufe der Jahre immer mehr zu einer stabilen Gewohnheit. Immer mehr ‚Ärgervernetzungen' bemächtigten sich deines Gehirns, sodass du im Laufe der Zeit den Eindruck hattest, deinem Ärger machtlos

48 Ausnahme: Sehr stabile Vernetzungen, die bis zum ca. 10. Lebensjahr aufgebaut wurden, bleiben im Regelfall ein Leben lang erhalten, da das Gehirn davon ausgeht, dass diese Vernetzungen überlebensnotwendig sind (z. B. Gehen, Radfahren, Sprachen, Spielen von Musikinstrumenten und andere Fertigkeiten, die in der Kindheit erlernt wurden).

ausgeliefert zu sein.« Ins Schwarze getroffen. »Doch je öfter es dir in Zukunft gelingen wird, auf den Ärger zu verzichten und anders zu reagieren, umso mehr werden sich deine ‚Ärgervernetzungen' auflösen, um im Laufe der Zeit durch ‚Gelassenheitsvernetzungen' ersetzt zu werden. Und das ist tatsächlich von Vorteil!«

Mein Schalter hatte sich bei diesen Worten weit nach oben gedreht. Ich genoss dieses angenehme Gefühl der Zuversicht, das Pias Frage ausgelöst hatte. Mein Blick wanderte unauffällig zu ihr. Diesmal schaute auch sie in meine Richtung, lächelte mich an und beförderte damit meinen Schalter endgültig in den Himmel.

»Nicht nur die alltägliche Erfahrung, sondern auch die Hirnforschung bestätigt uns, dass unser Gehirn formbar ist – und das bis ins hohe Alter! Jedes Lernen, jede Konfrontation mit Neuem fördert das Wachstum neuer Vernetzungen, aber auch Intelligenz[49] und Überlebensfähigkeit. Übung macht den Meister! Diese Fähigkeit unseres Gehirns wird von den Wissenschaftlern ‚neuronale Plastizität' genannt. Die wichtigste Botschaft dabei ist …« (Klick).

Veränderung ist möglich!

»Dein Gehirn ist in der Lage, sich mit deiner Hilfe perfekt den täglichen Herausforderungen anzupassen. Du als Generaldirektor entscheidest, was sich in deinem Kopf festsetzt und was nicht. Du entscheidest, welche Gewohnheiten in deinem Kopf das Sagen haben. Du entscheidest, welche Art zu denken du wählst. Deshalb entscheidest nur du, wie du dich fühlst – heute, morgen und den Rest deines Lebens. Das Training, das dir dabei helfen wird, deine Gefühle in den Griff zu bekommen, werde ich dir nächste Woche servieren. Es berücksichtigt die Vorlieben deines Gehirns, was auf natürliche Weise seine Effektivität erhöht. Diese Vorlieben werden wir heute näher kennenlernen.

Stell dir dazu bitte Folgendes vor: Du stehst aufrecht in einem Flugzeug, direkt neben einer Luke. Verkrampft klammerst du dich

49 Die menschliche Intelligenz und der Vernetzungsgrad des Gehirns stehen in direktem Zusammenhang.

mit der rechten Hand an einen kalten Metallgriff. In der Linken hältst du eine gepolsterte Ledermütze und eine Schutzbrille. Du trägst einen roten Overall. Sein Stoff ähnelt dem eines dicken Trainingsanzugs. Je höher das Flugzeug steigt, umso kühler wird es. Thomas, ein braungebrannter Fallschirmspringer, steht dicht hinter dir. Er trägt den gleichen Overall wie du. Bald wird es ernst. Bald wirst du dich das erste Mal aus einem Flugzeug stürzen. Angeschnallt an Thomas' Bauch. Mit dem Gesicht Richtung Erde. Dein erster Tandemsprung. Ein Geburtstagsgeschenk. Wild jagen die Gedanken durch deinen Kopf. ‚*Ob das wirklich eine gute Idee war?*'

Inzwischen hat das Flugzeug 3000 Meter Höhe erreicht. Thomas weist dich an, Ledermütze und Brille aufzusetzen. Die Temperatur sinkt weiter – 3500 m, 7° C. Thomas zieht die Gurte, die dich mit ihm verbinden, fester – 4000 m, 5° C. Der Moment der Wahrheit. Die Ausstiegsluke wird geöffnet. Die Sonne blendet dich. Der Wind rüttelt an deinem Haar, reißt am Flugzeug. Du willst es dir noch überlegen. Doch kopfüber fällst du. Wie ein Sprung ins Wasser. Nur viel schneller. Du jagst der Erde entgegen. Thomas im Nacken. Um dich herum nur kalter Wind. In deinen Ohren saust es. Die Luft drückt hart gegen dein Gesicht, schiebt unbarmherzig die Haut nach hinten. Ein Druck über deinen Augen wird spürbar. Du bist hellwach. Ein kleiner Schirm flattert inzwischen über dir. Er wird in Kürze den Hauptschirm aus seiner Hülle ziehen. Immer schneller geht es nach unten.« Ganz so, als wollte Gerhard unsere Vorstellungskraft verstärken, erschien ein Bild an der Wand:

»Die Erde kommt immer näher. Mit 200 Stundenkilometern. Die Luft wird wärmer. Hätte sich der Hauptschirm nicht schon längst öffnen müssen? Du bemerkst, wie Thomas wie wild an der Reißleine zieht. Doch es tut sich nichts. Noch immer flattert der kleine Schirm im Wind. Thomas' Bewegungen werden hektisch. Er brüllt dir etwas ins Ohr. Die Erde kommt näher. Du willst schreien, doch dir versagt die Stimme. Fallen. Unendlich lange. Immer weiter. Fallen. Tiefer. Und ... – plötzlich sitzt du aufrecht in deinem Bett. Schweißgebadet. Dein Herz pumpt noch immer wie wild. Gott sei Dank. Es war nur ein Traum.

Aufgewühlt legst du dich wieder hin. Es ist noch finster. Froh darüber, dass das, was du gerade noch als so real empfunden hast, vorbei ist, kuschelst du dich in dein Kissen, spürst die wohlig warme Decke und schläfst zufrieden wieder ein.

Wer von euch hatte schon einmal solch einen Traum? Vielleicht nicht ganz so dramatisch, aber doch so intensiv, dass er euch absolut real erschien?«

Wieder einmal wurde Gerhards Frage mit fünf Armen in der Luft beantwortet. »Wir alle träumen im Schlaf. Von möglichen und unmöglichen Dingen. Vom Alltag. Von Zukunft oder Vergangenheit. Oder auch völlig wirres Zeug, das überhaupt keinen Sinn ergibt. Doch ganz egal, wovon unsere Träume handeln. Wir träumen immer in jener Sprache, derer sich unser Gehirn am liebsten bedient: der Bildsprache!« (Klick).

»Die Bildsprache ist die bevorzugte Sprache unseres Gehirns. Das beweist uns unser Gehirn immer wieder im Schlaf, beim Träumen, wo es von unserem bewussten Zutun nicht beeinflusst wird. Unser Gehirn arbeitet vorzugsweise mit Bildern. Deshalb ergeben Worte für uns auch nur dann einen Sinn, wenn wir uns darunter etwas vorstellen können. Fehlen jedoch die Bilder, ist ein Verstehen kaum möglich.« Ein Klick und folgender – einer Fremdsprache nicht unähnlicher Text – erschien an der Wand:

»Wer von euch versteht, was hier geschrieben steht?« Kein Arm in der Luft. »Kompliziert, komplex und für den Unkundigen höchst verwirrend. Denn du kannst dir im wahrsten Sinne des Wortes kein Bild machen. Es fehlen dir all jene Bilder, die diese Worte für dich verständlich machen würden. Sage ich jedoch *‚spazieren gehen'*, wirst du sofort verstehen, was gemeint ist. Denn jetzt hast du ein Bild im Kopf.« Mit einem Klick verwandelte Gerhard die unverständlichen Worte in ein verständliches Bild:

»Unser Gehirn denkt in Bildern!«, wiederholte Gerhard nochmals eindringlich. »Nicht umsonst wird ein Großteil unseres Großhirns für die Verarbeitung bildhafter Eindrücke verwendet.[50] Und diese Bilder in deinem Kopf können dir sehr real erscheinen. Machen wir dazu eine kleine Übung:

Sitzt aufrecht und streckt beide Arme gerade nach vorn. Die Handflächen zeigen nach oben. Bleibt in dieser Position und schließt eure Augen. Hört nun auf meine Worte und stellt euch all das, was ich euch jetzt sage, so detailgenau wie möglich vor.« Wir alle saßen nun mit geschlossenen Augen und nach vorn gestreckten Armen da.

---

50 Das Großhirn ist der größte Teil des menschlichen Gehirns. Es ist verantwortlich für Denk- und Handlungsprozesse und macht uns zu dem selbstbestimmten Wesen, das wir sind. Nur wenige Prozent der Gehirnzellen widmen sich dabei dem logisch-linearen Denken (= Worte, Zahlen, Daten, Fakten). Mehr als 90 Prozent sind mit Bildern, Gefühlen, Geräuschen und anderen Sinnesempfindungen beschäftigt. Unser Sehsinn ist dabei mit Abstand der wichtigste aller Sinne. Er liefert unserem Gehirn annähernd 80 Prozent der Informationen über die Umwelt. Mehr als 40 Teilbereiche des Großhirns haben mit dem Sehen zu tun.

»Seid ihr bereit?« »Ja!«

»Stell dir vor, ich lege auf deine linke Handfläche ein dickes, schweres Buch. Sieh, wie es auf deiner Hand liegt. Spür, wie der Buchdeckel deine Handfläche berührt. Spür das Gewicht dieses schweren Buches.« Ich tat, was Gerhard verlangte, und er setzte fort: »Nun lege ich ein zweites schweres Buch auf das erste. Sieh, wie zwei dicke Bücher deine linke Hand belasten. Spür, wie ihr Gewicht gegen deine Handfläche drückt. Nun lege ich ein drittes schweres Buch hinzu. Drei schwere Bücher liegen nun auf deiner linken Hand. Sie drücken schwer nach unten, versuchen, deinen Arm Richtung Boden zu bewegen.«

In meiner Vorstellung lagen nun drei dicke Bücher auf meiner linken Hand. Alle hatten sie einen dunkelbraunen Ledereinband und die Kanten der einzelnen Seiten waren in Gold gefasst. Ich konnte förmlich die lederne Oberfläche des Buchdeckels auf meiner Handfläche spüren. Auch das Gewicht der Bücher konnte ich mir gut vorstellen. Doch am erstaunlichsten war: Ich musste all meine Kraft aufbringen, um zu verhindern, dass mein Arm nach unten sackte. So schwer fühlten sich diese imaginären Bücher an. Meine Schulter begann bereits ein wenig zu schmerzen. Das hörbare Schnaufen von Jakob, der heute rechts von mir saß, signalisierte, dass es ihm wohl ähnlich ergehen musste. Links von mir war ein Kichern zu hören. Schon folgte das nächste Kommando.

»Auf diese drei schweren Bücher lege ich jetzt ein viertes schweres Buch. Spür das Gewicht von vier schweren Büchern.« Sobald ich in meiner Fantasie das vierte Buch hinzugelegt hatte, bewegte sich mein Arm immer mehr nach unten. Mit aller Kraft versuchte ich, mich dagegenzustemmen. Doch ich hatte gegen das Gewicht der alten Schmöker keine Chance.

»Bleibt für einen Moment, wie ihr gerade seid, und öffnet eure Augen«, forderte uns nun Gerhard auf. Ein erstauntes Raunen ging durch den Raum. Vier von uns saßen mit einem weit nach unten gedrückten Arm in ihren Fauteuils. Nur Pablo zeigte keine Veränderung. Seine Arme waren, wie zu Beginn der Übung, noch immer beide gerade nach vorn gestreckt.

Elena hielt sich inzwischen ihren linken Arm. Alle plapperten durcheinander. Pia fragte erstaunt: »Wie hast du das gemacht? Wie konntest du mit deinen Worten diese Reaktionen bewirken?« Elena rieb sich noch immer ihren linken Oberarm, während Gerhard antwortete: »Ich habe gar nichts gemacht, Pia. Ihr wart es selbst, die das Nötige getan haben.« Mit einem Klick beförderte Gerhard das Bild eines früheren Seminarteilnehmers an die Wand, dem es anscheinend nicht besser ergangen war wie uns.

»Das ist Georg. Auch er konnte dem Druck der imaginären Bücher nicht standhalten. Denn auch seinem Gehirn war es – so wie euren Gehirnen – entgangen, dass in Wirklichkeit gar keine Bücher vorhanden waren.« »Aber was hat bewirkt«, wunderte sich Elena, »dass diese Vorstellungsbilder unser Gehirn so täuschen konnten, unserem Gehirn so real erschienen?«

»Dazu sollten wir uns zuerst einmal ansehen, wie Bilder normalerweise in unseren Kopf gelangen: Alles, was du sehen kannst, wird von deinen Augen erfasst, hier in Nervenimpulse umgewandelt und über Nervenbahnen an dein Gehirn weitergeleitet. Im Gehirn angekommen, werden diese Nervenimpulse dann wieder zu einem Bild zusammengesetzt.

Das bedeutet, dass du in Wirklichkeit nicht mit den Augen siehst, sondern mit deinem Gehirn. Dasselbe gilt sinngemäß für das Hören, Spüren, Riechen und Schmecken. Alle Sinneseindrücke aus unserer Umwelt werden von den dafür vorgesehenen Sensoren – Nase, Zunge, Haut, Ohren und Augen – erfasst, in Nervenimpulse umgewandelt und an dein Gehirn weitergeleitet. Seit deiner Geburt versorgen so deine fünf Sinne dein Gehirn mit all den Informationen, die du Realität nennst.« (Klick).

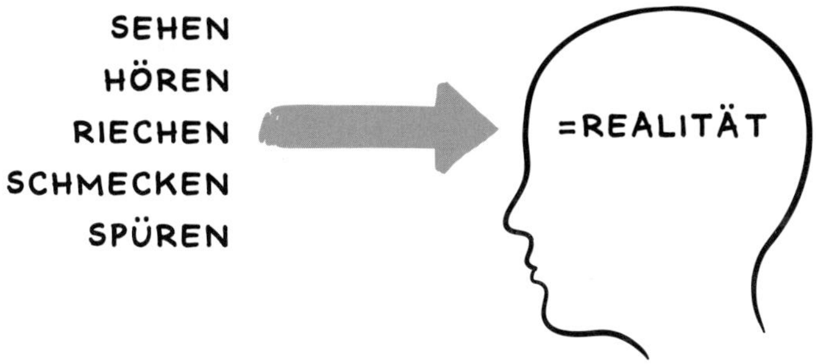

»Doch nun zurück zu deiner Frage, Elena: Du wolltest wissen, was es war, das die Vorstellungsbilder in deinem Kopf so real erscheinen ließ – so real, dass du Bücher gespürt hast, die in Wirklichkeit gar nicht vorhanden waren.« Unwillkürlich griff Elena zum linken Arm, der offensichtlich noch immer schmerzte. »Die Antwort ist denkbar einfach. Wir haben ja gerade gehört, dass Bilder für unser Gehirn nichts anderes sind als Nervenimpulse im Kopf. Dasselbe gilt auch für all unsere Vorstellungsbilder, all unsere Fantasien. Auch diese sind Nervenimpulse in unserem Kopf, die sich von den Nervenimpulsen realer Bilder nur durch eine winzige Kleinigkeit unterscheiden: den Entstehungsort.

- → Reale Bilder kommen von außen, denn sie werden von deiner Umgebung geliefert.
- → Vorstellungsbilder hingegen kommen von innen, denn sie werden von dir selbst, von deiner Fantasie geliefert.

Doch deinem Gehirn ist es völlig egal, woher die Nervenimpulse kommen, ob von außen oder von innen. Das Einzige, was für dein Gehirn von Interesse ist, ist die Antwort auf folgende Frage: ‚*Stellt dieser Nervenimpuls glaubwürdig die Realität dar?*' – und jetzt kommt das ins Spiel, was ich ‚magische Zwei' nenne.« (Klick).

Magische Zwei

»In deiner Umgebung sind IMMER mindestens zwei Sinnesempfindungen vorhanden. Dies ist dir jedoch kaum bewusst – und doch ist es so. In jedem Moment deines Daseins erlebst du Beispiele dafür: Im

Auto **SIEHST** du eine Stopptafel UND HÖRST das Radio, **SIEHST** eine Ampel UND SPÜRST den Schaltknüppel in deiner Hand. Im Café **SIEHST** du die Menschen UND SCHMECKST deinen Kuchen, **SIEHST** den Kuchen UND HÖRST die Menschen. Auf der Straße **SIEHST** du ein Auto UND SPÜRST deine Kleidung auf der Haut. Du **SIEHST** einen Bekannten UND HÖRST, wie ein Auto hupt. Du **SIEHST** und gleichzeitig ist noch irgendein zweiter Sinn im Spiel. Und genau das weiß dein Gehirn nur allzu gut. Deshalb wird ein Nervenimpuls von deinem Gehirn erst dann als Realität (als glaubwürdig) empfunden, wenn mindestens zwei Sinnesempfindungen vorhanden sind!«

Elena: »Wir haben uns vorgestellt, dass wir die Bücher SEHEN UND ihr Gewicht SPÜREN!« Pia: »Und deshalb war unser Gehirn der Meinung, dass tatsächlich schwere Bücher unseren Arm belasten.«»Ja«, bestätigte Gerhard, »ihr habt mit dieser ‚magischen Zwei' eurem Gehirn Realität vorgegaukelt – und es hat eure Vorstellungsbilder als Realität akzeptiert.«[51] »Das kann man wohl sagen«, erwiderte Elena, die noch immer ihren linken Arm hielt.

»Die ‚magische Zwei' hat euch schon unzählige Male getäuscht, euch Fiktion als Realität erscheinen lassen. Beispielsweise im Kino oder beim Fernsehen, wo uns wie viele Sinnesempfindungen serviert werden?«

»Zwei«, antwortete Pia, »Sehen und Hören.« »Wer von euch hatte schon mal eine Gänsehaut, weil ein Spielfilm so gruselig war? Oder hat mit den Darstellern mitgefiebert, in der Hoffnung, dass alles gut ausgehen werde? Oder hatte dabei sogar Tränen in den Augen, weil das, was da zu sehen war, doch gar so traurig gewesen ist?« Fünf Arme in der Luft. Mein Blick fiel wieder auf Pia. Ich erinnerte mich daran, wie sie letzten Samstag im Kino nach meiner Hand gegriffen hatte, nur weil der Schauspieler mit knapper Not eine Kollision mit einem Zug verhindern konnte.

---

51 Dies ist auch der Grund, warum vielen Menschen ihre Sorgen so zu schaffen machen. Viel zu plastisch stellen sie sich all das vor, von dem sie befürchten, dass es eintreten könnte – und schon wieder glaubt das Gehirn, dass es sich dabei um Realität handelt, was sehr reale Empfindungen zur Folge hat. Dasselbe gilt für unangenehme Erfahrungen, die immer und immer wieder in Gedanken nacherlebt werden.

Inzwischen war es draußen finster geworden. Die beiden Kristalllüster an der Decke verbreiteten bereits seit einiger Zeit ihr warmes Licht. Ohne Vorwarnung löschte Gerhard das Licht und beförderte uns mit einem Klick auf die sinkende Titanic:

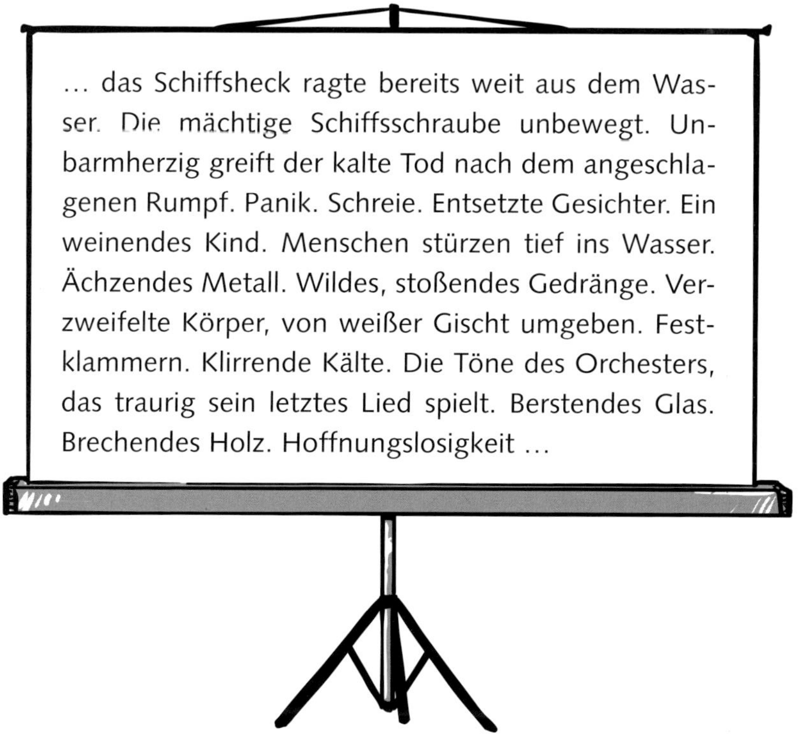

Die Töne und Bilder dringen in mein Gehirn. Versuchen, glaubhaft panische Realität zu erzeugen. Ich bin hier, im Seminarraum, in Sicherheit. All das weiß mein Verstand. Trotzdem beginnt mein Gehirn bereits, das Geschehen als real zu akzeptieren. Mein Schalter will sich der neuen Realität anpassen. Doch bevor er sich in Bewegung setzen kann, nimmt Gerhard mit einem Klick den Bildern den Ton. Noch immer sehe ich ein riesiges Schiff, kurz vor dem vernichtenden Untergang. Noch immer kämpfen Menschen ums Überleben. Doch alles wirkte nun so surreal. So unwirklich. Die Realität war gemeinsam mit dem Ton verschwunden. Mit einem Klick ersetzte Gerhard, der inzwischen wieder das Licht angemacht hatte, das Video durch ein neues Bild:

»Vielleicht hast du bereits zuvor schon einmal diese Erfahrung gemacht? Greifst du bei einer allzu spannenden Szene nach der Fernbedienung und stellst den Fernseher auf stumm, geht sofort die Spannung verloren. Denn nun fehlt die ‚magische Zwei' und dein Gehirn lässt sich nicht mehr täuschen. Lässt du dich jedoch auf die Szene ein, akzeptiert dein Gehirn die durch Bild und Ton ausgelösten Nervenimpulse als Realität, was unweigerlich zur Folge hat, dass alles in dir auf diese Fantasien reagiert. Selbst dann, wenn dein Verstand weiß, dass all das nur das Spiel bezahlter Darsteller ist.«

»Das ist mir alles klar. Nur eines verstehe ich nicht«, überlegte Elena, »wenn das so ist, warum hat sich dann Pablos Arm bei der Übung mit den Büchern nicht nach unten bewegt? Er hatte doch dieselben Vorstellungsbilder im Kopf wie wir!« Genau. Pablo war der Einzige, den Gerhards Worte offensichtlich nicht beeindruckt hatten. »Nein, Elena. Das ist ein Irrtum. Pablo hatte sehr wahrscheinlich nicht dieselben Vorstellungsbilder wie ihr im Kopf. Ist es so, Pablo?«, fragte ihn Gerhard. »Ja. Ich muss zugeben, dass meine Bücher viel leichter waren als eure. Denn bereits kurz nachdem ich zu spüren begann, wie die dicken Bücher meinen Arm nach unten drücken wollten, habe ich sie einfach gegen dünnere getauscht – und die konnte ich ohne Probleme halten.« »So hast auch du erlebt, Pablo, wie dein Gehirn auf genau die Nervenimpulse reagierte, die du ihm serviert hast.«

Es war spät geworden. So machte sich Gerhard daran, den Abend zusammenzufassen: »Der heutige Abend war den Vorlieben unseres Gehirns gewidmet. Wir haben dabei erkannt:

1. Unser Gehirn mag **Training**,
   denn auf das, was wir geübt haben, kann es selbst unter Druck noch zugreifen. Weil üben Vernetzungen erzeugt und so den

Meister macht. Deshalb ist es uns auch möglich, beim Autofahren reflexartig zu bremsen.

2. Unser Gehirn mag **Bilder**,
   da es diese besser versteht als Worte. Nicht umsonst weiß der Volksmund, dass ein Bild mehr sagt als tausend Worte.

3. Unser Gehirn mag die **‚magische Zwei'**,
   da eine zweite Sinnesempfindung unserem Gehirn die vermeintliche Bestätigung dafür liefert, dass der gerade vorhandene Nervenimpuls ernst genommen werden kann.

Zu guter Letzt können wir hier noch einen weiteren Punkt hinzufügen, über den wir uns bereits letzte Woche unterhalten haben:

4. Unser Gehirn mag **entspannte Atmung**,
   denn das bedeutet für unser Gehirn, dass alles in Ordnung ist.

So, ihr Lieben. Nun haben wir alle Bausteine beieinander, die wir benötigen, um daraus eine wirkungsvolle Technik zu entwickeln. Eine Technik, die all die Vorlieben eures Gehirns berücksichtigt und die euch deshalb befähigen wird, selbst dann, wenn es schnell gehen muss, eure Gelassenheit zu erhalten. Bereits letzte Woche haben wir begonnen, das entspannte Atmen zu trainieren. Nächstes Mal werde ich euch zeigen, wie ihr auch die anderen Vorlieben des Gehirns für den Ernstfall nutzen könnt. Bis dahin tut bitte Folgendes: Trainiert weiter täglich eure Atmung. Doch nun beginnen wir, die Alltagstauglichkeit dieses Trainings zu erhöhen.

Du hast seit letzter Woche täglich sechzig kontrollierte Atemzüge in ruhiger Umgebung gemacht. So hast du dich bereits ein wenig an das bewusste Atmen gewöhnt. Ab morgen beginnst du, dieses Training immer mehr in deinen Alltag zu integrieren:

- Wartest du bei einer Haltestelle auf den Bus, dann nutze die Zeit und atme ruhig und entspannt. Zähle dabei im Countdown mit.

- Stehst du bei der Supermarktkasse in der Schlange, dann nutze die Zeit. Atme ruhig und entspannt und zähle mit.
- Gehst du im Park spazieren, atme ruhig und entspannt und zähle mit.

So kannst du all jene Situationen zum Trainieren nutzen, in denen dein Gehirn nicht für andere Aktivitäten benötigt wird – Wartezeiten, Fahrzeiten mit öffentlichen Verkehrsmitteln und vieles mehr. Das bietet nicht nur den Vorteil, dass du für das Training keine zusätzliche Zeit aufwenden musst – nutzt du doch jene Zeiten, in denen du sowieso nichts Besseres zu tun hast. Sondern auch die Alltagstauglichkeit des Trainings wird stark erhöht. Denn dein Gehirn gewöhnt sich so immer stärker daran, dir im Alltag die Kontrolle über die Atmung zu überlassen. Achte aber weiterhin darauf, dass du pro Tag auch jetzt auf mindestens sechzig Atemzüge kommst – idealerweise in einem Stück! Noch Fragen?«

Unser Kopfschütteln beendete den Abend. »One, two, three …« klang es aus den Lautsprechern, als wir uns daran machten, den Seminarraum zu verlassen.

11. masterSWITCH – die schnelle Hilfe

Donnerstag. *»45 – 44 – 43 – 42 …«* Heute fuhr ich wieder mit dem Bus zur Arbeit. Ich hatte inzwischen Gefallen daran gefunden, nicht selbst fahren zu müssen. Außerdem war die Haltestelle nur wenige Meter von meiner Wohnung entfernt. Bereits im Stiegenhaus hatte ich mit meinem Atemtraining begonnen. Auf der Straße sah ich schon von Weitem den Bus. Ich atmete ruhig weiter und zählte dabei mit. Mehrere Male wollte meine Affenbande im Bus zu spielen beginnen. Doch ich war stärker. *»… 4 – 3 – 2 – 1.«* Als ich den Bus verließ, hatte ich bereits seit einigen Minuten mein Training beendet. Ich war zufrieden mit mir. Hatte ich doch heute schon etwas Sinnvolles für mich getan.

Freitag. Bereits nach dem Aufstehen hatte ich auf dem Weg ins Bad begonnen, meine Atemübung durchzuführen. Ich fühlte mich gut dabei. *»6 – 5 – 4 – 3 …«* Zufrieden stieg ich aus der Dusche. Meine Affenbande verhielt sich heute verdächtig ruhig. Nicht einmal nachdem ich das Wasser auf eiskalt gestellt hatte, fanden sie es der Mühe wert, darauf zu reagieren. Es schien tatsächlich so zu sein, dass Übung den Meister macht oder besser gesagt Vernetzungen.

Samstag. Ich hatte Manuel gerade bei meiner Exfrau abgeliefert. Das Wochenende war angebrochen und ich fühlte mich ein wenig alleine. Mein Schalter setzte sich nach unten in Bewegung. Ein unangenehmes Gefühl von Selbstmitleid kam in mir hoch. Doch halt! Was hatte Gerhard gesagt? Ein negatives Gefühl könne durchaus Sinn machen. Ich begann nachzudenken. Dieses Gefühl, das sich allmählich in mir breitmachte, welchen Sinn könnte das wohl haben?

»Es informiert mich darüber, dass ich gerade dabei bin, mich auf etwas zu konzentrieren, was ich NICHT will«, kam mir in den Sinn. Ich wollte NICHT alleine sein. Wenn ich mich jedoch darauf konzentrierte, dann musste sich mein Schalter ja nach unten bewegen. Logisch! Aber was wollte ich? *»Dich gut fühlen«*, meldete sich eine innere Stimme zu Wort. *»Kannst du die Situation verändern? Kannst du deine Scheidung rückgängig machen? Kannst du verhindern, dass Manuel dieses Wochenende bei seiner Mutter verbringen wird?«* Nein. All das stand nicht in meiner Macht. Aber ich hatte noch immer die Option, meine Sichtweise zu verändern: Durch meine Scheidung war ein untragbarer Zustand voll Streit und Disharmonie endlich beendet worden. Manuel würde dieses Wochenende viel Zeit mit seinem geliebten Bruder verbringen und auch ich würde viel Zeit haben – für mich! Ich könnte alte Freunde oder meine Eltern besuchen. Oder wieder mal in die Sauna gehen. Oder einfach gleich jetzt an etwas Schönes denken … Mein Schalter hatte sich inzwischen wieder beruhigt. Ich begann mich auf den Tag zu freuen und entschloss mich, nicht gleich zu meinem Wagen zu gehen, sondern erst einmal die Häuserzeile entlangzuschlendern. *»60 – 59 – 58 …«*

Sonntag. Spontan hatte ich mich entschlossen, Pia anzurufen. Ich wollte sie und ihren Sohn zum Frühstück einladen. In eine nahegelegene Konditorei. Nun saß ich bereits im Wagen. Ich hielt an einer roten Ampel und konnte es noch gar nicht fassen, dass ich in wenigen Minuten Pia sehen sollte. Geistesabwesend legte ich den Gang ein. Sanft gab ich Gas. Gleichzeitig überlegte ich, mit welchen Gesprächsthemen ich sie wohl unterhalten könnte. Hoffentlich würde ich einen guten Eindruck machen. Ohne jeglichen Ruck setzte sich der Wagen in Bewegung. Vor Jahren hätte mir das Losfahren an der Ampel wohl mehr Kopfzerbrechen bereitet als die Wahl passender Gesprächsthemen.

Montag. Mein Schalter war seit gestern im Himmel. Die Gedanken über richtige Gesprächsthemen, die Sorgen darüber, ob das Treffen mit Pia gut verlaufen würde – völlig umsonst. *»… 3 – 2 – 1. Fertig!«*

Gut gelaunt stieg ich aus dem Bus und machte mich daran, den Tag gelingen zu lassen.

Dienstag. Morgen würde ich Pia wiedersehen. Mein Schalter-Hoch hielt an. Am Abend saß ich mit Manuel vorm Fernseher. Ein lustiger Film brachte uns mit Bild und Ton immer wieder zum Lachen. Die »magische Zwei« verfehlte ihre Wirkung nicht. Das Leben war schön.

Mittwoch. Goethestraße. »Wer von euch ist heute mit dem Auto da?« Fünf Arme in der Luft. Während Gerhard seine Frage stellte, hielt er drei verschieden dicke Seile in der Hand.

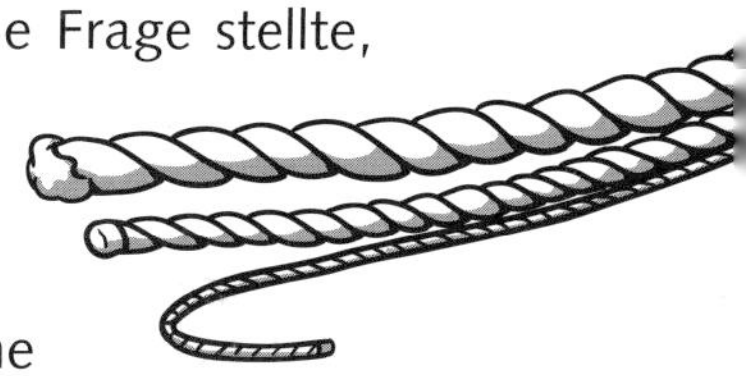

»Wer von euch musste auch nur einen Gedanken daran verschwenden, ob gerade gebremst, gekuppelt oder Gas gegeben werden sollte?« Keine Arme in der Luft. »Warum geht euch das Autofahren wohl so leicht von der Hand?« »Weil diese Tätigkeit stark im Gehirn vernetzt ist«, kam sofort die Antwort von mehreren Seiten. »Ja! Tust du etwas, was du zuvor noch nie getan hast, zwingst du damit dein Gehirn, neue Vernetzungen zwischen den beteiligten Hirnzellen zu bilden.« Während Gerhard das sagte, zeigte er auf das dünnste Seil in seiner Hand, das jetzt eine neu entstandene Vernetzung darstellen sollte. »Tust du dasselbe immer wieder, werden die Vernetzungen stärker.« Gerhard zeigte auf das nächststärkere Seil. »Übst du weiter, wird dein Tun im Laufe der Zeit immer mehr zur Gewohnheit.« Gerhard hielt nun nur noch das stärkste der Seile in seiner Hand. »Nun fällt dir dein Tun besonders leicht, weil sich die Nervenimpulse in solch einer starken Vernetzung in atemberaubendem Tempo fortbewegen können.« (Klick).

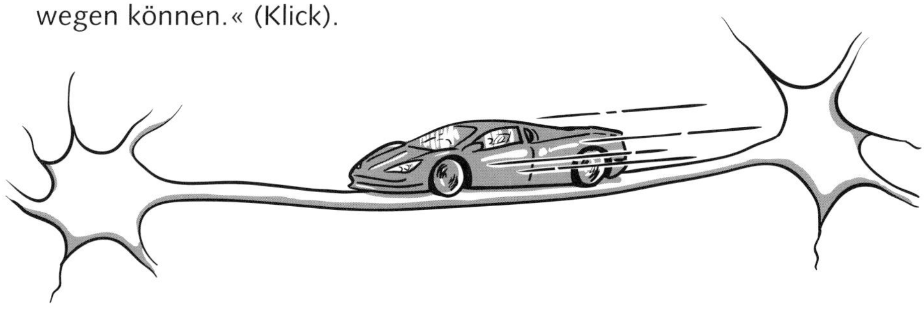

»Durch solch dicke Vernetzungen«, Gerhard hielt uns das dicke Seil vor die Nase, »können sich Nervenimpulse mit einer Geschwindigkeit von bis zu **400 km/h**[52] bewegen.« Pia: »Deshalb können wir auch, ohne viel nachzudenken, reflexartig auf die Bremse steigen!« »Ja. Oder auch in hohem Tempo Texte in einen Computer tippen oder beim Tanzen automatisch die richtigen Schritte setzen. Und haben wir es über Jahre hinweg geübt und deshalb stark vernetzt, dann können wir auch Ärger, Frust, Stress und andere unangenehme Gefühle in Windeseile erzeugen. 400 km/h erwecken in uns dann den Eindruck, diese Gefühle kommen automatisch hoch.« Mit einem Klick beförderte Gerhard nun eine Straßenbahn an die Wand:

»Stell dir vor, du befindest dich in dieser Straßenbahn. Zur Hauptverkehrszeit. Alle Sitzplätze sind besetzt, sodass du stehen musst – eingekeilt zwischen anderen Fahrgästen. In jeder Kurve spürst du, wie dich die Fliehkräfte zu greifen versuchen. Da. Schon wieder eine Kurve. Du hältst dich fest, hörst das Quietschen der metallenen Räder. Plötzlich – ein stechender Schmerz in den Nieren! Jemand hat dir seinen Ellbogen in den Rücken gerammt. Es tut ziemlich weh. Dein Schalter will sich nach unten bewegen. Wer war so rücksichtslos? Du drehst dich um – und schaust in die schwarzen Brillen eines Mannes, der in deine Richtung eine Entschuldigung ausspricht. An seiner Jacke ein gelbes Stoffband mit drei schwarzen Punkten. Du spürst noch immer den Schmerz. Hast den Übeltäter vor Augen. Doch was ist inzwischen aus dem hochkommenden Ärger geworden?« Elena: »Er ist weg!« Jakob und Pia nickten. »Warum? Warum ist der Ärger, die Aggression, die gerade von dir Besitz ergreifen wollte, plötzlich – in Sekundenbruchteilen – verschwunden?« Elena: »Weil es schwer ist, einem Blinden, der das sicherlich nicht absichtlich getan hat, böse zu sein.« »Das ist es!«, rief Gerhard. »Du hast in Sekundenbruchteilen deine Sichtweise verändert! Deshalb hatte der Ärger auch keine Chance,

52 Das ist ein ungefährer Wert.

sich in dir breitzumachen. Der Schmerz ist noch immer da. Dir steht noch immer der Mensch gegenüber, der ihn verursacht hat. Trotzdem ärgerst du dich nicht. Denn dieser Mensch ist ein Blinder – eine Tatsache, die dir geholfen hat, deine Sichtweise sofort zu verändern. Das bedeutet …« (Klick).

**Wem es gelingt,
in Sekundenbruchteilen die Sichtweise zu verändern,
kann sofort die eigene Stimmungslage beeinflussen!**

»Dieses Beispiel beweist uns, dass es möglich ist, den Gefühlsschalter in Sekundenbruchteilen zu beeinflussen. Jedoch nur, wenn wir in der Lage sind, unsere Sichtweise blitzartig zu verändern.«

»Das ist aber leichter gesagt als getan!«, wandte ich ein und dachte dabei an meinen Ärger vor der Feinkosttheke letzte Woche. Ich schilderte, wie schnell das unangenehme Gefühl damals in mir hochkam, dass mir mein Schalter keine Zeit gelassen hatte, über meine Sichtweise nachzudenken, und wie unzufrieden ich darüber war.

»Kilian. Ich nehme an, dass du dich nicht das erste Mal über das Gedränge vor der Feinkosttheke geärgert hast.« Mir blieb nichts anderes übrig, als mit einem klaren »Ja« zu antworten. »Deshalb ist dieser Ärger in dir auch stark vernetzt. Sobald du das Gedränge siehst, bewegt sich dein Schalter wie von selbst nach unten. Mit 400 km/h! Du hast einfach keine Zeit, dir zu überlegen, wie du diese Situation noch sehen könntest. Deshalb fühlst du dich diesem Ärger auch machtlos ausgeliefert.« »Und was kann ich dagegen tun?« Meine Stimme klang ein wenig mutlos.

»Wie wäre es, wenn ich dir eine Sichtweise zur Verfügung stellen würde, mit der du in jeder Situation dir deine Gelassenheit erhalten kannst? Eine Sichtweise, die immer passt und die du mit gezieltem Training so stark in deinem Gehirn verankern kannst, dass sie dir im Ernstfall sofort einfiele – selbst dann, wenn du keine Zeit hast, darüber nachzudenken, wie du die Situation noch sehen könntest. Würde dir das gefallen?«

»Das würde mir sehr gefallen. Doch ich kann mir nicht vorstellen, dass das möglich ist.« »Doch, Kilian, das ist möglich. Denn jetzt kommt die bereits angekündigte Technik ins Spiel. Eine Technik oder besser gesagt eine Sichtweise, die es dir ermöglicht, in Sekundenbruchteilen zu reagieren. Ich nenne diese Technik ...« und mit einem Klick erschien in dicken Buchstaben die Bezeichnung

masterSWITCH[53]

am oberen Rand der Leinwand. Im Raum war es inzwischen mucksmäuschenstill geworden. Alle waren gespannt, was jetzt folgen würde. Doch anstatt weiterzusprechen, klickte Gerhard noch einmal. Ein Video tauchte unter dem Wort masterSWITCH auf. Es zeigte einen Mann Ende fünfzig. Er hatte auf einer gemütlichen Holzbank inmitten eines üppigen Gartens Platz genommen. Im Hintergrund waren mehrere mächtige Bäume zu erkennen, deren Äste vom Wind sanft bewegt wurden. Zu einer braunen Stoffhose trug er ein hellblaues Hemd. Sein angegrautes Haar und die freundlichen Augen, die durch eine chromgefasste Brille in die Kamera blickten, ließen ihn überaus sympathisch erscheinen. Mit einem Lächeln im Gesicht begann er zu sprechen:

»Hallo. Ich bin Wolfgang. Wenn ihr mich jetzt sehen könnt, dann bedeutet das, dass ihr gerade dabei seid, masterSWITCH kennenzulernen. Ich habe diese Technik schon vor einiger Zeit erlernt und werde euch ein wenig über meine Erfahrungen damit berichten. Ich bin Redakteur in einem Wirtschaftsverlag und verbringe deshalb einen Großteil meiner Zeit im Büro. Umso mehr liebe ich es, mich in der Freizeit meinem Garten zu widmen. Hier wachsen unzählige Zier- und Nutzpflanzen, die mir genügend Gelegenheit geben, meinen aufgestauten Bewegungshunger auszuleben. Ich tue das wirklich gerne. Bis auf – ja – bis auf das Ernten der Kirschen.

53 master (engl.) = Boss, Meister; switch (engl.) = Schalter, umschalten.

Wie ihr im Hintergrund unschwer erkennen könnt, sind meine alten Kirschbäume ziemlich hoch gewachsen. So bin ich nun schon seit Jahren gezwungen, einmal jährlich meine schreckliche Höhenangst zu überwinden und in mehreren Metern Höhe die süßen Früchte mit bitterem Beigeschmack zu ernten. Jahr für Jahr machte ich mich im Sommer daran, mit schlotternden Knien und erhöhtem Herzschlag die sieben Meter lange Ausziehleiter in Position zu bringen. Verheißungsvoll lockten mich die süßen Früchte mit ihrem Rot Sprosse für Sprosse nach oben. Jedes Mal stand ich dabei Todesängste aus. Bis vor zwei Jahren. Da war auf einmal alles ganz anders. Im Frühjahr hatte ich Gerhards Seminar besucht. So stand mir dieses Mal masterSWITCH zur Verfügung. Ich hatte das notwendige Training – das ihr noch näher kennenlernen werdet – brav absolviert und diese Technik in der Zwischenzeit auch schon viele Male erfolgreich angewandt – im Straßenverkehr, bei schwierigen Gesprächen, gegenüber provokanten Mitmenschen und in vielen anderen Situationen, in denen sich normalerweise mein Schalter in Windeseile nach unten bewegt hätte.

Aber ob diese Technik auch bei der Kirschernte helfen würde? Ich kann mich noch gut erinnern, wie ich damals die Leiter mit gemischten Gefühlen hervorholte. Als sie dann angelehnt am Baum dastand und mir bewusst wurde, dass ich kurz davor war, mehrere Meter nach oben zu steigen, wollte sich mein Schalter, wie in den Jahren zuvor, spontan auf den Weg nach unten machen. Doch diesmal konnte ich dem etwas entgegensetzen: masterSWITCH. Sobald ich bemerkte, dass mein Schalter nach unten wollte, hielt ich ihn im Geiste mit meiner Hand so fest, dass er nicht die geringste Chance hatte, sich von der Neutralposition wegzubewegen. Ich sah vor meinem geistigen Auge, wie ich ihn festhielt, und stellte mir dabei gleichzeitig vor, wie ich sein Material in der Hand spürte. Dabei atmete ich bewusst ruhig und entspannt. Ich war jetzt der Boss! Und siehe da: Ich blieb innerlich völlig ruhig.

Zaghaft betrat ich die erste Aluminiumsprosse. In meiner Fantasie hielt ich den Schalter weiter in der Neutralposition fest, spürte noch immer sein Material in meiner Hand und atmete dabei ruhig und entspannt. Ich blieb völlig ruhig. So erklomm ich auch die dritte Sprosse – mit festgehaltenem Schalter, den ich ruhig atmend in meiner Hand spürte. Noch immer blieb meine innere Ruhe erhalten. So schaffte ich es, Sprosse für Sprosse, mit Hilfe von masterSWITCH bis ganz nach oben. Ich war jetzt der Generaldirektor, der entschied, was mit seinem Schalter passiert. Ich war der Boss! Das war wahrlich ein gutes Gefühl. Letztendlich stand ich völlig ruhig in für mich schwindelerregender Höhe und erntete meine Kirschen – ohne dabei von Stress und Angst geplagt zu werden. Immer wenn ich bemerkte, dass mein Schalter wieder nach unten wollte, habe ich zwischendurch einfach masterSWITCH angewandt, habe ruhig und entspannt geatmet und mir dabei vorgestellt, wie ich den Schalter in der Gelassenheitsstellung festhielt und sein Material spürte. Nachdem ich die Baumkrone mit niedrigem Herzschlag und erhöhtem Selbstwertgefühl verlassen hatte, genoss ich einige der süßen Früchte. Ich hatte das Gefühl, dass diese noch nie so gut geschmeckt hatten.«[54]

Was? Das soll alles gewesen sein? Einfach in der Fantasie den Schalter festhalten und das war's? Ich konnte Wolfgangs Höhenangst gut nachvollziehen. Auch ich hatte gehörigen Respekt vor Höhe. Bereits als Kind hatte ich im Freibad das Betreten des Sprungturms tunlichst vermieden. Auch das Schaukeln am Spielplatz, Achterbahnfahrten oder ähnliche Freizeitvergnügungen konnten mich nie wirklich begeistern. Umso schwerer war es für mich zu glauben, dass das geistige Festhalten des Schalters solch eine Wirkung haben sollte. Während ich so vor mich hin sinnierte, beförderte Gerhard das nächste Bild an die Wand:

---

54 Ein reales Erlebnis: Österreich 2008.

»So, ihr Lieben. Das also ist masterSWITCH. Willst du verhindern, dass sich dein Schalter auf den Weg nach unten macht, dann

- → **hältst du ihn in deiner Fantasie in der Neutralposition fest,**
- → **stellst dir gleichzeitig vor, wie du sein Material in deiner Hand spürst, und**
- → **atmest dabei ruhig und entspannt.**

Das Erstaunliche dabei ist: Es funktioniert – und das aus gutem Grund. Denn diese simple Technik nutzt die wichtigsten Vorlieben unseres Gehirns. Erinnern wir uns: Worauf reagiert unser Gehirn stärker? Auf Worte oder auf Bilder?« »Bilder!«, antworteten wir im Chor. »Und wann nimmt unser Gehirn ein Bild besonders ernst?« Pia: »Dann, wenn zum Bild eine zweite Sinnesempfindung hinzugefügt wird.« »Und wie sollten wir atmen, damit unser Gehirn nicht über unsere Atmung das Signal bekommt, Stresshormone auszustoßen?« »Ruhig und entspannt!«, riefen wieder alle gleichzeitig.

»Und all das wird bei masterSWITCH berücksichtigt:

1. Wir sehen vor unserem geistigen Auge, wie wir in unserem Kopf den Schalter in der Neutralposition festhalten – weil unser Gehirn auf ein Bild stärker als auf Worte reagiert.
2. Wir spüren gleichzeitig den Schalter in unserer Hand – weil dann unser Gehirn dieses Bild besonders ernst nimmt. So nutzen wir die ‚magische Zwei'.
3. Wir atmen dabei ruhig und entspannt, damit uns nicht die Atmung wieder alles zunichtemacht. Denn würden wir nun hektisch atmen, würde unser Gehirn diesem Bild kaum Glauben schenken.

masterSWITCH ist das schnelle Werkzeug, das dir immer dann zur Verfügung steht, wenn du keine Zeit hast, nach alternativen Sichtweisen zu suchen. Mit masterSWITCH gibt der Generaldirektor dem Gehirn eine klare Anweisung, wie sich der Gefühlsschalter verhalten soll.«[55]

»Das bedeutet also«, meldete ich mich begeistert zu Wort, »wenn ich das nächste Mal vor der Feinkosttheke ein Gedränge vorfinde, kann ich meinen Ärger verhindern, indem ich einfach den Schalter im

---

55 Achtung: Die Technik masterSWITCH® ist entwickelt worden, um unangenehme Alltagsgefühle wie Stress, Ärger u. Ä., aber auch Panik in Extremsituationen schnell in den Griff zu bekommen. Sie stellt jedoch keine Therapie dar und ist deshalb auch nicht geeignet, psychische Störungen und Traumata zu bearbeiten. Dafür ist die professionelle Unterstützung eines ausgebildeten Spezialisten nötig!

Geiste festhalte, sein Material spüre und dabei ruhig und entspannt atme?«

»Nein, das bedeutet es leider noch nicht!« »Wie..., wieso?« Ich war verwirrt. »Kilian, bevor das funktioniert, müssen wir noch etwas tun. Denn momentan würde dein Gehirn auf diesen Befehl nicht reagieren. Es hat zurzeit keine Ahnung, was das Bild des Gefühlsschalters bedeuten soll.« Was sagte Gerhard da? Ich verstand nur Bahnhof. »Wieso versteht unser Gehirn diesen Befehl noch nicht?«, wollte nun auch Jakob wissen.

»Ganz einfach, Jakob. Ich habe das Bild des Gefühlsschalters eingeführt, um die Gefühlsentstehung für euch leichter verständlich zu machen. Es ist der Versuch, eine Unzahl komplizierter Vorgänge in unserem Gehirn auf einfache Art und Weise bildhaft darzustellen. Der Schalter ist ein Symbol für unsere aktuelle Stimmungslage, mit dessen Hilfe für euren Verstand das Thema Gefühle greifbar wurde. Das hat auch funktioniert, denn ihr versteht jetzt, wie Gefühle entstehen und warum ihr euch so fühlt, wie ihr euch fühlt.

Doch für euer Gehirn hat dieser Schalter zur Zeit noch keine tiefere Bedeutung. Deshalb ist es auch noch nicht in der Lage, auf Befehle, die du deinem Schalter erteilst, zu reagieren. Es ist wie bei einem Computer, der eine Aufgabe erledigen soll, wofür ihm jedoch das nötige Programm fehlt.« (Klick).

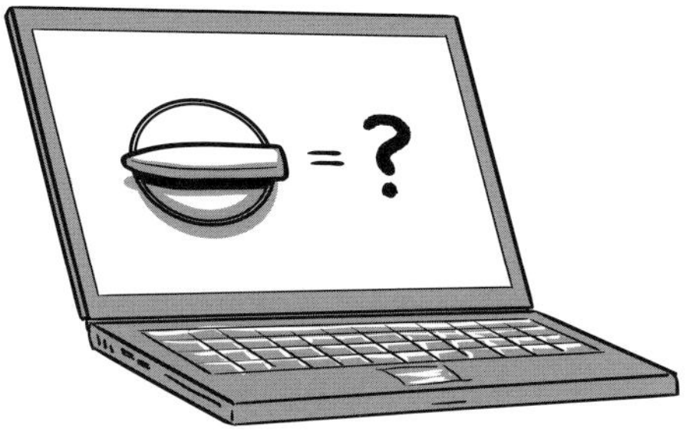

»Und du zeigst uns jetzt sicher, wie wir das nötige Programm installieren können«, bemerkte Pia mit einem Schmunzeln auf ihren Lippen. »Gut geraten. Ich werde euch nun tatsächlich zeigen, wie ihr es anstellen könnt, den Schalter zu einem funktionstüchtigen Gefühlsschalter zu machen. Unser Hilfsmittel dabei ist die Übung ...« (Klick)

schalterINSTALLATION

»Diese Übung ist die Voraussetzung dafür, dass die Technik masterSWITCH im Ernstfall auch funktioniert. Denn sie hilft deinem Gehirn, die tiefere Bedeutung des Schalters zu verstehen. Sie ist Teil eines über Jahre erprobten Trainingsprogramms, das euch in den nächsten Wochen begleiten wird.« Nachdem uns Gerhard erklärt hatte, wie diese Übung funktioniert, schlossen wir alle unsere Augen und begannen – geführt von Gerhards Stimme – unseren Gefühlsschalter zu installieren.

»Wow, das ist ja echt genial!«, entfuhr es Pablo, nachdem wir nach wenigen Minuten unsere Augen wieder geöffnet hatten. Ich konnte mich Pablos Meinung nur anschließen. Gerhard hatte offensichtlich einen einfachen Weg gefunden, den Schalter in unseren Köpfen zur Realität werden zu lassen. Meine Zuversicht stieg, dass ich bald auch jene Gefühle in den Griff bekommen könnte, die mir noch immer Schwierigkeiten bereiteten.

Gerhard fuhr fort: »Mit Hilfe dieser Übung versteht euer Gehirn von Tag zu Tag besser, was das Bild des Schalters bedeutet.« (Klick).

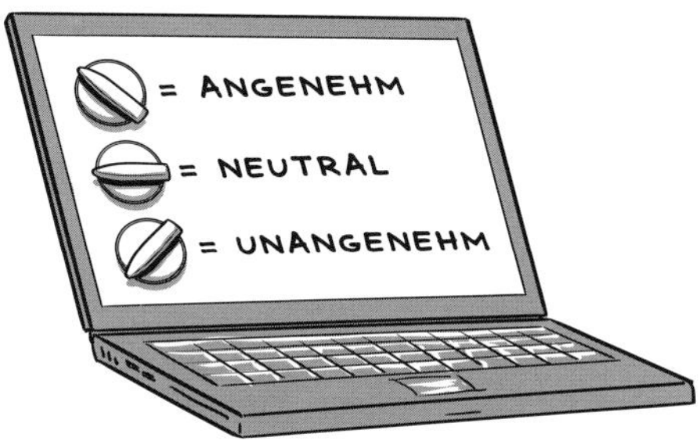

»Erst die schalterINSTALLATION macht euren Schalter zu einem funktionstüchtigen Gefühlsschalter. Erst sie macht es möglich, dass euer Gehirn auf masterSWITCH reagiert. Die schalterINSTALLATION ist die erste von drei einfachen Übungen, die in den nächsten Wochen zu eurem täglichen Trainingsprogramm gehören werden. Dieses Trainingsprogramm wurde bereits von Wolfgang erwähnt, als er uns seine Erfahrungen beim Kirschenpflücken schilderte.« Mit einem Klick erschienen Wolfgangs Worte an der Wand:

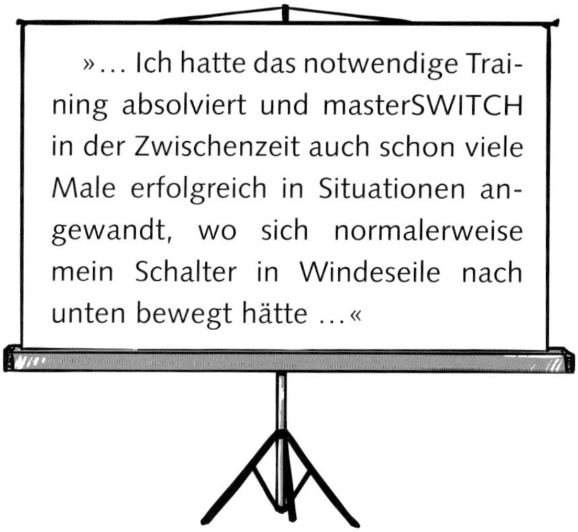

»Dieses Trainingsprogramm wird dich, so wie Wolfgang, dazu befähigen, masterSWITCH im Ernstfall blitzschnell anzuwenden – und das, ohne dabei viel nachdenken zu müssen. Denn zum Nachdenken haben wir im Ernstfall keine Zeit.« »Wie ich vor der Feinkosttheke bereits feststellen musste«, ergänzte ich, inzwischen gut gelaunt, Gerhards Worte. »Genau, Kilian. Vor der Feinkosttheke hast du erlebt, dass unangenehme Gefühle die unschöne Eigenschaft haben, im Alltag immer wieder mit Höchstgeschwindigkeit in Erscheinung zu treten. Das bedeutet: Dein Schalter bewegt sich mit 400 km/h nach unten. Willst du das verhindern, musst du beim Festhalten des Schalters schneller sein als das unangenehme Gefühl.« »Das bedeutet also«, folgerte Pablo, »dass ich in der Lage sein müsste, masterSWITCH mit einer Geschwindigkeit von 401 km/h anzuwenden.« »So könnte man es ausdrücken. Um zu verhindern, dass sich unser Schalter blitzschnell nach unten bewegt, müssen wir in der Lage sein, masterSWITCH reflexartig anzuwenden – und da kommt die zweite Übung des Trainingsprogramms ins Spiel.« (Klick).

reflexTRAINING

»Das reflexTRAINING wird dir dabei helfen, dass du in Zukunft schneller bist als das unangenehme Gefühl. Mit dem reflexTRAINING übst du, masterSWITCH schnell anzuwenden, sodass die Anwendung dieser Technik im Laufe der Zeit zu einem richtigen Reflex wird. Um jedoch diesen Reflex zu trainieren, muss das Training ein wichtiges Kriterium erfüllen: Du darfst vorher nicht wissen, dass du gleich trainieren wirst. Denn würdest du es wissen, könntest du dich darauf vorbereiten und müsstest nicht reflexartig reagieren.«

Pia: »Das leuchtet mir ein. Doch wie soll das gehen?« »Ganz einfach. Wir koppeln dieses Geschwindigkeitstraining an das Auftauchen eines immer wiederkehrenden Alltagsereignisses. Eines Ereignisses, von dem wir zwar wissen, dass es normalerweise mehrmals täglich auftaucht, jedoch nicht genau, wann. Und wir nehmen uns vor, immer dann masterSWITCH im Geiste auszuführen, wenn dieses Alltagsereignis in unserer Umgebung auftaucht. So schaffen wir uns selbst Trainingsmöglichkeiten und können regelmäßig üben, masterSWITCH schnell anzuwenden.« Pia: »Clever. Doch welche Alltagsereignisse sind als Auslöser für dieses Training geeignet?« »Was denkt ihr?«, fragte Gerhard.

»Das Klingeln eines Telefons!«, schlug Jakob vor. »Normalerweise läutet es ja in unserer Umgebung mehrmals täglich. Wir wissen aber nie genau, wann! Also könnten wir uns vornehmen, dass wir immer dann, wenn wir ein Telefon läuten hören, masterSWITCH üben.« »Eine gute Idee, Jakob, die sich tatsächlich in der Praxis bereits vielfach bewährt hat.« Mit dem nächsten Klick beförderte Gerhard das reflexTRAINING in Form von Bildern an die Wand:

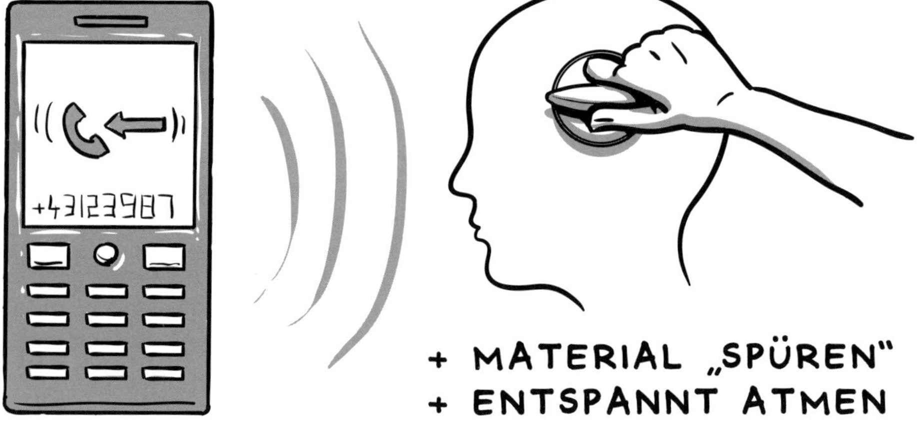

»Das ist das reflexTRAINING:

1. Du hörst das Läuten eines Telefons.[56]
2. Im selben Moment greifst du in Gedanken zum Schalter, hältst ihn in der Neutralposition fest, spürst sein Material und atmest ruhig und entspannt.

Tust du das regelmäßig, wird für dich masterSWITCH von Tag zu Tag mehr zur Gewohnheit und die Chance, im Ernstfall diese Technik reflexartig einsetzen zu können, wird immer größer.«

»Das gefällt mir gut«, überlegte Elena. »Aber ich arbeite in einer Bank, wo ständig das Telefon läutet. Wenn ich da bei jedem Läuten meinen Reflex trainiere, komme ich wahrscheinlich nicht mehr zum Arbeiten.« »Da liegst du sicher richtig, Elena. Doch glücklicherweise ist es nicht nötig, das reflexTRAINING bei jedem Läuten eines Telefons zu praktizieren. Es genügt dreimal täglich, damit es wirkt.« Elena schien zufrieden und Gerhard beförderte mit einem Klick das nächste Video an die Wand. Ein dunkelhaariger Mann Anfang vierzig saß in Anzug und Krawatte in einer weitläufigen Hotellobby. Er lehnte sich in seinem schwarzen Ledersessel entspannt zurück und begann zu sprechen:

»Hallo. Mein Name ist Christian. Gerhard hat mich gebeten, euch ein wenig von meinen Erfahrungen mit dem reflexTRAINING zu erzählen. Tatsächlich kann ich euch von einem interessanten Erlebnis damit berichten. Es geschah während einer Firmenreise, einige Wochen nach dem Seminar. Ich nächtigte im dritten Stock eines Hotels. Am Morgen fuhr ich nicht mit dem Lift ins Erdgeschoss, sondern wählte den Fußweg. Im Treppenhaus lehnte ich mich über das Geländer und sah in die Tiefe. Dies ist so eine Art Überwindungstest für mich, um meine

56 Es wird empfohlen, als Auslöser für das reflexTRAINING das Läuten eines **fremden** Telefons zu wählen. Denn beim Läuten des **eigenen** Telefons haben wir normalerweise genügend damit zu tun, auf den Anruf zu reagieren. Geht jedoch im Laufe der Zeit das reflexTRAINING in Fleisch und Blut über, kann auch das eigene Telefon als Auslöser genutzt werden.

Höhenangst in den Griff zu bekommen. Normalerweise spüre ich dabei ein unangenehmes, flaues Gefühl im Magen, Hitze steigt auf und mein Herz schlägt bis zum Hals. Doch dieses Mal: eine REFLEXARTIGE Bewegung, den Schalter fest in der Hand und NEUTRAL! Ohne Angstgefühl stand ich am Geländer und blickte hinunter. Das war noch nie so!«[57]

»Christian hat hier die Früchte seines Trainings geerntet. Auch ihr werdet bald von diesem Training profitieren und selbst in Drucksituationen in der Lage sein, masterSWITCH anzuwenden. So, wie es euch auch gelingt, bei Bedarf reflexartig das Bremspedal eures Autos zu bedienen – weil ihr es geübt habt!«

Mit jeder der neu vorgestellten Übungen wuchs meine Zuversicht. Ich sah nun eine realistische Chance, mit Hilfe der schalterINSTALLATION und des reflexTRAININGS auch die hartnäckigsten unangenehmen Gefühle in den Griff zu bekommen. Aber hatte Gerhard nicht davon gesprochen, dass das Trainingsprogramm aus drei Übungen besteht? Da fehlte doch noch eine. Ein Blick auf die Uhr zeigte, dass wir heute Abend nicht mehr viel Zeit haben würden. »Und die dritte Übung?« Ganz so, als hätte Pia meine Gedanken erraten, kam diese Frage über ihre Lippen. Unsere Blicke kreuzten sich. Unwillkürlich lächelten wir uns an, was meinen Schalter sofort mit 400 km/h Richtung Himmel beförderte.

»Genau, Pia. Die dritte und damit letzte Übung des Trainingsprogramms fehlt uns noch. Doch diese brauche ich euch nicht näher erklären. Denn ihr praktiziert sie bereits seit vorletzter Woche. Es ist euer tägliches ...« (Klick)

atemTRAINING

»Ihr trainiert bereits seit zwei Wochen das ruhige, entspannte Atmen, das ja auch Teil der Technik masterSWITCH ist. So ganz nebenbei wird durch das gleichzeitige Mitzählen der Atemzüge auch eure Konzentrationsfähigkeit trainiert und euer Gehirn daran gewöhnt, während

57 Ein reales Erlebnis: Deutschland 2008.

des ruhigen Atmens die Gedanken bewusst zu lenken. So wird eurer Affenbande immer wieder vor Augen geführt, wer das Sagen hat.«

Ich erinnerte mich daran, wie ich bereits beim Streiken meines Autos, aber auch unter der eiskalten Dusche meine Atmung erfolgreich zur Beruhigung eingesetzt hatte. Ich konnte doch tatsächlich der Herr im Hause sein, konnte stärker sein als die Steinzeit in mir und hatte immer mehr das Gefühl, dass ich endlich dabei war, im dritten Jahrtausend anzukommen. Während ich so meinen Gedanken nachhing, begann Gerhard, den heutigen Abend zusammenzufassen:

»Bewegt sich unser Schalter mit großer Geschwindigkeit nach unten, fühlen wir uns schlecht, bevor wir darüber nachdenken können, wie wir die Situation noch sehen könnten. Heute haben wir eine Lösung für dieses Problem kennengelernt: masterSWITCH. Eine Technik, die uns eine blitzartige Beeinflussung unseres Schalters ermöglicht. Damit dies auch funktioniert, ist es nötig, das dazugehörige Training zu absolvieren. Dieses besteht aus drei einfachen Übungen:

1. **schalterINSTALLATION,**
   die unseren Schalter zu einem funktionierenden Gefühlsschalter macht.
2. **reflexTRAINING,**
   damit wir im Ernstfall auch in der Lage sind, masterSWITCH reflexartig anzuwenden.
3. **atemTRAINING,**
   damit es uns leicht fällt, auch im Ernstfall ruhig und entspannt zu atmen.

Beginnt bitte ab morgen mit diesem Training: einmal täglich die schalterINSTALLATION und das atemTRAINING und dreimal täglich das reflexTRAINING. Nächste Woche werden wir uns ansehen, wie viele Tage dieses Training dauern sollte und wann du masterSWITCH keinesfalls verwenden sollst."

»One, two, three ....« klang es nun, wie schon so oft, aus den Lautsprechern, während wir uns daran machten, den Seminarraum zu verlassen.

Doch heute bremste Gerhard unseren Aufbruch. »Wartet bitte noch einen Moment.« Er ergriff eine braune Schachtel, die unbeachtet den ganzen Abend in einer Ecke gestanden war. Nachdem er ihr fünf Bücher entnommen hatte, drückte er jedem von uns eines in die Hand. »Das ist euer persönliches Trainingshandbuch. Ihr findet darin das gesamte masterSWITCH-Training zum Nachlesen. Auch euren Trainingsfortschritt könnt ihr darin festhalten. Wie, ist genau beschrieben.«

Als Nächstes bekam jeder von uns noch eine CD ausgehändigt. »Auch diese CD wird euch beim Trainieren gute Dienste leisten. Ich wünsche euch viel Spaß dabei und freue mich schon darauf, euch nächste Woche wiederzusehen.«

12. Die schwarze Piste

Donnerstag. Es war noch stockdunkel. Die Nachttischlampe tauchte mein Schlafzimmer in sanftes Licht. Daneben tickte kaum hörbar ein Wecker. Erst in einer Stunde würde er sein lautes Werk verrichten. Trotzdem war ich bereits hellwach. Viel früher als sonst. Vielleicht war es meine Neugier auf die Trainingsunterlagen, die uns Gerhard gestern ausgehändigt hatte? Vielleicht aber auch nur meine Vorfreude auf das Wochenende? Ich fühlte mich fast so wie damals als Kind, als ich die Tage bis zum Heiligen Abend kaum abwarten konnte. Pia hatte mich gestern noch gefragt, ob ich den Sonntagnachmittag mit ihr verbringen wolle. Unseren Kindern würde das sicherlich Freude machen, meinte sie und sah mich dabei mit einem verschmitzten Lächeln an.

Ich griff nach dem Handbuch und begann zu lesen. Nach den ersten Seiten kramte ich im Nachtkästchen nach einem Kugelschreiber. Voller Tatendrang trug ich das heutige Datum ein und brachte meine Unterschrift an der dafür vorgesehenen Stelle an. Bald danach begab ich mich auf die Couch im Wohnzimmer. Eine angenehme Stimme erfüllte den Raum. Mit geschlossenen Augen folgte ich den Anweisungen des Sprechers. Schritt für Schritt ließ ich mich so von der Trainings-CD durch die schalterINSTALLATION führen. Nach wenigen Minuten war ich mit der Übung fertig und fühlte mich bereit für den Tag.

Mittag. Während ich langsam durch den nahegelegenen Park schlenderte, atmete ich ruhig und entspannt und zählte gleichzeitig mit. »... *4 – 3 – 2 – 1, fertig.*« Es war heute viel zu schön, um die Mittagspause in der Kantine zu verbringen. Ich genoss die Sommersonne auf meiner Haut und die innere Ruhe, die das atemTRAINING mit sich brachte.

Nachmittag. Ich hielt meinen Schalter im Geiste fest und spürte sein Material. Bewusst atmete ich ruhig und entspannt. Es war bereits das dritte Mal, dass ich heute auf das Läuten eines Telefons in dieser Art und Weise reagierte. Mir war noch nie aufgefallen, wie oft es um mich herum klingelte. Inzwischen war mir klar, wie wichtig das reflexTRAINING, das jeweils nur wenige Sekunden in Anspruch nahm, war. Denn momentan musste ich noch viel zu viel nachdenken, wenn ich im Geiste nach dem Schalter griff. Sollte ich doch immerhin drei Dinge gleichzeitig tun: den Schalter halten, sein Material spüren und zusätzlich noch ruhig und entspannt atmen. Aber ich wusste ja: Übung macht Vernetzungen.

Montag. Auch heute ließ ich mich bereits am frühen Morgen von der Trainings-CD durch die schalterINSTALLATION führen. Für mich schien dies der beste Zeitpunkt dafür zu sein. Konnte ich mich doch in der Früh am besten konzentrieren. So war es nicht verwunderlich, dass es mir von Tag zu Tag besser gelang, mich in die Übung einzufühlen. Auch das reflexTRAINING schien bereits eine Spur schneller abzulaufen. Und auch das atemTRAINING war inzwischen längst zum fixen Bestandteil meines Tages geworden. Wie die letzten Tage vermerkte ich im Trainingshandbuch, dass ich mich auch heute an den Trainingsplan gehalten hatte. Zufrieden legte ich mich ins Bett und genoss die Erinnerung an den gestrigen Nachmittag, den ich mit Pia und den Kindern am See verbracht hatte.

Dienstag. Heute führte ich erstmals die schalterINSTALLATION ohne Anleitung des Sprechers durch. Es funktionierte wunderbar. Das reflexTRAINING bedurfte noch einiger Übung, aber ich war zuversichtlich. Ich übte ja erst seit einigen Tagen. Auch Rom ist nicht an einem Tag erbaut worden.

Mittwoch. Goethestraße. Mit einem Klick beförderte Gerhard ein spanisches Sprichwort an die Wand:

Anfangs sind Gewohnheiten nur Spinnweben,
später jedoch Drahtseile

»Wer von euch kann Ski fahren?« Vier Arme in der Luft. Nur Elena hatte nie gelernt, die schmalen Bretter zu beherrschen. »Erinnert euch an die ersten Stunden im Schnee. Waren die einfach für euch?«

»Ganz und gar nicht!« Pablo verzog sein Gesicht, als er an seine ersten Versuche im Schnee dachte. »Ich war bereits über zwanzig. Meine damalige Freundin war eine besonders gute Skiläuferin. Natürlich wollte ich es ihr gleichtun, im Schnee eine gute Figur machen, sie vielleicht sogar ein bisschen beeindrucken. Als Kind hatte ich nie die Gelegenheit, das Skifahren zu erlernen. Also musste ein Kurs her. Am besten gleich ein mehrtägiger. Gesagt, getan. Bald stand ich, das Großstadtkind, bei strahlender Sonne mit anderen Anfängern am ‚Idiotenhügel'. Immer wieder lugte ich zu den Fortgeschrittenen, die elegant den Berg runterfuhren. Wie leicht das aussah. Wäre doch gelacht, wenn ich das nicht auch bald beherrschen sollte. Doch schnell nahm ich von meinem Plan Abschied, noch am selben Tag genauso lässig wie die alten Hasen den Hang hinunterzujagen. Zu sehr drückten mich meine Schuhe, zu oft fiel ich hin, zu stark schmerzten die inzwischen angesammelten blauen Flecken.

Langsam krochen wir immer wieder in kleinen, zittrigen Bögelchen die sanfte Kuppe hinunter. Wie kleine Enten ihrer Entenmutter rutschten wir hinter dem Skilehrer her. Immer wieder rief er *‚Super!'*. Ich wollte ihm nur allzu gerne glauben und ließ mich von seiner gut gemeinten Lüge zum Weitermachen motivieren. Aus den Augenwinkeln sah ich neiderfüllt eine Gruppe Zehnjähriger, die geschickt ihrem Trainer in hohem Tempo hinterherfuhren. Wie ungeschickt sahen wir dagegen aus. Doch auch wenn sich der erhoffte Spaß noch in Grenzen hielt, half mir unser ungraziöses Tun, die Scheu vor dem Abwärtsfahren langsam zu verlieren. Bald stellten sich die ersten Erfolge ein. Ich kam im flacheren Gelände immer öfter, ohne zu fallen, ans Ziel. Pflugbogen, Stemmbogen, Parallelschwung. Im Laufe der Zeit kam ich auch im steileren Gelände sicher um die Kurven. Inzwischen erschien mir der Hang vom ersten Tag lächerlich flach. Ich übte weiter. Den ganzen Winter hindurch. Fast jedes Wochenende. Heute genieße ich jeden Winter einige Tage auf meinen Carvingskiern – und das auch in schwierigem Gelände.«

Gerhard nickte: »Immer wenn wir etwas Neues lernen, beginnen wir als Anfänger. Deshalb, Pablo, fanden deine ersten Gehversuche auch nicht im schwierigen Gelände, sondern auf flachen Hügeln, die als

BLAUE PISTEN

gekennzeichnet sind, statt. Es hat zwar jede Hirnzelle, die an der neuen Bewegung beteiligt war, sicherlich ihr Bestes gegeben. Trotzdem hast du die Erfahrung gemacht, dass das Skifahren nicht sofort funktionierte. Du hast dich davon jedoch nicht entmutigen lassen und weitergeübt. So warst du bald in der Lage, als Fortgeschrittener auch die steileren Abfahrten, die als

ROTE PISTEN

gekennzeichnet sind, elegant und sicher zu bewältigen. Du bist drangeblieben. Hast geduldig weitergeübt. So lange, bis du zum Meister wurdest und auch die steilsten Pisten, die als

SCHWARZE PISTEN

gekennzeichnet sind, gefahrlos befahren konntest. Nun war der Zeitpunkt gekommen, wo du selbst anspruchsvollere Pisten genießen konntest. Denn mit jedem Üben wurde die neue Fertigkeit in deinem Gehirn besser vernetzt. Steter Tropfen höhlt den Stein. Deshalb macht nur Übung den Meister. Das gilt fürs Skifahren ebenso wie für die reflexartige Beherrschung des Gefühlsschalters. Auch dafür müssen wir regelmäßig trainieren. Wie, das habe ich euch letzte Woche gezeigt. Ihr habt die Technik masterSWITCH kennengelernt und das dazugehörige Training. Wie ist es euch dabei ergangen?«

Wir alle hatten mit den drei Übungen des Trainingsprogramms ähnliche Erfahrungen gemacht. Die schalterINSTALLATION und das atemTRAINING funktionierten im Großen und Ganzen ganz gut. Nur das reflexTRAINING ging uns noch ein wenig zu langsam von der Hand.

»Es ist ganz normal, dass das reflexTRAINING nach einer Woche noch nicht perfekt funktioniert«, hob Gerhard hervor. »Das ist nur ein Hinweis darauf, dass die beteiligten Hirnzellen noch nicht stark genug vernetzt sind. Immerhin sind bei diesem Training drei Dinge gleichzeitig zu tun: Schalter halten – Material spüren – ruhig und entspannt atmen – und all das, so schnell wie möglich, wenn du ein Telefon läuten hörst. Doch auch wenn das noch nicht perfekt funktioniert. Mit jedem Üben werden die verwendeten Hirnzellen besser verkabelt, sodass euch im Laufe der Zeit auch das reflexTRAINING immer leichter und schneller gelingen wird.«

Pablo: »Das ist dann wohl wie beim Ski- oder Autofahren. Auch da ist es anfangs schwierig, mehrere Dinge gleichzeitig zu tun. Stockeinsatz, Körperhaltung und Skiführung. Kuppeln, schalten und Gas geben. Anfangs ein großes Problem, doch im Laufe der Zeit funktioniert es immer besser.«

»So ist es. Bleibt einfach dran und übt weiter. Dann kann es gar nicht anders sein, als dass ihr immer besser werdet. Momentan seid ihr eben noch

ANFÄNGER 

oder anders ausgedrückt: Ihr seid jetzt gerade dabei, euch fit für **‚blaue Pisten'** zu machen. Was fürs Skifahren gilt, gilt sinngemäß auch für das Trainieren eurer Gelassenheit. Mit Hilfe des neuen Trainingsprogramms, das insgesamt drei Wochen dauert, erarbeitet ihr euch diejenigen Vernetzungen, die ihr für den Ernstfall benötigt. Die erste Trainingswoche habt ihr schon abgeschlossen. Morgen – Donnerstag – beginnt die zweite. Ab morgen könnt ihr bereits anfangen, die Technik masterSWITCH im Ernstfall anzuwenden. Jedoch nur in Situationen, die – bildhaft gesprochen – dem Schwierigkeitsgrad einer ‚blauen Piste' entsprechen. Denn für Schwierigeres seid ihr noch nicht trainiert.«

Pia: »Das heißt, dass wir in Situationen, in denen sich unser Schalter leicht nach unten bewegt, schon versuchen können, dies mit Hilfe von masterSWITCH zu verhindern?« »Genau. Die Wahrscheinlichkeit ist groß, dass euch das gelingt. Trainiert ihr regelmäßig weiter, seid ihr nach den drei Trainingswochen bereits

FORTGESCHRITTENE

Das Training ist dann abgeschlossen. Denn ihr habt schon nach drei Wochen die nötigen Basisvernetzungen im Kopf. Dann seid ihr auch in der Lage, **‚rote Pisten'** zu befahren.«

Jakob: »Also können wir nach drei Wochen bereits Situationen in den Griff bekommen, wo sich unser Schalter weiter nach unten bewegt?« »Ja. Die Erfahrung zeigt, dass die Wahrscheinlichkeit sehr hoch ist, vorausgesetzt, das dreiwöchige Training wurde ohne Unterbrechung absolviert.« Mit einem Klick beförderte Gerhard nun die Erfahrungen eines früheren Seminarteilnehmers an die Wand:

> »Bereits kurz nachdem ich mein 3-Wochen-Training abgeschlossen hatte, hat sich ein erster, beachtenswerter Erfolg eingestellt: Beruflich gab es große Probleme und ich konnte souverän eine ‚rote Piste' befahren.«
>
> Gernot[58]

»Nach den drei Wochen liegt es an dir, weiter dran zu bleiben und wann immer nötig masterSWITCH einzusetzen. So machst du die

58 Ein reales Erlebnis: Österreich 2008.

Herrschaft über deinen Schalter immer mehr zur Gewohnheit und wirst im Laufe der Zeit zum

MEISTER

Dann bist du in der Lage, auch **‚schwarze Pisten'** zu befahren und deinen Schalter selbst in besonders schwierigen Situationen in den Griff zu bekommen. Denn wir wissen ja bereits, dass unser Gehirn in Extrem- und Drucksituationen noch immer auf das zurückgreifen kann, was wir trainiert haben. Begeben wir uns jedoch bereits als Anfänger auf eine ‚schwarze Piste', werden wir dort Verhältnisse vorfinden, die nicht unserem Können entsprechen. Deshalb beachtet: Je emotional bewegender eine Situation für euch ist, umso mehr solltet ihr bereits trainiert haben, um auch in dieser Situation euren Schalter fest im Griff zu haben.«[59]

»Und wie lange wird es dauern, bis wir diese Meisterschaft erlangt haben?«, erkundigte sich Pia. »Das wird von Person zu Person verschieden sein. Hängt es doch vor allem davon ab, wie intensiv masterSWITCH nach dem 3-Wochen-Training im Alltag genutzt wird. Ich kann euch jedoch einen Anhaltspunkt mit auf den Weg geben. Mein alter asiatischer Lehrer hat immer betont, dass es nötig ist, eine Sache hundert Tage lang zu praktizieren, bis man darin wirklich gut ist. Und viele Rückmeldungen zeigen, dass an dieser asiatischen 100-Tage-Regel wohl etwas dran ist. So berichten die meisten, dass ihnen nach ungefähr drei Monaten die Anwendung von masterSWITCH in Fleisch und Blut übergegangen ist. Doch es gibt auch hier Ausnahmen. Immer wieder teilen mir ehemalige Teilnehmerinnen und Teilnehmer mit, dass sie bereits nach wenigen Wochen in der Lage waren, ‚schwarze Pisten' zu befahren.« Mit einem Klick erschienen die Worte solch einer ehemaligen Teilnehmerin an der Wand:

---

59 Achtung: Je näher uns ein Mensch steht, umso stärker kann uns sein Verhalten emotional treffen. Deshalb wird der Umgang mit nahestehenden Menschen meist dem Schwierigkeitsgrad einer »schwarzen Piste« entsprechen.

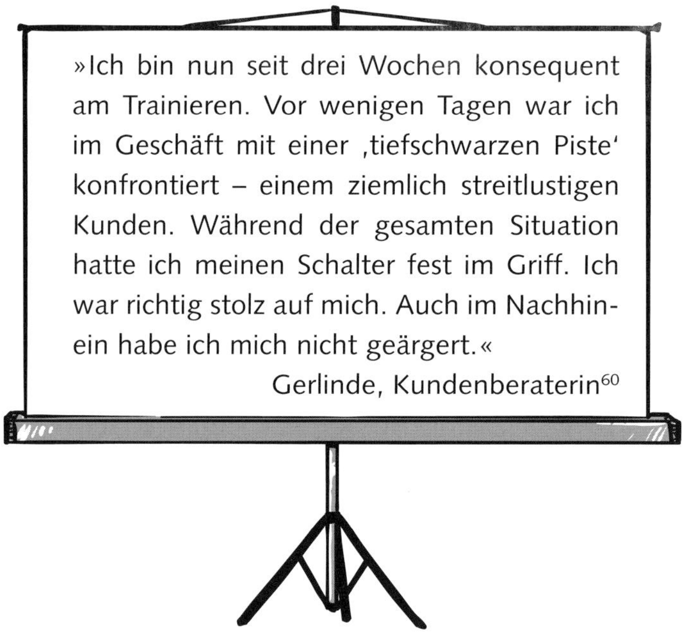

»Gerlinde gehört zu denen, die es bereits nach der dritten Woche geschafft haben, eine ‚schwarze Piste' zu befahren. Während des Gesprächs mit dem streitlustigen Kunden benutzte sie masterSWITCH – so behielt sie ihre Gelassenheit und konnte in der unangenehmen Situation souverän agieren. Doch auch danach konnte ihr der Ärger offenbar nichts anhaben.«

Gerhard wandte sich nun an Pablo: »Nehmen wir an, Pablo, du bedienst in deinem Modehaus bereits seit geraumer Zeit einen Kunden. Du hast ihm schon unzählige Kleidungsstücke vorgelegt. Doch nichts will ihm gefallen. Er stichelt und nörgelt herum und beginnt bald, auch persönlich zu werden. ‚*Was ist das doch für ein Saftladen!*' ist noch eine seiner harmlosesten Bemerkungen. Dein Schalter ist drauf und dran, sich auf den Weg nach unten zu machen. Was könntest du nun tun, um das zu verhindern?« »Meinen Schalter sofort festhalten, sein Material spüren und ruhig und entspannt atmen«, antwortete Pablo, dem dieses Beispiel gar nicht gefallen wollte. »Ja. Du könntest masterSWITCH anwenden und so dir deine Gelassenheit erhalten. Das wird zwar nicht das Verhalten des Kun-

60 Ein reales Erlebnis: Österreich 2009.

den ändern. Doch du kannst das Gespräch zu Ende bringen, ohne dass es eskaliert. Dann verlässt dieser Kunde dein Geschäft – und nun beginnst du darüber nachzudenken, was das doch für ein taktloser Ungustl war. Was würde jetzt passieren?«

»Ich würde mich sofort mies fühlen«, antwortete Pablo wenig begeistert. »Richtig. Du würdest dich ärgern oder wütend werden, mit all den unangenehmen Nebenwirkungen, die solche Gefühle nach sich ziehen. Denn du hättest mit deiner nachfolgenden Sichtweise die Wirkung von masterSWITCH wieder zunichtegemacht. Deshalb beachtet ...!« Gerhard legte eine kurze Pause ein.

»masterSWITCH hilft uns, unsere Gelassenheit zu bewahren, wenn es schnell gehen muss. Damit verschaffen wir uns auch die nötige Zeit, die wir brauchen, um uns zu überlegen, wie wir die Sache sonst noch sehen könnten. Vielleicht fällt dir dann ein, was für eine tolle Trainingsgelegenheit du gerade hattest. Oder du bemerkst – so wie Gerlinde, die vorhin erwähnte Kundenberaterin –, wie stolz du auf dich selbst sein kannst, weil du gerade in der Lage warst, in dieser Situation souverän zu bestehen. Doch egal welche Sichtweise du wählst. Sie wird deinen Schalter langfristig beeinflussen.« Mit einem Klick fasste Gerhard seine Worte zusammen:

Kurzfristige Hilfe: masterSWITCH
Langfristige Hilfe: Veränderung der Sichtweise

»Mit unserer Sichtweise – unserer persönlichen Einstellung zur Situation – sind wir in der Lage, unseren Schalter langfristig zu beeinflussen. Die Technik masterSWITCH jedoch ist als Soforthilfe gedacht, die dir helfen soll, schnell zu reagieren. Doch es gibt eine Ausnahme, bei der wir auf diese Technik verzichten sollten.« In großen Buchstaben erschien ein einzelnes Wort an der Wand:

Trauer

»Stirbt beispielsweise ein geliebter Mensch, wird dieser unwiederbringliche Verlust von einem schmerzhaften Gefühlschaos begleitet werden. Fassungslosigkeit, Hilflosigkeit, Verzweiflung, Ohnmacht, vielleicht auch Wut oder Angst. Scheiden tut weh. Denn unser Schalter ist am Tiefpunkt. Trauer begleitet das Abschiednehmen. Und sie hilft. Hilft, die neuen Tatsachen zu realisieren. Trauer ist ein Prozess des Verarbeitens und sollte deshalb nicht mit masterSWITCH unterbrochen werden. Der Verlust schmerzt wie eine klaffende Wunde – Trauer begleitet den Heilungsprozess.«

Pia fragte nach: »Gibt es keine Möglichkeit, diesen Prozess hilfreich zu beeinflussen?« »Leider gibt es hier kein Universalrezept. Doch vielleicht ist das hier eine kleine Hilfe ...« Mit einem Klick erschien das Foto eines alten Grabsteins an der Wand. In verwitterten Buchstaben war darauf zu lesen:

Sei nicht traurig, dass es vorbei,
sondern dankbar, dass es gewesen ist.

»Vielleicht drücken diese einfachen Worte am besten aus, was wir selbst zum Heilungsprozess beitragen können. Wie wir mit Hilfe unserer Sichtweise den Schmerz ein wenig erträglicher machen können. Denn auch im Zustand der Trauer sind es noch immer wir selbst, die bestimmen, worauf wir unseren Fokus lenken. Lenken wir unsere Aufmerksamkeit in Dankbarkeit auf das, was wir hatten, wird das zwar unseren Schmerz nicht zum Verschwinden bringen. Aber vielleicht wird es uns dabei helfen, den Schmerz ein wenig zu mildern und ihn nicht länger und intensiver als nötig ertragen zu müssen. Denn was uns immer bleibt, ist die Erinnerung.«

»One, two, three ....« klang es nun ganz leise aus den Lautsprechern. Während die Stimme sanft ihr Lied zum Besten gab, fuhr Gerhard fort:

»Niemand von uns kann dem Tod entfliehen. Deshalb wirst auch du einmal sterben. Niemand kann dir mit letzter Gewissheit sagen, was dich danach erwartet. Ob oder wie es weitergeht. Ob es ein Leben nach dem Tod gibt oder nicht. Doch steht eines mit Sicherheit fest: Es gibt ein Leben VOR dem Tod. Und das ist viel zu kurz, um sich sinnlos schlecht zu fühlen. Im Trauerfall solltest du master-

SWITCH nicht verwenden. Doch es gibt im Alltag viele andere Gelegenheiten, wo es sinnvoll ist, die Kontrolle über deinen Gefühlsschalter zu bewahren. Deshalb beginnt morgen deine zweite Trainingswoche. Nutze sie, um mit Hilfe der schalterINSTALLATION, des reflexTRAININGS und des atemTRAININGS deinen Schalter immer stärker unter deine Kontrolle zu bekommen. Ich wünsche dir viel Spaß dabei.« Mit einem Klick beförderte Gerhard zum Abschied ein Zitat an die Wand:

»Wenn ich geahnt hätte, dass ich so lang leben würde,
hätte ich besser auf mich aufgepasst.«
Eubie Blake[61]

»One, two, three ...« klang es noch immer im Hintergrund.

61 James Hubert »Eubie« Blake: US-amerikanischer Jazzpianist und -komponist.

13. Erfahrungen

»Ich war richtig stolz auf mich! Fest hielt ich meinen Schalter in der Hand, fixierte ihn in der Neutralstellung. Auch wenn sich all das nur in meinem Kopf abspielte, konnte ich förmlich sein Material in meiner Hand spüren. Ich atmete ruhig und entspannt. Kein Ärger. Kein Druckgefühl. Kein erhöhter Herzschlag. Nur Gelassenheit. Trotz der missgelaunten Verkäuferin, die unbeholfen hinter der Feinkosttheke ihrer Arbeit nachging. Trotz des pedantischen Mannes, der sich gerade 112 Gramm Putenextrawurst, 140 Gramm Salami und 65 Gramm Pressschinken aufschneiden ließ und so meine Erlösung weiter hinauszögerte. Ich konnte vier Personen zählen, die noch vor mir bedient werden wollten. Sie alle waren – gemeinsam mit der missmutigen Verkäuferin – meine Trainingspartner. Natürlich gab es genügend gute Gründe, warum ich mich jetzt hätte ärgern können. Die Supermarktbetreiber, deren Gier Mitarbeiter einsparen lässt und unqualifiziertes Personal auf uns Kunden hetzt. Die Verkäuferin, die nicht nur dem Andrang nicht gewachsen war, sondern ihren Unmut auch mit jeder ihrer langsamen Bewegungen zum Ausdruck brachte. Oder der pedantische Kunde, der mit seiner irrwitzigen Bestellung alles nur noch schlimmer machte.

Wenige Minuten davor hatte mein Schalter auch wie gewohnt seinen spontanen Weg nach unten antreten wollen. Doch heute hatte ich mich anders entschieden. Obwohl auch diesmal alles ewig dauerte, stand ich erstmals völlig ruhig vor der Feinkosttheke, inmitten meiner Trainingspartner, und erlebte, wie ich der Generaldirektor war.«

»Das ist ja wunderbar, Kilian«, freute sich Gerhard. »Willkommen im dritten Jahrtausend! Willkommen in einer Welt, in der es nicht nötig ist, vor der Feinkosttheke wie Mabu, unser steinzeitlicher Vorfahre, zu reagieren. In der es nicht nötig ist, ständig deinen Körper in Kampfbereitschaft zu versetzen. Denn es ist dir weder ein wildes Tier auf den Fersen, noch sitzt dir ein tödlicher Feind im Nacken. Du befindest dich im dritten Jahrtausend. In einem Supermarkt. In völliger Sicherheit. Diesmal hast du das deinem Gehirn erstmals gezeigt – deine persönliche Evolution!«

Gerhards bestätigende Worte taten mir gut. Ja, das war tatsächlich meine persönliche Evolution. Ich hatte mein Leben wieder. Wie aussichtslos mir alles noch vor wenigen Monaten erschienen war. Und jetzt. Ich hatte meinen Schalter immer öfter im Griff und freute mich auf die Zukunft. Täglich hatten mich auch letzte Woche schalterINSTALLATION, reflexTRAINING und atemTRAINING begleitet. Es hatte sich gelohnt.

Doch nicht nur ich konnte bereits nach der zweiten Trainingswoche die ersten Früchte meiner Arbeit ernten. Auch Jakob hatte Erfreuliches zu berichten: »Es war am Montag nach der Arbeit. Auf dem Nachhauseweg. Ich saß im Wagen und ließ den Tag Revue passieren: Es war ein guter Tag. Nette Klienten und Kollegen. Selbst das Gespräch mit Herrn Frisch, meinem Chef, war erfreulich gewesen. Ich hätte nie gedacht, dass der so viel Humor hat. Und erst Frau Kolleritsch …

Jäh wurde ich in die Realität zurückkatapultiert. Reflexartig sprang ich auf die Bremse. Lautes Quietschen. Mein Wagen kam nur wenige Zentimeter vor einem Lkw zum Stehen. Das war knapp. Ich schaue zum Führerhaus hoch und sehe in ein unfreundliches Gesicht. Verächtlich blickt es auf mich herab. Mit einer eindeutigen Geste gibt mir der Fahrer zu verstehen, was er von mir hält. So eine Frechheit. Dabei hatte ich doch Vorrang. Ich war im Recht. In meinem Kopf schien Großalarm zu herrschen. Blitzschnell wollte mein Gehirn allen zuständigen Abteilungen seine Anweisungen erteilen, mich auf den bevorstehenden Kampf vorbereiten: *‚Herzfrequenz erhöhen!'* – *‚Puls auf 180 beschleunigen!'* – *‚Blutdruck zum Kochen bringen!'* – *‚Muskeln anspannen!'* – *‚Verdauung bitte sofort abschalten!'* – *‚Alles bereit zum Angriff!'* Fast hätte sich die Steinzeit auch durchgesetzt. Doch da! Im letzten Moment schaffe ich es, blitzschnell einzugreifen: masterSWITCH! Alle Kommandos zurück. Herzschlag und Blutdruck bleiben normal, meine Verdauung darf weiter ihre Arbeit verrichten und sich dem letzten Pausenkuchen widmen. Sicherheitshalber schiebe ich weitere Botschaften nach: *‚Das bringt doch nichts. Ignorier' ihn einfach. Freue dich, dass du so gute Reflexe hast und so einen Unfall verhindern konntest. Sei stolz auf dich, denn du warst jetzt schneller als die Steinzeit!'*

Ich schau dem Fahrer freundlich ins Gesicht, deute ihm, dass er fahren soll. Er bedankt sich und ist sichtlich über meine Reaktion verwundert. Wo war ich stehen geblieben? Ach ja, Frau Kolleritsch …«

Auch für Jakob hatte Gerhard lobende Worte, die dieser sichtlich mit Stolz entgegennahm. So folgte ein Bericht dem anderen. Von Elena, Pablo und auch Pia. Wobei ich mich an Pias Erzählung kaum erinnern kann. Zu sehr war ich, während sie sprach, in Erinnerungen an das letzte Wochenende vertieft. Auch dieses Mal hatten wir uns getroffen. Auch diesmal waren die Kinder mit dabei und auch diesmal war es wunderschön. Wir alberten herum, führten anregende Gespräche, genossen die immer stärker werdende Sommersonne und die Unbeschwertheit, mit der wir miteinander umgehen konnten. Ich hatte keine Ahnung, wo all das hinführen würde. Aber ich fühlte mich gut. Stark genug, mich den Herausforderungen einer neuen Beziehung zu stellen. Während ich so vor mich hin träumte, hatte wieder Gerhard das Wort ergriffen:

»Wie es den Anschein hat, seid ihr alle bereits in der Lage, ‚blaue Pisten' zu befahren. Einige von euch waren sogar schon in schwierigerem ‚Gelände' erfolgreich – und das nach der zweiten Trainingswoche! Ich gratuliere euch zu diesen Erfolgen, den Folgen eures konsequenten Trainings. In einer Woche wird das Seminar zu Ende sein. Dann wird es an euch liegen …«

Während Gerhard weitersprach, liefen die letzten drei Monate wie ein Film vor meinem geistigen Auge ab. Wie Gerhard in der Mitte des Raumes stand, sich im Rhythmus von Michael Bublés Musik bewegte und uns so zu vermitteln versuchte, wie sehr wir doch alle Gefühlsmenschen sind, wie sehr Gefühle uns leiten und wie wenig unser Verstand davon doch mitbekommt.

Ich erinnerte mich daran, wie erstaunt ich war, zu erfahren, dass es unsere eigene Sichtweise ist, die unsere Gefühle erzeugt, und wie sehr wir damit so ganz nebenbei unser gesamtes Leben beeinflussen.

Ich sah Mabu, dem in seiner urzeitlichen Welt unangenehme Gefühle gute Dienste geleistet hatten. Ich sah mich, der von denselben Hormonen in einem aussichtslosen Leben gefangen gehalten wurde.

Wie befreiend war da die Erkenntnis, dass all diese quälenden Gefühle letztendlich doch einen Sinn hatten. Wollten sie mir ja nur mitteilen, dass ich endlich etwas ändern sollte.

Ich sah mich, mit einer Augenbinde versehen, einen steilen Hang erklimmen und so am eigenen Leib erfahren, wie sehr es meine eigene Sichtweise war, die meine Kraft kontrollierte.

Ich sah, wie vier imaginäre Bücher meinen Arm belasteten und ich dabei doch nur spürte, wie sehr mein Gehirn auf mein Denken reagiert.

Ich erinnerte mich, wie mir von Woche zu Woche immer klarer wurde, dass ich der Chef in meinem Leben bin. Der Generaldirektor.

Und nun, drei Monate später, war ich bereits in der Lage …

Meine Gedanken wurden durch ein hölzernes Klopfen unterbrochen. Mein Blick wanderte zur Tür, als die alte Messingklinke nach unten gedrückt wurde und eine junge Frau ihren hübschen Kopf durch den offenen Türspalt schob.

Erfreut ging Gerhard auf sie zu. »Schön, dass du Zeit gefunden hast, Karin.« Die Frau betrat den Raum, ging lächelnd auf Gerhard zu und umarmte ihn. Sie trug Jeans und eine helle Bluse und schien sich sehr darüber zu freuen, Gerhard zu sehen. Während sich beide in die Mitte des Raumes begaben, sah Karin uns freundlich an und begrüßte uns mit einem fröhlichen »Hallo«. Sie wirkte richtig glücklich.

»Das ist Karin. Sie hat vor einiger Zeit – so wie ihr – begonnen, daran zu arbeiten, ihren Schalter in den Griff zu bekommen.« Karin nickte. »Ich habe sie gebeten, uns heute ein wenig von ihren Erfahrungen zu berichten. Und«, Gerhard wandte sich nun direkt an Karin, »ich bin sehr froh, dass du tatsächlich die Zeit gefunden hast, zu uns zu kommen.« »Das tu ich gerne«, ergriff nun Karin das Wort, während Gerhard sich auf einen Sessel zurückzog.

»Ich saß – so wie ihr – vor mehr als zwei Jahren hier in diesem Seminarraum. Gerhard kannte ich bereits von einem Vortrag, den er in unserem Institut – ich bin in einer Bank beschäftigt – zum Besten gegeben hatte. Mir gefiel, was er zu sagen hatte, und so lag es für mich nahe, auch sein Seminar zu besuchen. Zum Seminarende war ich in der 4. Schwangerschaftswoche. Mein Mann und ich, wir waren außer uns vor Freude. Ging mit diesem Kind doch ein heiß ersehnter Wunsch in Erfüllung. Während der Schwangerschaft ging es mir sehr gut. Doch diesen Freitag in der 23. Schwangerschaftswoche werde ich wohl nie vergessen. Alles war voll Blut. Ich hatte einen Fruchtblasensprung, begleitet von anderen medizinischen Problemen. Im Spital ließ man mich nicht mehr nach Hause. Mit ernstem Gesicht standen mehrere Ärzte an meinem Bett. Sie meinten: ‚*Wenn Ihr Baby jetzt kommt, dann ist es zu früh und wir werden es einschlafen lassen müssen. Denn selbst wenn das Herz schlägt, wird es nicht überlebensfähig sein. Wir können nur hoffen, dass wir die Geburt so lange wie möglich hinauszögern können. Nur dann hat Ihr Baby eine Überlebenschance.*‘ Es war furchtbar. Wir waren verzweifelt. Wir wussten, dass wir eine Tochter bekommen würden. Lisa sollte sie heißen. Ich konnte sie bereits im Bauch strampeln spüren.«

Während Karin erzählte, begannen ihre Augen zu glänzen und eine einsame Träne lief über ihre linke Wange.

»Die Ärzte empfahlen mir, mich nicht viel zu bewegen, Ruhe zu bewahren und konstruktiv zu denken. Mir war sofort klar, was ich zu tun hatte. Ich bat meinen Arzt, mich zu verlegen, weg von der Geburtenstation in eine ruhigere Umgebung. Ich bekam auch einen Rollstuhl, denn ich durfte ja nicht mehr gehen, nicht einmal mehr duschen. Ich bat meinen Mann, allen Bescheid zu geben, und verhängte ein Besuchs- und Telefonverbot. Ab jetzt beschäftigte ich mich nur noch mit mir und meinem Baby und ließ nichts Negatives mehr an mich heran. Denn sobald mir klar war, was ich zu tun hatte, war all das, was ich im Seminar gelernt hatte, sofort wieder präsent.

Es gab gute Tage und sehr viele schlechte. Tage, an denen ich sehr viel Blut und Fruchtwasser verlor. An diesen Tagen habe ich meinen Schalter festgehalten, sein Material gespürt und ruhig und entspannt geatmet. Habe mir immer wieder vorgestellt, wie mein Baby aussehen wird, wie ich es im Arm halte und stille, wie es das erste Mal mit dem Löffel isst, dass es gesund ist, dass wir das Krankenhaus gemeinsam verlassen, wie ich mit dem Kinderwagen spazieren gehe und wie wir die ersten Weihnachten gemeinsam feiern. Ich habe mir alles so intensiv vorgestellt, dass es für mich keinen Zweifel gab, dass alles gut gehen würde. Ich war bedacht darauf, mich so gut wie möglich zu fühlen, und konzentrierte mich auf das, was ich wollte. Es zeigte Ergebnisse.

Ich habe mich so gut gehalten, dass sogar die Psychologin, die öfters nach mir gesehen hat, fasziniert war. Ich habe es ganze fünf Wochen geschafft. Selbst meine Ärzte waren erstaunt. Sie meinten, dass es keine Patientin in meiner Situation bisher so weit gebracht hatte. Unser Baby hatte sein Gewicht in meinem Bauch in diesen Wochen verdoppelt und kam fünf Wochen nach dem unheilvollen Freitag zur Welt.

Lisa war geboren. Ihren ersten Lebensmonat verbrachte sie in einem Brutkasten. Es gab keine Komplikationen. Sie war nur klein. Sie hatte sofort geatmet und brauchte keine Hilfe. Sie war eine richtige Kämpfernatur mit einem starken Lebenswillen. Nach insgesamt drei Monaten konnte ich mit Lisa als glückliche Mutter das Krankenhaus verlassen. Obwohl sie drei Monate zu früh zur Welt kam, hat sie sich bestens entwickelt und ist völlig gesund.

Ich habe in diesen Wochen im Krankenhaus viel durchgemacht. Es gab so oft die Möglichkeit eines Einbruchs. Aber das bei Gerhard Erlernte hat es nicht zugelassen. Ich habe damit unserer Lisa das Leben gerettet.«[62]

Es war ganz still im Raum. Als Gerhard mit einem Klick das Foto eines kleinen, putzmunteren Mädchens, das neugierig in die Kamera blickte, an die Wand projizierte, hatte ich den Eindruck, dass er sich mit einer verstohlenen Geste eine Träne von der Wange wischte.

Karin erzählte uns an diesem Abend noch viel über ihr glückliches Leben. Wie sehr sie es genoss, Lisas erste Sprechversuche zu erleben. Zu sehen, wie das winzige Lebewesen zu krabbeln begann und seine ersten Gehversuche machte. Wie schön die erste Weihnachtsfeier war und wie sehr das muntere, kleine Mädchen Kürbis und Gemüsereis liebte. Wir alle hatten noch unzählige Fragen an Karin und so war es kaum verwunderlich, dass auch dieser Abend wie im Fluge verging.

»One, two, three ....« klang es bald ganz leise aus den Lautsprechern. »So, ihr Lieben. Das war der vorletzte Abend. Beim nächsten Mal werdet ihr Gelegenheit haben, all das, was ihr gelernt habt, auszuprobieren. Erscheint dazu bitte alle in Sportkleidung und Turnschuhen.« »One, two, three ...«

62 Ein reales Erlebnis: Österreich 2008.

14. Höhenflug

Dienstag. Der Bus hielt mit lautem Quietschen, das ich trotz meiner Kopfhörer gut hören konnte. Ich hatte mir eine Mischung meiner Lieblingsmusik zusammengestellt. Michael Bublé und Co würden mir heute den Weg zur Arbeit versüßen. Es gab doch so viele Möglichkeiten, das Leben zu genießen! Kaum eingestiegen, zog ich mich – begleitet von Bublés »Feeling good« – auf einen freien Fensterplatz zurück. Entspannt gab ich mich dem Musikgenuss hin. Doch dieser wurde bereits nach wenigen Takten gestört. Ein Mann im Business-Outfit setzte sich neben mich. Er war Mitte zwanzig, sein grauer Anzug frisch gebügelt. Der Duft eines herben Rasierwassers stieg mir in die Nase, als er seine Ledertasche auf die Knie legte. Fahrig packte er mehrere Zettel aus und blätterte hektisch darin. Nachdem sich unsere Knie unbeabsichtigt berührt hatten, musterte er mich arrogant, ohne ein Wort zu sagen. »*Was soll das! Er breitet sich aus und …!*« Im letzten Moment wurde mir klar, dass ich ja gerade im Begriff war, mir den wunderbaren Morgen zu vermiesen. Reflexartig griff ich zu und konnte gerade noch verhindern, dass sich mein Schalter meinen Gedanken anzupassen begann. Fest hielt ich ihn in der Hand, spürte sein Material und atmete ruhig und entspannt. »*Der arme, gestresste Kerl. Bereitet sich wahrscheinlich gerade auf eine Besprechung oder Prüfung vor. Außerdem ist er ein perfekter Trainingspartner.*« Entspannt widmete ich mich wieder meiner tollen Musik. »… I'm feeling good …«

Mittwoch. Trotz der vorgerückten Stunde war es noch angenehm warm. Der Kies knirschte unter meinen Turnschuhen. Gerhard wartete bereits mit den anderen beim Aufgang zur Villa. Das war heute ein bunter Anblick. Rot, Blau, Gelb, Weiß, Orange. Alle, auch Gerhard, trugen so wie ich Trainingskleidung. Ich war gespannt, was er sich für den letzten Abend hatte einfallen lassen.

Wir waren fast vollzählig. Nur noch Jakob fehlte. Nachdem auch er sportlich gekleidet eingetroffen war, führte uns Gerhard zur Hinterseite der Villa. Schon von Weitem konnten wir sehen, dass heute in der parkähnlichen Anlage etwas anders war als sonst. Auf einer freien Fläche, die rundum von einigen Bäumen begrenzt war, stand senkrecht eine Ausziehleiter. Sie war auf ihre volle Länge ausgezogen. Dicke Seile, die an den umliegenden Bäumen festgebunden waren, hielten sie in ihrer aufrechten Position. Am oberen Ende war eine kleine Holzplattform montiert.

Bei genauerem Hinsehen war zu erkennen, dass einige Meter über der Plattform ein Stahlseil gespannt war. Zwei weiße Seile, die mit Karabinern daran befestigt waren, hingen schlaff zu Boden. Neben der Leiter wartete ein groß gewachsener Mann mit braunem, krausem Haar. Zielstrebig steuerte Gerhard auf ihn zu. Herzlich begrüßten sie sich. Ich ahnte nichts Gutes.

Nachdem wir uns um die beiden geschart hatten, begann Gerhard zu sprechen: »Es freut mich, heute Abend einen echten Weltmeister in unserer Mitte begrüßen zu dürfen. Das ist Martin.[63] Er ist Worldcup-champion im Kickboxen und hat sich auch als Erlebnispädagoge und Outdoortrainer einen guten Namen gemacht. Er wird euch heute dabei unterstützen, all das, was ihr in den letzten Monaten gelernt habt, praktisch anzuwenden.«

Martin war ein sympathischer Mann Mitte dreißig. Seine von der Sonne gegerbte Haut und die durchtrainierte Figur ließen bereits von Weitem den versierten Sportsmann erkennen. Mit Handschlag begrüßte er jeden Einzelnen von uns. Obwohl er ein sehr umgänglicher Mensch zu sein schien, konnte das nicht verhindern, dass ich bereits nach seinen ersten Worten gezwungen war, meinen Schalter festzuhalten. Martin zeigte hinauf zur Plattform.

»Heute werdet ihr alle dort oben stehen. In zehn Metern Höhe. Ihr habt euch, ohne dass euch dies bewusst gewesen wäre, drei Monate lang auf diesen Moment vorbereitet. Deshalb werdet ihr auch alle in der Lage sein, es zu tun.«

Ungläubig fixierte ich die Plattform. Aber …, die war doch viel zu klein! Auf der winzigen Holzplatte hatte gerade mal ein Paar Schuhe Platz. Außerdem war das doch viel zu gefährlich. Bewusst atmete ich ruhig und entspannt. An meine Höhenangst wollte ich gar nicht denken. Insgeheim hoffte ich, dass uns Gerhard nur aus der Reserve locken wollte. So wie damals, als er uns dazu aufgefordert hatte, mitten im Seminarraum zu tanzen. Vielleicht war das ja bereits die Übung? Vielleicht war alles nur eine perfekt inszenierte Charade, mit der uns Gerhard wieder einmal beweisen wollte, dass es unsere Sichtweise ist, die unsere Gefühle erzeugt. Genau! Das wird es sein. Doch andererseits – wäre das der Fall, dann hätte er sich für dieses falsche Spiel enorm viel Mühe gegeben. Die Trainingskleidung, die Leiter mit der Plattform, Martins Anwesenheit. Ich atmete weiter ruhig und entspannt. Griff immer wieder nach meinem Schalter, um meinem Gehirn zu zeigen, wo ich ihn haben wollte.

---

63 Martin Mautner ist bei gefuehlsLOGIK.at für den Bereich »experimentelles Lernen« zuständig.

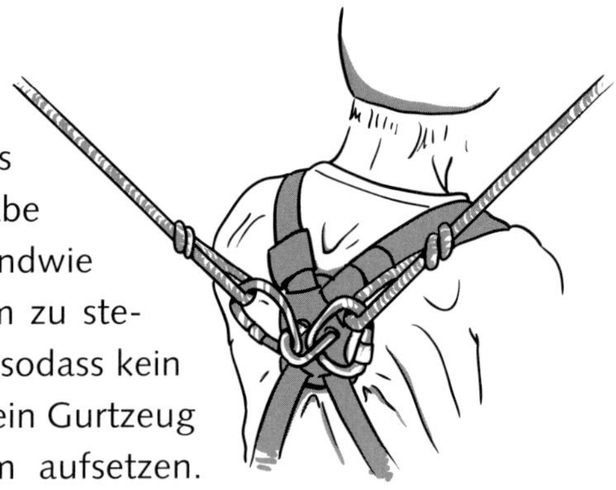

Inzwischen hatte Martin begonnen, uns in die Übung einzuweisen. »Eure Aufgabe ist es, nach oben zu steigen und es irgendwie zu schaffen, aufrecht auf der Plattform zu stehen. Natürlich seid ihr dabei gesichert, sodass kein reales Risiko vorhanden ist. Ihr werdet ein Gurtzeug angelegt bekommen und einen Helm aufsetzen. In das Gurtzeug werden diese beiden Sicherungsseile eingehängt.« Während Martin das sagte, nahm er die weißen Seile, die mir schon zuvor aufgefallen waren, in die Hand. An ihren Enden waren große, silberfarbene Karabinerhaken befestigt. »Jedes dieser Seile ist in der Lage, ein Gewicht von zweitausend Kilo zu tragen, sodass ihr euch wirklich sicher fühlen könnt.

Das andere Ende der Seile wird von denen gehalten, die am Boden bleiben. Achtet immer darauf, dass die Seile gut gespannt sind, damit im Falle eines Absturzes auch wirklich nichts passieren kann.« Fest hielt ich bei diesen Worten meinen Schalter in der Hand. Ich atmete ruhig und entspannt. Langsam wurde mir klar, dass es ernst gemeint war.

Martin zeigte wieder zur Plattform. »Der Weg nach oben wird euch wahrscheinlich nicht kaltlassen. Aber ihr werdet trotzdem in der Lage sein, einen kühlen Kopf zu bewahren. Denn ihr seid gut gerüstet: masterSWITCH, wenn es schnell gehen muss. Verändern der Sichtweise, damit masterSWITCH nicht mehr nötig ist. Nutzt all das, was ihr gelernt habt. Ihr seid während der gesamten Übung immer in Sicherheit. Doch es liegt an euch, dies eurem Gehirn zu vermitteln. Ihr entscheidet. Entscheidet darüber, ob ihr mit eurem Denken euer Gehirn in Aufruhr versetzt oder nicht. Spielt mit eurer Sichtweise und wählt eure Sicht WEISE. Denn jede Unruhe, jede noch so geringe Körpervibration wird sich auf die Leiter übertragen.« Martin ergriff dabei eine Sprosse der Leiter und rüttelte kräftig daran, sodass nicht nur ihr Aluminiumkörper erbebte. Auch die Plattform über unseren Köpfen begann nun beträchtlich zu schwanken. Wie instabil diese Konstruktion doch war. Sofort griff ich nach meinem Schalter und spürte sein Material. Ich atmete ruhig. Martin würde schon wissen, was er tut.

»Eure Stimmungslage wird sich direkt auf die Leiter übertragen«, wiederholte Martin eindringlich. »Je ruhiger ihr seid, umso einfacher wird es für euch sein, die Plattform zu betreten, aufrecht zu stehen und den Moment des Triumphes zu genießen. Wer will beginnen?«

Pia wollte nicht nur die Erste sein. Sie schien sich sogar richtig darauf zu freuen. Nachdem ihr Martin geholfen hatte, das Gurtzeug anzulegen, hängte er die beiden Seile an der Rückseite ein. Danach wurden wir in zwei Gruppen geteilt. Unsere Aufgabe war es nun, die Sicherungsseile zu halten. »Achtet darauf, dass die Seile immer straff gespannt sind«, bläute uns Martin nochmals ein. Zu Pia gewandt: »Bereit?« »Bereit!«, antwortete Pia.

Ohne zu zögern, bewegte sie sich Stufe um Stufe nach oben. Sicher. Zügig. Schnell. Obwohl die Leiter bei jeder Bewegung ein wenig schwankte, schien sie nicht die geringste Angst zu haben. Nach wenigen Momenten war sie bereits bei der Holzplattform angekommen. Sie harrte kurz aus. Schaute nach unten. Lächelte uns an und ehe ich mich's versah, manövrierte sie ihr rechtes Knie auf die Plattform, nun folgte das linke. Wieder verharrte sie für einen Moment. Völlig ruhig kniete sie nun auf dem Holz. In zehn Metern Höhe. Kein Vibrieren. Keine Bewegung. Die Leiter stand völlig still. Nun stellte sie das linke Bein hoch, sodass sie auf der Platte zu stehen kam. Eine Hand hatte sie auf dem hochgestellten Knie abgelegt. Mit der anderen hielt sie sich am Rand der Plattform fest. Wieder verharrte sie kurz. Alles war ruhig.

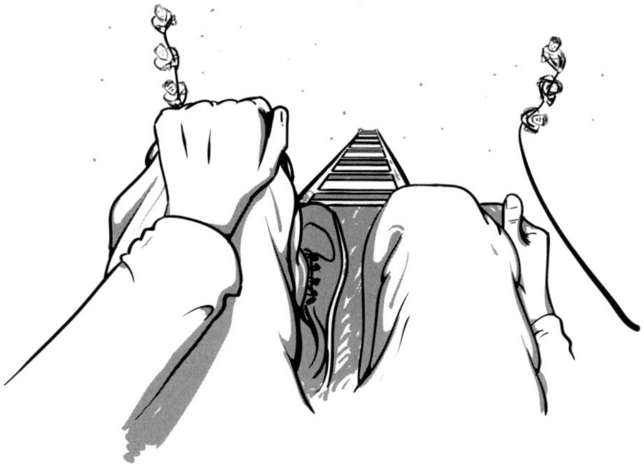

Nun stemmte sie sich langsam hoch. Fast wie in Zeitlupe. Und jetzt! Ja! Sie stand. Völlig aufrecht. Völlig ruhig und sicher. Unerschrocken stand sie da. In zehn Metern Höhe. Ganz so, als würde sie ihren luftigen Aufenthaltsort genießen. Wie leicht das doch aussah. Noch immer stand Pia ruhig da. Verharrte noch eine Weile, bis sie sich auf Martins Anweisung mit einem lauten »Juhuuu!« nach hinten kippen ließ. Nun baumelte sie in der Luft und schwebte langsam, getragen von den zwei Seilen, wie ein Engel zu Boden. Sie lachte. Ihre Augen strahlten.

Ich hatte mich entschlossen, es als Nächster zu wagen.

Schnell sind Helm und Klettergeschirr angelegt. Streng spannen sich die Sicherungsgurte um meinen Oberkörper. Mit einem metallenen Geräusch schnappen die Karabiner an der Rückseite ein. Ich spüre bereits den Zug der Sicherungsseile im Rücken. Es ist so weit. Ich atme ruhig und entspannt. Sicherheitshalber halte ich meinen Schalter bereits fest. Das gibt mir Halt. Die erste Stufe, die zweite. Kühl spüre ich das Aluminium in meinen Händen. Die dritte Stufe. Jetzt Nummer vier. Fünf. Ruhig atmen. Nummer sechs. Und sieben. Ich atme weiter ruhig. Spüre, wie die Sicherungsseile von den anderen straff gehalten werden. Acht und neun. *»Ich bin in Sicherheit. Bin angegurtet.«* Mit festgehaltenem Schalter sehe ich zu den anderen. Fest halten sie die beiden Seile in den Händen. *»Ich bin gut aufgehoben.«* Alle schauen zu mir hoch. Lächeln mich an. Wieder eine Stufe. Ruhig atmen. Nächste Stufe. Ruhig atmen. Und noch eine. Schalter fest im Griff. *»Ich kann das. Ich bin der Generaldirektor.«* Ein Blick nach oben. Die Holzplattform ist bereits zum Greifen nahe. Nächste Stufe. Ruhig atmen. Schalter fest im Griff. *»Ich spüre die Sicherungsseile. Alle halten mich fest.«* Noch eine Stufe. Ich greife nach der Holzplattform. Halte mich am Rand fest. Ruhig atmen. Schalter fest im Griff. Ich spüre sein Material. *»Ich bin der Generaldirektor!«* Das Holz fühlt sich warm an. Mit dem rechten Knie berühre ich bereits die Oberfläche. Das zweite Knie. Ich atme ruhig. Hab den Schalter im Griff. *»Ich bin in Sicherheit.«* Ich stelle das rechte Bein auf. Die Plattform schwankt durch die Bewegung. Ich verharre. Warte, bis die Leiter sich beruhigt. *»Puh, das ist ziemlich* *hoch.«* Sofort spüre ich, wie mein Schalter nach unten will. Ruckartig greif ich wieder zu. Atme ruhig. *»Alles o. k. Ich bin in Sicherheit.«* Nun stemme ich langsam das rechte Bein hoch. Das linke zieht nach. Ich atme ruhig. Ein leichtes Schwanken. Schalter fest im Griff. Ich stehe! Ruhig. *»Mir geht es gut.«* Ich atme entspannt. Mein Herz schlägt normal. Die Leiter steht still. Ich sehe auf die Dächer der umliegenden Häuser. Genieße die wunderbare Aussicht. Sehe, wie der Stadtrand immer mehr in das Grün der Umgebung übergeht. Strecke überglücklich beide Arme zur Seite. Und fast hatte ich den Eindruck, in weiter Ferne eine Frauenstimme singen zu hören: *»One, two, three …«*

Der nächste Schritt ...

Sie haben mit dem Lesen dieses Buches Ihrem Verstand gezeigt, wie sinnvoll es ist, sich dem Thema Gefühle zu widmen.

Sie erkennen jetzt die tatsächlichen Zusammenhänge und können sich nun der praktischen Umsetzung widmen, ohne dabei von Ihrem Verstand behindert zu werden. Wenden Sie sich im nächsten Schritt dem beiliegenden Trainingshandbuch zu.

Die ungewöhnliche Erfolgsgeschichte eines ganz normalen Menschen.

Erfahren Sie, wie es Jakob gelingt, mit einfachsten Mitteln sein Leben in optimale Bahnen zu lenken, und was all das mit Giacomo Casanova zu tun hat. Auf 150 Seiten ein praktisches Beispiel für die gefühlsLOGISCHEN Grundprinzipien des Lebens.

Live dabei statt grauer Theorie – mit Gerhard F. Schadler.

Der Casanova Effekt
ISBN 978-3-9502347-0-1
Autor: Gerhard F. Schadler
Erhältlich bei: www.gefuehlsLOGIK.at

Rare-Art – gefühlsLOGISCH sehen

Sieglinde Raffalt und Wolfram Rindler bilden das talentierte Künstlerduo Rare-Art. Wo andere nur wertloses Altmetall erkennen, entdecken die »Verwandlungskünstler« menschliche Figuren, Tiere, Fantasiegestalten und noch vieles mehr.

Ohne das verwitterte Ausgangsmaterial ihrer fantastischen Objekte zu verändern, fügen sie es mit Schweißnähten aneinander, damit ihre Fantasien auch von anderen gesehen werden können.

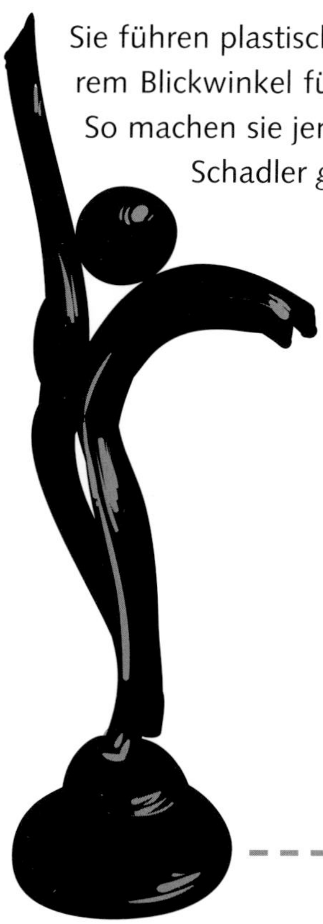

Sie führen plastisch vor Augen, dass es möglich ist, aus anderem Blickwinkel für sich völlig neue Realitäten zu erschaffen. So machen sie jene Gesetzmäßigkeit bewusst, die Gerhard F. Schadler *gefühlsLOGIK* nennt.

Mehr darüber im Buch »Der Casanova Effekt« oder auf www.rare-art.at